Christian Cron

Beiträge zur Erklärung des platonischen Gorgias

im Ganzen und Einzelnen

Christian Cron

Beiträge zur Erklärung des platonischen Gorgias
im Ganzen und Einzelnen

ISBN/EAN: 9783741157219

Hergestellt in Europa, USA, Kanada, Australien, Japan

Cover: Foto ©Andreas Hilbeck / pixelio.de

Manufactured and distributed by brebook publishing software (www.brebook.com)

Christian Cron

Beiträge zur Erklärung des platonischen Gorgias

BEITRÄGE ZUR ERKLÄRUNG

DES

PLATONISCHEN GORGIAS

IM GANZEN UND EINZELNEN

VON

CHRISTIAN CRON.

LEIPZIG,
DRUCK UND VERLAG VON B. G. TEUBNER.
1870.

SEINEM

VEREHRTEN LEHRER UND FREUNDE

HERRN Dr. LEONHARD SPENGEL,

O. Ö. PROFESSOR DER PHILOLOGIE UND I. VORSTAND DES PHILOLOGISCHEN
SEMINARS AN DER LUDWIG-MAXIMILIANS-UNIVERSITÄT, ORDENTL. MITGLIEDE
DER K. B. AKADEMIE DER WISSENSCHAFTEN, RITTER DES MAXIMILIANS-ORDENS
FÜR KUNST UND WISSENSCHAFT UND DES VERDIENSTORDENS V. H. M. L. CL.

IN

DANKBARER LIEBE ZUGEEIGNET.

Statt Vorwortes.

Es werden nun eben vierzig Jahre, verehrter Lehrer und Freund, seit ich Ihr Schüler geworden bin. Sie waren damals vor nicht langer Zeit an dem k. alten Gymnasium in München, Ihrer Vaterstadt, als junger vielversprechender Lehrer aufgetreten, ausgezeichnet durch die Anerkennung und Ehrenerweisung einer der berühmtesten Facultäten des deutschen Vaterlandes für eine Arbeit, worin dieselbe nicht nur umfassende Gelehrsamkeit und eindringende Quellenforschung, sondern auch eine dankenswerthe Bereicherung für genauere Kenntniss der griechischen Litteratur erkannte. Diese Arbeit, dem berühmtesten Meister der von F. A. Wolf gegründeten Altertumswissenschaft gewidmet, war damals bereits unter dem Titel Συναγωγὴ τεχνῶν sive artium scriptores ab initiis usque ad editos Aristotelis de rhetorica libros ans Licht getreten, nachdem Sie schon früher durch die erste kritische Ausgabe der Schrift des Varro über die lateinische Sprache auf diesem wenig angebauten Gebiete die Bahn gebrochen hatten, die Sie dann durch die folgenden *Specimina emendationum Varronianarum* noch weiter ebneten. Uns junge Leute kümmerte solches damals freilich wenig; uns genügte es, dass Ihnen der Ruf eines strengen Lehrers voranging, von dem man aber auch viel zu lernen hoffte. Beide Erwartungen wurden nicht getäuscht; aber das mochte vielleicht manchen überraschen, dass wir uns unverhofft wohl dabei befanden; das kam daher, weil die Strenge eben doch von der Liebe weit überwogen wurde, mit der Sie unsere Schwachheit trugen und unseren Bedürfnissen fördernd und ermunternd entgegen kamen. So geschah es, dass, als durch die neue Schulorganisation, die damals ja in ihrer Blüthezeit stand, der schon nach den anmuthigen Gefilden der Universität aufblickenden Jugend ein neues Schuljahr vorgeschoben wurde, die bittere Pille dem jugendlichen Unverstand dadurch etwas versüsst wurde, dass wir noch ein Jahr mit Ihnen in Verkehr blieben. Dieser wurde freilich auch dann, als wir glücklich das letzte Schuljahr erreicht hatten, nicht ganz gelöst. Ich kann nicht umhin, bei dieser Gelegenheit auch des trefflichen Fröhlichs zu gedenken, der mir dadurch noch besonders werth geworden ist, dass er mich zuerst in die Bekanntschaft mit Platon eingeführt hat. Sein milder Ernst wirkten sehr wohlthätig auf den Eifer der Schüler, die, so viel mir erinnerlich, durch die Schwierigkeiten des Phädon weniger abgeschreckt, als durch die Schönheiten dieses vollendeten Kunstwerkes angezogen wurden. Von mir kann ich sagen, dass diese erste Bekanntschaft, in welche Apologie und Kriton mit einbezogen wurden, entscheidende Folgen hatte. Dazu wirkten freilich auch Sie, verehrter Lehrer, und zwar Sie ganz besonders mit, nicht nur dadurch, dass sie in meinem ersten akademischen Jahre als Mitvorstand des philologischen Seminars uns mit Phädros und den mancherlei gelehrten Fragen, die sich an diesen ebenso anmuthigen als bedeutsamen Dialog knüpfen, bekannt machten, sondern auch dadurch, dass Sie Ihre an mich gerichtete Mahnung, an diesen geeigneten Anfang die Lesung sämmtlicher Schriften Platons zu knüpfen, mit der Einladung verbunden, dieselbe mit Ihnen gemeinsam zu unternehmen. Dass ich dieses Anerbieten mit Freuden annahm, versteht sich; war ich doch jedenfalls der Theil, dem der Hauptgewinn des σύν τε δύ' ἐρχομένω zufiel. So wurden denn einige Jahre hindurch zwei Nachmittage in der Woche dieser συνουσία und συζήτησις gewidmet, der natürlich von meiner Seite eine sorgfältige Vorbereitung mit Benutzung der zu Gebote stehenden kritischen und exegetischen Hülfsmittel voranzugehen hatte. Schleiermacher nahm dabei natürlich die erste Stelle ein, indem nicht nur in der Reihenfolge der Schriften seine Anordnung zu Grunde gelegt, sondern

auch seine Uebersetzung mit den Anmerkungen bei einzelnen
Stellen zu Rathe gezogen und namentlich nach der Lesung
eines jeden Werkes seine Einleitung gelesen und besprochen
wurde. Sie hatten ja das Glück gehabt, der persönlichen
Anregung dieses bedeutenden und dem griechischen Philosophen vor andern congenialen Mannes sich zu erfreuen.
Doch wurden auch Ast und Socher bei jeder einzelnen
Schrift gehört — Hermanns grossartig angelegtes Werk war
damals noch nicht erschienen — und ausser den Ausgaben
von Bekker und Stallbaum wurden auch kleinere Schriften
von Bedeutung, wie Trendelenburgs Abhandlung *de Platonis Philebi consilio* und die *Disputationes Platonicae duae*
von Bonitz, die beide noch kurz vor meinem Weggange von
München erschienen, berücksichtigt. Mir kam in dieser Zeit
auch die anziehende Vorlesung Thiersch s über Protagoras
zu Statten, dessen künstlerische Schönheit der geistvolle Mann
mit dem Feuer der Begeisterung darlegte. Ich weiss nun
wohl, dass aus der in dieser gemeinsamen Thätigkeit em-
pfangenen Anregung, die auch zu eigenen Leistungen hätte
anspornen sollen, meinerseits keine solchen Früchte erwachsen
sind, wie bei anderen Ihrer früheren Schüler, mit denen Sie
später einen ähnlichen Verkehr pflogen. Der Lebenden zu
gedenken, würde mir nicht ziemen; wohl aber darf ich hier
dem früh verstorbenen Freunde, unserem trefflichen Otto
Mielach, ein Wort des Andenkens widmen, der, von Ihnen
zu Aristoteles geleitet, noch ehe er seiner Erstlingsschrift
eine weitere Frucht seines eingehenden Studiums folgen lassen
konnte, aus dem Leben abgerufen wurde. Ihm gebührt ein
Have pia anima; denn er war im Leben eine anima candida
im vollsten Sinne des Wortes. Dass meine Platonischen
Studien zu keinen entsprechenden Ergebnissen führten, davon
lag die Ursache in der Beschränktheit meines Vermögens, die
mir nicht verstattete, neben der Erfüllung der Pflichten,
welche mir mein Lehrerberuf auferlegte, wissenschaftliche
Leistungen hervorzubringen, abgesehen davon, dass die pe-
nuria temporum in jener für den bayrischen Lehrerstand so
trostlosen Periode, in welche das erste Decennium meiner

praktischen Laufbahn fiel, mit ihren lang nachwirkenden Folgen auch von der sich ergebenden Musse keinen freien Gebrauch zu machen erlaubte. So vermochte ich auch nicht einen lang gehegten Wunsch zu erfüllen, Ihnen eine Gabe des Dankes darzubringen, die unserer gemeinschaftlichen Studien nicht unwürdig wäre. Indessen gemahnt mich das fortschreitende Alter, nicht mehr länger wählerisch zu sein, und nicht zu vergessen, dass jene Jahre eingetreten sind, von denen der Dichter sagt:

„Wollen nicht mehr schenken, wollen nicht mehr borgen,
Sie nehmen heute, sie nehmen morgen."

So bitte ich Sie denn, verehrter Lehrer und Freund, mit diesem „munusculum levidense" vorlieb zu nehmen. Es wird Ihnen jedenfalls bezeugen, dass, wie Ihr Wohlwollen gegen mich in diesem Zeitraum von vierzig Jahren sich gleich geblieben ist, so auch mein Dank nicht erkaltet oder erloschen, und dass auch die alte Liebe nicht gerostet ist. Das ist es ja gerade, was diese ewig jungen Alten uns anthun wollen und sollen, dass sie uns auch im Alter noch jugendlich anmuthen und erfrischen; dass wir bei fortgesetztem Verkehr mit ihnen immer neue Schönheiten an ihnen entdecken, neue Belehrung aus ihnen schöpfen. Dass aber Platon in dieser wahren Geistesaristokratie der erlauchtesten einer ist, wer wollte das wohl bezweifeln? Unter allen Schriften Platons aber dürfte wohl keine sein, die mehr, als der Gorgias, Anspruch hat, für alle Zeiten zur Bildung der Jugend verwendet zu werden. Die darin dargelegte ethisch-politische Lebensansicht steht durch die Reinheit der sittlichen Forderung ebenso hoch über der Praxis aller Zeiten, wie den Lehren des Christenthums nahe, und ist in einer solchen Weise durchgeführt, dass sie ebensowohl mit ernster Bemühung von der durch die Lesung von Dichtern, Geschichtschreibern und Rednern vorgebildeten Jugend begriffen werden kann, wie die dialektische Behandlung eine treffliche Uebungsschule des Geistes ist.

Die folgende Erörterung einzelner Fragen und Stellen hat es nun allerdings nur mit dem äusseren des Kunstwerkes zu thun und mag denen geringfügig erscheinen, die nur den Kern der Sache im Auge haben, diesen begriffen und zu eigen gemacht wissen wollen. Natürlich will ich der Wahrheit dieser Forderung so wenig widersprochen haben, dass ich meinerseits gerne etwas zur Verwirklichung derselben, soweit meine schwachen Kräfte reichen, beitragen möchte. Ich denke mir, es verhält sich mit einem solchen Kunstwerk der Sprache eben, wie mit jedem anderen. Die Tempel der alten und die Gotteshäuser der neueren Zeit sind freilich nicht dazu erbaut, um von aussen begafft, bewundert oder auch begriffen zu werden; sie erfüllen ihren Zweck nur an dem, der die lebendige Nähe der Gottheit empfunden, sich in Andacht zu derselben erhoben und einen Funken göttlicher Liebe und Erkenntniss in dem Herzen bewahrt hat. Nichts desto weniger ist es eine würdige Aufgabe des denkenden Geistes, das Gebäude auch für sich als Kunstwerk zu betrachten, die Schönheit eines Gotteshauses lebendig zu empfinden, die architektonischen Formen von aussen und innen ergründen und begreifen zu wollen. Dass über solche Dinge unter Freunden und Kennern der Kunst mancher Zwiespalt herrscht, dass diese und jene Frage immer von neuem besprochen und nach wiederholten Erörterungen doch zu keiner übereinstimmenden Ansicht gebracht wird, darf nicht befremden und gar zu übel gedeutet werden, da es in der Natur des menschlichen Geistes begründet ist, der sich der Gegenstände nicht mit einheitlich intuitiver Kraft, sondern nur mit analytisch-synthetischer Erforschung bemächtigen kann. Dass dieser Weg der Erkenntniss aber vom Irrtum begleitet ist und sich nur mühsam zur Klarheit durchdringt, das ist eben Menschenloos.

Möchte Ihnen, verehrter Freund, und anderen Forschern auf diesem Gebiete die folgende Besprechung einzelner wichtiger Fragen nicht ganz verfehlt erscheinen! Sie ist zum grösseren Theile unmittelbar nach Vollendung des Manuscripts zur zweiten Auflage der Ausgabe des Gorgias von Deuschle, also in den Jahren 1866 und 1867 niedergeschrieben, ihre Vollendung aber immer wieder vor anderen dringenderen Arbeiten hinausgeschoben worden. Das reichhaltige Werk von

Blass über die attische Beredsamkeit konnte daher bei der Abfassung des ersten Abschnittes noch nicht benutzt werden, würde aber auch wohl ebensowenig zu einer Aenderung der dargelegten Ansicht Veranlassung gegeben haben, als ihr das widerspricht, was Sie in Ihrer Συναγωγή S. 120 f. über Kritias mittheilen. Am ehesten könnte ich in Bezug auf Ihre Zustimmung wegen des vierten Abschnittes Bedenken hegen. Ich weiss, dass Sie über die Gliederung sprachlicher Kunstwerke, insbesondere über die vielbesprochene Fünftheiligkeit, ganz ebenso denken, wie Bonitz in seinen für die Einsicht in den Bau der Platonischen Dialoge so wichtigen Platonischen Studien (I. S. 37) sich ausspricht. Es kann mir natürlich nicht in den Sinn kommen, zwei so bewährten Forschern und noch weniger ihren auf einer umfassenden Kenntniss der Denkmäler beruhenden und aus einer sorgfältigen Betrachtung derselben geschöpften Gründen zu widersprechen. Diese Darlegung, die sich bei Bonitz zunächst gegen Steinhart und Susemihl wendet, steht zugleich auch in stillschweigendem Gegensatz zu der von unserem geliebten Lehrer Thiersch in seiner schönen Abhandlung über die dramatische Natur der Platonischen Dialoge vorgetragenen Ansicht. Obschon ich nun aber seiner Ausführung im einzelnen, insbesondere über Gorgias, nicht beipflichten kann, so möchte ich doch dem Grundgedanken der Schrift selbst nicht ohne weiteres jede Geltung absprechen. Dieser geht darauf hinaus, dass neben der grossen Mannichfaltigkeit der Individuen sich doch auch eine gewisse naturgemässe Uebereinstimmung der Grundformen künstlerischer Gebilde zu erkennen gibt. Die Forderung freilich steht unbedingt und vor allem fest, dass keine vorgefasste Meinung die Unbefangenheit der Auffassung und die Reinheit der Forschung beeinträchtigen darf.

So sei denn diese scriptio senioris dem gleichen Wohlwollen empfohlen, mit dem Sie, verehrtester Lehrer, die scriptiones junioris aufzunehmen pflegten.

Augsburg, in der Osterwoche 1860.

Uebersicht des Inhaltes.

		Seite
I.	Personen des Gespräches. Kallikles	1—25
II.	Angenommener Ort des Gespräches	25—35
III.	Angenommene Zeit des Gespräches	35—47
IV.	Gliederung des Gespräches	47—75
V.	Einzelne Stellen in kritischer und exegetischer Hinsicht erörtert	76—197

Ein * verweist auf die Nachträge S. 198.

I.

Ueber die künstlerische Composition des zwar einfach angelegten, aber durch die dialektische Verwicklung doch vielfach verschlungenen Werkes herrschen noch sehr verschiedene Ansichten. Ganz besonders gilt dies in Bezug auf die Gliederung des Dialoges. Zwei, drei, fünf Hauptheile, abgesehen von der Einleitung und dem Schlusse, werden von verschiedenen Forschern unterschieden, und von jedem seine Behauptung durch eine ausführliche Begründung gerechtfertigt. Könnte in solchen Fragen die Autorität des Namens entscheiden, so wäre man auch in Verlegenheit, welchem Vertreter dieser verschiedenen Ansichten man das meiste Gewicht schenken wollte. Denn, von den älteren Forschern auf diesem Gebiete, deren Namen allbekannt sind und in verdientem Ansehen stehen — ich nenne nur Schleiermacher, Ast, Thiersch, den letzteren um der schönen Abhandlung willen über die dramatische Natur der Platonischen Dialoge, welche nebst anderen Dialogen auch dem Gorgias besondere Beachtung widmet — von diesen also abgesehen, wer wollte Männern, wie Bonitz, Deuschle, Steinhart, Susemihl nicht das Ansehen competenter Beurtheiler zuschreiben? Da nun aber auf diesem Wege der Abwägung eine Entscheidung nicht zu treffen ist, so bleibt eben doch nur die Prüfung der Ansichten selbst übrig. Diese geben schon bei dem ersten Schritt, den der Leser an der Hand Platons in das Innere seines Kunstwerkes macht, nämlich bezüglich der Einleitung, die uns vor Allem über die Scene zu verständigen hat, also über den Ort, wo wir uns die Handlung, hier das philosophische Gespräch, zu denken haben, einigermassen auseinander. Zu der Scene gehört aber auch die Wahl der Personen, die der dichterisch begabte Philosoph zu Trägern des Gespräches gemacht hat. Ueber diese besteht nun eigentlich kein Zwiespalt, aber wohl bloss deswegen nicht, weil die Frage, die hier zumeist in Betracht kommt, gar nicht aufgewor-

fen wird. Man ist also wohl über Gorgias und Polos, die beiden
Personen, die neben Sokrates und Chärephon zunächst in den
Vordergrund treten, genügend unterrichtet. Ueber sie hat die
gelehrte Forschung über die Geschichte der Rhetorik und die
Entwicklung der Theorie, zu welcher das vor nun fast vierzig[1])
Jahren erschienene Werk Spengels nicht nur den Grund gelegt, sondern auch einen durch seine fruchtbaren Ergebnisse bedeutsamen Beitrag geliefert hat, die nöthige und im ganzen übereinstimmende Auskunft gegeben, wie natürlich auch über den berühmten Leiter des Gespräches und seinen minder berühmten
Begleiter, trotz alter und neuer Persiflage und noch nicht ganz
beschwichtigten Kampfes der persönlichen Vorliebe und Abneigung,
doch in Rücksicht auf die historische Geltung der Personen kein
eigentlicher Zweifel besteht.

Anders verhält sich die Sache bezüglich des noch übrigen
Mitunterredners, dem doch — darüber kann kein Zweifel sein —
in dem Gespräche selbst nächst Sokrates die bedeutendste Rolle
zugewiesen ist. Kallikles! — Wer ist Kallikles? Ein Athener
aus dem Demos Acharnä, ein vornehmer, aristokratisch gesinnter
Mann in den besten Jahren, etwa ein Dreissiger, der die politische Laufbahn vor nicht langer Zeit betreten hat, ausgerüstet mit
all der feineren Bildung und moralischen Frivolität, welche auch
damals bereits ein Haupterforderniss für einen thatkräftigen und
auf reelle Erfolge hinarbeitenden Staatsmann gelten mochte —
das sind etwa die Züge seines Charakters, die wir aus dem Gespräche selbst entnehmen können, wozu noch die seine Person
betreffende Notiz kommen mag, dass Demos der Sohn des Pyrilampes, dessen anmuthsstrahlender Ruhmesglanz der Verherrlich-
ung durch die Komödie würdig befunden wurde, sein anerkannter
Liebling war und neben Alkibiades, dem Sohn des Kleinias und
seinem vielbesprochenen Liebesverhältniss zu dem berühmten Verfasser in Athen zu einem artigen Wort- und Gedankenspiel in dem
Dialog Anlass gegeben hat.

Obwohl nun diese Züge, mittels deren uns der philosophische
Künstler ein so lebensvolles Bild des einen und nicht unbedeu-
tendsten Mitunterredners gezeichnet hat, für die Auffassung und

---

[1]) Spätere Bemerkung. So schrieb ich zu Ostern 1867, in welcher Zeit diese kleine Abhandlung niedergeschrieben wurde. Seitdem
ist das „fast" überflüssig geworden.

das Verständnis des Gespräches selbst durchaus hinreichend sind, so können wir doch, ohne uns des Vorwurfs sträflicher Neugierde schuldig zu machen, noch eine weitere Frage aufwerfen, auf welche wir aus dem Dialoge selbst keine vollständig befriedigende Antwort einfach entnehmen können. Diese Frage bezieht sich auf die geschichtliche Bedeutung des Mannes. Hat er sich im Leben als Staatsmann wirklich geltend gemacht? wie und wann und bei welcher Gelegenheit? Die Geschichte gibt uns keine Auskunft darüber, so wenig, als das Werk des Philosophen, das eben um des künstlerischen Motivs willen Näheres darüber nicht angeben konnte¹). Führt somit kein directer Weg zur Befriedigung unserer Wissbegierde, so sind wir darauf gewiesen, eine durch Combination einzelner Aeusserungen und Beziehungen und darauf gegründete Schlüsse vermittelte Ansicht uns zu bilden, die nun freilich an Stelle der historisch beglaubigten Wahrheit sich mit dem Anspruch auf einen grösseren oder geringeren Grad von Wahrscheinlichkeit begnügen muss.

Gehen wir zunächst von der Bemerkung aus, die wohl kaum auf einen Widerspruch von irgend einer Seite stossen wird, dass wir in Rücksicht auf die scenische Umgebung d. h. auf die Wahl der anderen Personen nicht an eine rein erdichtete Persönlichkeit denken können²), so mag es uns doch vor allem befremden,

---

1) Bemerkenswerth mag es übrigens doch scheinen, dass auch der Name des Vaters mit keinem Worte erwähnt wird. Ob die Bezeichnung des Mannes als eines dem Demos Acharnä zugehörigen (495 D) eine weitere Bedeutung hat, als die scherzhafte Wirkung, welche dort erreicht wird, lässt sich schwerlich entscheiden. Auch aus der Rede, welche Demosthenes für den Sohn des Tisias gegen Kallikles den Sohn des Kallippides verfasst hat, lassen sich, scheint es, keine Anschlüsse entnehmen.

2) Groen van Prinsterer in seiner prosopographia Platonica behandelt den Kallikles ganz als historische Person, eine Auffassung, in der ihm die Erklärer des Platonischen Dialogs insgesamt folgen. Anton in der Abhandlung 'Die Dialoge Gorgias und Phädrus' (Zeitschr. f. Ph. v. Fichte etc. N. F. 35. Bd.) erklärt sich gegen Hormann, der in K. nur den πολιτικός sieht; derselbe sei vielmehr als ein sophistischer Rhetor auf dem Felde der Politik aufzufassen. Dass er als Sophistenschüler und Vertreter der sophistischen Bildung dargestellt wird, hebt auch Zeller hervor. Dieser Auffassung widerstreitet auch nicht Blass (die Geschichte der att. Beredsamkeit etc. Leipzig, Teubner, 1868), der, von den Sophisten zu den Sophistenschülern, die nicht selbst Lehrer der sophistischen Bildung geworden, übergehend, bemerkt:

dass dieser Mann, dem der Schriftsteller eine so hervorragende Bedeutung gegeben hat und gerade eine so stark ausgesprochene Richtung auf Geltung im öffentlichen Leben zuschreibt, unter den athenischen Staatsmännern dieser Zeit nirgends genannt wird und sich nicht einmal, wie sein Liebling, neben anderen berühmten und berüchtigten Staatsmännern einen Ehrenplatz in der Komödie erworben hat. Sollte er früh gestorben sein oder etwa gar durch die eindringliche Dialektik und nachdrückliche Mahnung des Philosophen von der eingeschlagenen Bahn abgelenkt und dem minder glänzenden Beruf der Selbstprüfung und Besserung zugewendet, von dem Geräusch des öffentlichen Lebens weg in die stillen Räume der Akademie oder des Lyceums geführt worden sein? Schwerlich! Eine solche Vermuthung würden wir schon darum für verfehlt halten, weil ebendadurch der Mann den Anspruch auf diese Stelle in dem Dialog Platons, durch welche er der Nachwelt überliefert worden ist, verwirkt haben würde.

Bei dieser misslichen Alternative, die uns nach keiner Seite hin eine befriedigende Wahl verstattet, mag es gerechtfertigt scheinen, an eine Möglichkeit zu denken, für welche sich in den Schriften Platons sonst kein entsprechendes Beispiel findet: an die Möglichkeit nämlich, dass der Schriftsteller einen Namen gewählt habe, der die wirklich gemeinte Person eher verdeckt als enthüllt. Gibt uns die Geschichte keine Persönlichkeit dieses Namens an die Hand, worin wir den Vertreter der von Platon ihm übertragenen Rolle erkennen könnten, so fragen wir eben: welche Person anderen Namens, die wir kennen, möchte etwa den Anspruch haben, zu dem Bilde, das uns der Künstler in so lebensvoller Erscheinung darstellt, die historischen Züge zu liefern?

Zunächst also haben wir den Spuren der Platonischen Schilderung nachzugehen. Kallikles ist es, der das erste Wort des Dialoges spricht, und zwar an Sokrates und seinen Begleiter gerichtet im Sinne eines freundschaftlichen Vorwurfes wegen ihres zu späten Erscheinens, woran sich die Einladung zu einem Besuche in seinem eigenen Hause knüpft; und Kallikles ist das letzte Wort des Dialoges, und zwar an ihn gerichtet im Sinne einer

---

„Ich meine natürlich nicht Männer wie den Kallikles im Gorgias, die sich nach genossenem Unterricht in der Weisheit völlig dem praktischen Leben zuwandten; auch nicht prunksüchtige Reiche, wie Kallias" u. s. w.

ernsten Mahnung und Zurechtweisung in Bezug auf die Wahl des rechten und wahren Lebensberufes, deren Wirkung sich über die Grenzen dieses Lebens hinaus erstrecke. Es sei ferne, an diesen Umstand eine Betrachtung zu knüpfen, die sich dem Tadel einer gehaltlosen Spielerei mit Zufälligkeiten aussetzen könnte. Denn diese Schlussrede des Sokrates, deren letztes Wort sich so nachdrucksam an den Mann wendet, ist doch die eigentliche Erwiderung auf die hochmüthige, in Dichterworte gehüllte Zurechtweisung, mit der der selbstbewusste Praktiker am Anfange seines späteren Gespräches mit Sokrates sich an diesen wendet, um ihn aus blossem Wohlwollen von der nichtigen Speculation abwendig zu machen, oder, wie Sokrates sich 506 B ausdrückt, die Antwort des Amphion auf die Rede des Zethos. Soviel aber darf denn doch gesagt werden, dass schon der Eingang des Gespräches dazu dient, den Mann, der, ein Mitbürger des Sokrates, neben und vor den beiden Fremden der eigentliche Widerpart des Philosophen ist, in seinem Verhältniss zu diesem darzustellen. Dieses gibt sich zunächst als ein freundschaftliches zu erkennen, das von Seiten eines vornehmen und begüterten Mannes — als solchen müssen wir uns doch wohl den Wirth des prunkliebenden Ausländers denken — gegenüber dem armen und mehr als schlichten Philosophen, zu dem ihn auch nicht Gemeinschaft der geistigen Richtung zieht, immerhin Verwunderung erwecken mag. Und doch wird auf dieses persönliche Wohlwollen so wiederholt ein gewisser Nachdruck gelegt, dass man keinen bedeutungslosen Zug der künstlerischen Motivirung darin finden möchte. Vielleicht gehört derselbe zu den Mitteln, die dem Schriftsteller bei der gewählten künstlerischen Form dazu dienen mochten, seine Leser, die er sich natürlich zunächt als seine Mitbürger und Zeitgenossen denkt, auf den richtigen Weg zur Erkennung seiner eigentlichen Intention zu leiten. Möglich also, dass die Betrachtung der übrigen Charakterzüge auch den tieferen Grund dieses Verhältnisses erkennen lässt.

Der Philosophie ist also Kallikles nicht zugethan, da er den Sokrates von der Beschäftigung mit derselben abzuziehen bemüht ist, aber doch auch nicht in dem Grade abhold, dass er ihren Werth gänzlich verkennen oder leugnen sollte; vielmehr erklärt er sie besonders geeignet zu einer freien und edeln Vorbildung für hochstrebende Jünglinge, die nur rechtzeitig zu den höheren Bestrebungen übergehen müssen, wenn sie nicht Gefahr laufen wollen, wie Alkibiades im Symposion sagt, vom öffentlichen Leben abgezogen zu werden und in einem Winkel zu verkommen. Dieser Zug unterscheidet den Kallikles in einem nicht unwesentlichen Punkte von solchen Staatsmännern, wie Anytos war, der gewichtigste unter den Anklägern des Sokrates, der gerade dessen Verkehr mit der Jugend als einen staatsgefährlichen betrachtete und dagegen die Strafgewalt des Staates aufrief. Mit diesem engherzigen, vielleicht sogar geistesbeschränkten, aber aufrichtig gesinnten Demokraten vom reinsten Wasser, dem der von seinem Vater erworbene und von ihm selbst ererbte Reichthum die erste Staffel zu Ansehen und Ehrenstellen im Staate wurde, der seine Anhänglichkeit an die alte Verfassung durch patriotische Leistungen bewährt hatte, die ihn einem Thrasybulos an die Seite setzten, steht auch in politischer Hinsicht der feingebildete Kallikles in einem entschiedenen Gegensatz. Er huldigt zwar auch der Menge, aber nur weil sie die Macht hat, und nur in der Weise, dass er ihre Schwächen erspäht, um sich derselben zur Verwirklichung seiner eigensüchtigen Absichten, die ganz nur auf die Erwerbung von Macht und Ansehen gerichtet sind, zu bedienen; und zwar der höchsten Macht, als deren wahres und auszeichnendes Merkmal er die unbeschränkte Befriedigung der Begierden bezeichnet. Er ist darum eher oligarchischer als demokratischer Gesinnung, und die Tyrannis ist unverhohlen das Ziel seiner Wünsche.

Wen unter den uns historisch bekannten Staatsmännern aus der Zeit des Sokrates könnten wir aber etwa in diesem Bilde wiedererkennen? Fast würde es mich wundern, wenn keiner der Leser an den Mann gedacht hätte, der mir, so wie ich mir diese Frage stellte, gleich zuerst in den Sinn kam? Dass es nicht Alkibiades ist, auf den wohl auch manche der angegebenen Züge passten, springt in die Augen. Diesen Mann also pseudonym einzuführen verhindert schon ausser der Erwähnung 519 A das weltbekannte und doch auch vielverkannte Herzens- oder, wie es in der überlieferten Bezeichnung genannt wird, Liebesverhältniss mit Sokrates. So intim, wie dieses schon durch seinen Namen und in allen Schilderungen, die wir kennen, hervortritt, erscheint die Freundschaft zwischen Sokrates und Kallikles in unserem Dialoge nicht. Sie übersteigt zunächst keineswegs die Form einer gewissen äusseren Bekanntschaft, die vielleicht auf gemeinsame persönliche Beziehungen begründet war, aber doch nicht zu einem gegenseitigen tieferen Verstehen des Wesens, und darauf begründeter Achtung und Herzenszuneigung führte. Der Mann, der dem Sokrates am Eingange des Dialoges so freundlich entgegenkommt, ist schon während des Gespräches mit Gorgias und Polos sein eigentlicher Widerpart geworden[1]), und nachdem er selbst es versucht, den ihm nicht gleichgültigen Mann von seinen verkehrten Ansichten abzubringen, dieser vielmehr seiner innersten Neigung und Ueberzeugung so kräftig und siegreich entgegentritt, da verkehrt sich das Wohlwollen und die Freundlichkeit schnell in die schroffste Entgegnung und die beleidigendsten Ausfälle. Diese Umstände deuten eher, als auf Alkibiades, auf den Mann, der zwar oft in Verbindung mit Alkibiades genannt wird, aber von diesem sich sowohl durch seinen Charakter, als auch durch sein Verhältniss zu Sokrates nicht unbedeutend unterscheidet. Ich meine Kritias, den Sohn des Kallaschros. Wie viele Züge aus dem historisch überlieferten Bilde dieses Mannes zu der in unserem Dialoge vorliegenden Zeichnung passen, wird eine nähere Betrachtung zur Genüge ergeben.

Zuerst also die bestehende Bekanntschaft oder, wenn man will, das Freundschaftsverhältniss mit Sokrates. Auf ein solches deutet schon die Rolle, welche Platon diesem Manne in mehreren seiner Schriften zugetheilt hat. So begegnet er uns gleich im Charmides in einer fast auffallenden Aehnlichkeit der Stellung und Bedeutung, die er in der künstlerischen Motivirung des Dialogs einnimmt. Wie im Gorgias Kallikles, so tritt uns im Charmides Kritias gleich im Eingang des Gesprächs entgegen. Auch Chärephon bildet, wie dort, den dritten im Verein mit nur wenig veränderter Rolle, indem er hier zwar nicht als der unzertrennliche Begleiter erscheint, wohl aber seine treue Anhänglichkeit in der lebhaften Freude zu erkennen giebt, mit der er den aus dem Krieg heimkehrenden Freund begrüsst. Kritias vermittelt, wie dort Kallikles, die Anknüpfung des Gespräches, das nur in dem grösseren Werke zwischen zwei Personen des Dialogs getheilt, hier dagegen dem einzigen Charmides zugewiesen ist, bis, wie dort Kallikles, so hier Kritias selbst die Rolle des Sprechers übernimmt. Und merkwürdig ähnlich ist die Art ihres Eintretens in das Gespräch. Man sieht, Kallikles hat mit steigender Unge-

---

[1]) Ganz anders tritt Alkibiades im Protagoras 336 ff. auf, nämlich als Anhänger des Sokrates, der für diesen entschieden Partei nimmt.

duld dem Gespräch des Sokrates mit den beiden andern Mitunterrednern zugehört und brennt vor Verlangen, den ganzen Quark ideologischer Verkehrtheit, der sich nach seiner Meinung in den von Sokrates bisher siegreich verfochtenen Ansichten breit macht, über den Haufen zu werfen[1]); er kann es auch nicht unterlassen, seinen Vorgängern ihre schwächliche Halbheit vorzuwerfen, durch die sie die auch von ihm getheilte und für richtig befundene Grundansicht beeinträchtigten. Und wie Kritias im Charmides? Sokrates erzählt von ihm, dass er leidenschaftlich aufgeregt schon längst mit sich kämpfte, jetzt aber, durch eine Aeusserung des

---

1) Anders fasst Anton in der oben angeführten Abhandlung die Sache. Er sagt S 104: „Um über Kallikles richtig zu urtheilen, muss man auch die Aeusserungen in Betracht ziehen, die er Chärephon gegenüber macht. Da erscheint er Anfangs begeistert von den Reden des Gorgias; er wünscht, dass dessen Kunst so viel wie möglich anerkannt werde, und ladet deshalb den S. und Ch. in sein Haus ein, wo G. eben eine Rede hält. Und als nun G. und S. miteinander sprechen und fürchten, die Zuhörer zu lange aufzuhalten, sagt er, dass er schon viel gehört habe, aber gern noch mehr hören wolle; .... Antheil an der Untersuchung nimmt er erst, nachdem G. und P. verstummt sind, und zwar auf Veranlassung des Chärephon, der ihn, weil er zu einigem zweifelt, rüth, den S. selbst zu fragen. Da wagt er sich hervor, ἀλλ' ἐπιθυμῶ." Die durch den Druck ausgezeichneten Worte geben nun nach meiner Meinung ein ganz falsches Bild von dem geschilderten Moment und zeigen eine vollständige Verkennung der mimischen Absicht des Schriftstellers. Als einen bescheidenen, schüchternen jungen Mann, der erst der Aufmunterung bedarf, um den Muth zu einer eigenen Meinungsäusserung zu fassen, will ihn der Schriftsteller gewiss nicht darstellen. Auch hegt er nicht bloss an einigem Zweifel, sondern er verwirft gleich von vornherein den Standpunkt und die Lebensansicht des Sokrates; dies zeigt sein erstes Wort an Chärephon in der Frage 'σπουδάζει ταῦτα Σωκράτης ἢ παίζει;' Und wie wenig rücksichtsvoll und schonend er zu Werke geht, davon gibt die bald darauf folgende Aeusserung, die er an S. selbst richtet — δοκεῖς νεανιεύεσθαι ἐν τοῖς λόγοις ὡς ἀληθῶς δημηγόρος ὤν — ein redendes Zeugniss. Von dieser kann schon um ihrer Stellung willen nicht wohl gelten, was A. gegen Susemihl bemerkt, er lege zu viel Gewicht auf die zum Lichte zum Princip und in der Hitze des Gespräche S. gegenüber gemachten Ausfälle. Uebrigens ist hervorzuheben, dass Susemihls Ansicht (Die genetische Entwicklung etc. I. S. 101) dem Schluss, zu welchem Anton gelangt: „So ist sein (des Kallikles) Charakter besser, als man nach den Grundsätzen, die er vertheidigt, erwartet" nicht im mindesten widerspricht, vielmehr jener am a. O. fast wörtlich denselben Gedanken ausspricht.

Charmides gereizt, sich nicht mehr halten kann und mit einer unverblümten Zurechtweisung seines Mündels nun selbst das Gespräch aufnimmt. Einen Zug in der Schilderung des Kritias könnte dem im Gorgias ausgeführten Bilde des Kallikles direct zu widersprechen scheinen. Denn während der letztere, der seinen Vorgängern ihre Schüchternheit, d. h. den Mangel an Entschlossenheit die äussersten Consequenzen ihrer Ansicht auszusprechen und anzuerkennen, zum Vorwurf macht, selbst wegen seiner ausgebildeten Unverschämtheit wiederholt von Sokrates mit ironischem Lob bedacht wird, heisst es von Kritias ausdrücklich an einer Stelle [1]), wo er rathlos nicht mehr weiter weiss, dass er sich vor den Anwesenden schämte und seine Verlegenheit vergeblich hinter unklaren Aeusserungen — eine unvergleichlich treffende Zeichnung — zu verbergen sucht. Man könnte sich zunächst damit begnügen, diese Verschiedenheit der Zeichnung in beiden Dialogen einfach aus der Verschiedenheit der fingierten Zeit oder der Abfassungszeit oder beider zu erklären. Indessen ist auch dieses Auskunftsmittel gar nicht nöthig. Denn genau besehen erweist sich der bezeichnete Widerspruch nur als ein scheinbarer. Die Scham des Kritias ist nichts anderes als der ihn ganz und gar beherrschende Ehrgeiz, dessen auch schon bei seinem Eintreten in das Gespräch [2]) theilweise mit denselben Worten gedacht worden ist. Er fühlt sich gekränkt durch dies unerwartete Ergebniss, er kann die Verlegenheit, in der er sich bezüglich der Fortführung des Gespräches befindet, nur als eine persönliche Niederlage empfinden; und gegen solche ist auch Kallikles höchst empfindlich. Weit gefehlt also, dass wir es in diesem Punkt mit einer wirklichen Verschiedenheit in dem Charakter der zwei verschieden benannten Personen zu thun haben, finden wir hier in dem Bild des einen nur einen ergänzenden und wahrhaft harmonischen Zug zu dem Bilde des andern, also den besten Beweis der inneren Wesensgleichheit.

Ich befürchte nicht, dass die von einigen Forschern [3]) be-

---

1) 169 C.

2) 162 C φιλοτίμως πρός τε τὸν Χαρμίδην καὶ πρὸς τοὺς παρόντας ἔχων.

3) Ast, Socher und früher auch Zeller, der seine Ansicht indessen später zurückgenommen hat. Die Schrift Schaarschmidts war mir damals, als diese Zeilen niedergeschrieben wurden, noch nicht zur Hand. Die Sachlage wird auch durch diese nicht geändert. Ein

hauptete und neuerdings durch Ueberwegs Untersuchungen über die für die einzelnen Dialoge aufzubringenden äusseren Zeugnisse wenigstens nicht ausser Frage gesetzte Unechtheit des kleineren Dialogs der nachgewiesenen Uebereinstimmung in der Schilderung zweier Personen in zwei verschiedenen Dialogen die Spitze abzubrechen scheinen könnte; denn abgesehen davon, dass der auf innere Gründe gestützten Ansicht zweier Forscher eine grössere Anzahl gleich namhafter Vertreter der Echtheit gegenübersteht und der Mangel an äusserer Beglaubigung nicht als ein Beweis der Unechtheit angesehen werden kann und von jenem Gelehrten auch nicht als solcher behauptet wird, sagen wir, dass selbst in dem schlimmsten Falle, wenn der Platonische Ursprung des Charmides wirklich ganz aufgegeben werden müsste, die Brauchbarkeit des kleinen Dialogs für unseren Zweck nicht im mindesten beeinträchtigt würde. Denn in eine so ganz späte Zeit, dass der Werth der Schrift als eines Zeugnisses aus der classischen Periode geradezu aufgehoben würde, wollten ohne Zweifel auch Ast und Socher dieselbe nicht setzen; und ausserdem zeigt der Verfasser, mag er nun Platon oder ein uns unbekannter Schriftsteller sein, nicht bloss das unverkennbare Bestreben, sondern auch die unbestreitbare Fähigkeit, einen geschichtlich bedeutenden Mann, den er zu einem der Träger des von ihm erdichteten philosophischen Gesprächs gewählt hat, mit lebendigen und treffenden Zügen zu schildern.

Unbedeutender, aber doch nicht bedeutungslos ist die Rolle, welche dem Kritias in dem Dialog Protagoras zufällt. Zunächst widerspricht sie wenigstens nicht dem im Charmides gezeichneten Bilde, sondern bringt nur vielmehr noch einen Zug bei, der die Stellung des Mannes zu Sokrates mit der des Kallikles im Gorgias wohl vereinbar erscheinen lässt. Denn er, der mit Alkibiades, aber ohne unmittelbaren Zusammenhang mit Sokrates, in die Sophistenherberge eingetreten ist, offenbar um aus eigenem Antrieb und mit selbständiger Wahl an den dort zu hörenden Vorträgen Theil zu nehmen, trägt in einem kritischen Momente, der dem Alkibiades Gelegenheit bietet, seine Vorliebe für Sokrates zu bethätigen, wie man glauben muss, mit einer gewissen Absichtlichkeit seine unparteiische Stellung zwischen Sokrates und dem So-

---

Urtheil über die beregte Frage soll natürlich meinerseits hier überhaupt nicht ausgesprochen werden.

phisten und zugleich die Selbständigkeit des Urtheils und der Bildung zur Schau, die ihn wohl befähigen würde, nach Umständen dem Sokrates auch in solcher Weise, wie dies Kallikles im Gorgias thut, entgegenzutreten. Sehen wir ja doch, wie Kallikles in einem für die Fortführung des Gespräches gleich kritischem Momente, wobei jedoch die Gemüthsstimmung der betheiligten Personen etwas gelassener erscheint, sogar mit mehr Wohlwollen für Sokrates, wie es scheint, als Vermittler eintritt.

Weniger ergiebig für den vorliegenden Zweck, obwohl desto bedeutender für die beiden Werke der unvollendeten grossartigen Trilogie, in welcher Kritias als eine der Hauptpersonen erscheint, ist die ihm dort zugetheilte Rolle, weil in gleichem Maasse, als das mimische Element hinter den wissenschaftlichen Zweck in diesen Werken aus einer Zeit der reichsten Bildung des Philosophen zurücktritt, die Darstellung der sprechenden Personen weniger Züge zu einer anschaulichen Charakteristik bietet[1]). Eher könnte man zu diesem Zwecke noch den allgemein für unecht gehaltenen Eryxias benützen, obwohl auch dieser nichts zur Vervollständigung des aus den beiden anderen Dialogen gewonnenen Bildes beitragen würde.

Angemessener wird es daher sein, diese Ergänzung in der historischen Ueberlieferung zu suchen. Denn wenn zunächst auch für den vorliegenden Zweck die Uebereinstimmung der Darstellung des geschichtlich bekannten und berühmten Mannes mit der Charakterzeichnung einer nicht unbedeutenden, sonst aber völlig unbekannten Persönlichkeit in den Platonischen Dialogen, in welchen die eine und die andere Person auftreten, maassgebend ist, so wird doch die strengste Gewissenhaftigkeit der Forschung nur dann befriedigt sein, wenn das Bild der zunächst rein idealen Persönlichkeit mit dem durch scharf gezeichnete Umrisse der geschichtlichen Ueberlieferung festgestellten Typus ebenfalls übereinstimmt oder wenigstens in keinen unvereinbaren Widerspruch zu demselben tritt. Wir glauben auch dieser Forderung nicht aus dem Wege gehen zu müssen.

Freilich ist es nicht ein Historiker ersten Ranges, wie Thu-

---

1) Dass die Verwandtschaft mit dem Hause des Solon, in dem gewiss manche sagenhafte Tradition sich erhalten hatte, bei der Wahl des Sprechers von mitbestimmendem Einfluss gewesen, möchte kaum bezweifelt werden.

kydides, dessen Werk eben da abbricht, wo Kritias seine Rolle
zu spielen beginnt, sondern Xenophon, ein für die Beurtheilung
geschichtlicher Verhältnisse nicht durchaus maassgebender
Schriftsteller, der unser vornehmster Gewährsmann ist. In der
vorliegenden Frage aber dürften wohl keine Bedenken gegen seine
Angaben obwalten. Zunächst berichtet er uns in seinem Gedenkbuche [1]), dass dem Sokrates der Umgang mit Kritias und Alkibiades,
zwei Männern, die dem athenischen Staate die tiefsten Wunden
geschlagen, zum Vorwurf gemacht wurde. Dass der Umgang
in dem Sinne eines geistig bildenden Verkehres, wie er zwischen
Lehrer und Schüler obwaltet, zu verstehen ist, gibt der weitere
Zusammenhang deutlich an die Hand. Eine Bestätigung dieser
Angabe findet sich in der Aeusserung eines Redners aus etwas
späterer Zeit, des Aeschines [2]), die zugleich zu erkennen gibt,
dass die Erinnerung an den schädlichen Einfluss des Sokrates
auf jüngere Leute, den man ihm zur Last legte, mehr mit dem
Namen des Kritias als dem des Alkibiades verknüpft war. Was
Xenophon zur Widerlegung dieser Anklage beibringt, darf wohl
als wahrheitsgemäss und beweiskräftig angesehen werden. Hier
kommt es indessen nur so weit in Betracht, als es einen Beitrag
zur Charakteristik des Kritias enthält. Dieser ist aber in der That
für unseren Zweck so treffend, dass wir uns einen vollgültigeren
gar nicht zu denken wüssten. Wir sehen dabei von den drei
nicht eben ehrenvollen Prädicaten ab, die ihm Xenophon gleich
von vornherein beilegt, indem er ihn einen räuberischen und gewaltthätigen und blutgierigen Oligarchen nennt [3]); denn trotz der
kategorischen Form, in der sich Xenophon äussert, sehen wir
doch aus dem folgenden Satz, dass er nicht so fast sein eigenes
Urtheil, als die Aeusserung der Feinde damit ausdrücken wollte.
Indessen fällt auch sein Ausspruch nicht eben viel günstiger aus.
Vor allem schreibt er beiden genannten Männern unbändigen
Ehrgeiz, die grösste Selbstsucht und Ruhmbegierde zu, lauter
Eigenschaften, die niemand dem Kallikles absprechen wird, wie
man schon aus der Schilderung derer ersehen mag, die, wie

---

1) Ἀπομν. I 2, 12.

2) κατὰ Τιμάρχου § 173 (p. 24).

3) I 2, 12: Κριτίας μὲν γὰρ τῶν ἐν τῇ ὀλιγαρχίᾳ πάντων κλεπτίστατός τε καὶ βιαιότατος καὶ φονικώτατος ἐγένετο κτλ. Ibid. 13. ἐγὼ δ'
εἰ μέν τι κακὸν ἐκείνω τὴν πόλιν ἐποιησάτην, οὐκ ἀπολογήσομαι κτλ.

Groen van Prinsterer, denselben ganz als historische Person behandeln. Noch zutreffender aber für Kallikles ist es, wenn Xenophon die Ueberzeugung ausspricht, dass diese Männer den Umgang des Sokrates nicht deswegen gesucht, um von diesem die Tugend der Mässigung und Selbstbeherrschung zu lernen, sondern nur, weil sie aus demselben Vortheile für die Redegewandtheit und praktische Tüchtigkeit zu gewinnen hofften. Wer, der den Inhalt des Gorgias gegenwärtig hat, wird durch diese Bemerkung nicht an die Art, wie sich Kallikles über die σώφρονες ausspricht, die er als arge Thoren verachtet, erinnert? Dass übrigens der ihnen zugeschriebene Grund, warum sie sich dem Sokrates zuwandten, kein an sich schon verwerflicher oder irgendwie ehrenrühriger ist, wird jeder aus seinem eigenen Gefühl und Bewusstsein entnehmen und lässt sich auch daraus erkennen, dass dieselbe Absicht wohl auch dem Xenophon selbst zugeschrieben werden könnte. Nur das mochte dem ehrenwerthen Sinn des letzteren so sehr missfallen, dass diese Männer, oder richtiger der eine von ihnen, nämlich Kritias, seinem Lehrer so innerlich untreu wurde und so ganz alle Anhänglichkeit vergass, dass er ihn im gegebenen Falle wie seinen Feind behandeln konnte. Wie sehr beide Männer in ihrer Gesinnung von Sokrates geschieden waren, das drückt Xenophon in treffender Weise durch die Bemerkung aus, dass, wenn man ihnen die Wahl gelassen hätte, so zu leben, wie Sokrates lebte, oder des Todes zu sein, sie keinen Augenblick sich besonnen haben würden, das letztere zu wählen. Die Bestätigung für den einen von beiden, der wenigstens der Herzenszuneigung zu seinem früheren Meister wohl niemals ganz entsagte, mag man in der vielgepriesenen Rede des Mannes, welche wir im Gastmahl lesen, finden. Und für Kritias, wer möchte für diesen nicht die fast wörtlich übereinstimmenden Aeusserungen des Kallikles im Gorgias gelten lassen, z. B. wo derselbe die von Sokrates angenommene Bedürfnisslosigkeit eine Glückseligkeit für Steine und Leichen nennt[1]). Und wenn schliesslich Xenophon sagt, dass, sobald die beiden Männer ihrer Ueberlegenheit über andere sicher geworden waren, sie von dem Verkehr mit Sokrates absprangen und sich den Staatsgeschäften, auf welche ihr ganzes Absehen gerichtet war, zuwandten,

---

1) 492 E: Οἱ λίθοι γὰρ ἂν οὕτω γε καὶ οἱ νεκροὶ εὐδαιμονέστατοι εἶεν.

wer hört da nicht den wohlwollenden Rath, den Kallikles in vornehmer Herablassung dem von ihm halb mit Mitleiden geschätzten Philosophen gleich im Eingang des mit ihm aufgenommenen ernsteren Gespräches ertheilt und durch die daran geknüpfte theils gelehrte theils geistreich witzige Ausführung des weiteren erläutert?¹) Auch Kallikles hat sich mit Philosophie beschäftigt, aber eben nur so lange und so weit, bis er hinlänglich zu den höheren Lebensaufgaben des Mannes, wie er sie versteht, befähigt zu sein glaubt.

So lange beide Männer, fährt Xenophon weiter²), mit Sokrates verkehrten, fanden sie in dessen Einwirkung die Kraft, ihre schlimmen Neigungen zu beherrschen; nachdem sie sich aber von ihm losgemacht hatten, gieng Kritias als Verbannter nach Thessalien und verkehrte dort mit Leuten, die mehr der Gesetzlosigkeit als der Gerechtigkeit huldigten. Alkibiades dagegen wurde auf anderem Wege durch gleich schädliche Einflüsse verdorben. Das Nähere über den Aufenthalt des Kritias in Thessalien können wir aus der Rede des Theramenes entnehmen, welche Xenophon diesem in der Griechischen Geschichte³) in den Mund legt. Derselbe erwähnt, dass Kritias, von Haus aus oligarchischer Parteigänger, — sein Vater war einer der Häupter der Vierhundert — in Verbindung mit einem gewissen Prometheus die Penesten gegen ihre Herren bewaffnete und eine Demokratie in Thessalien einrichtete. Damit kann Theramenes allerdings den ihm gemachten Vorwurf eines politischen Wetterhahns — so mag man etwa das Schimpfwort κόθορνος wiedergeben — bestens erwidern. Wendet man aber sein Augenmerk auf unsern Kallikles, so berechtigen dessen Aeusserungen über die Menge — man vergesse nicht, diese war der Souverän im demokratischen Athen — die ebenso hochmüthige Verachtung wie schlaue Unterwürfigkeit athmen, dem Kallikles ein gleiches Gebahren, wie dem Kritias, je nach Opportunität zuzutrauen. Er ist zwar, wie jener, durch und durch oligarchisch gesinnt⁴), jeden Augenblick aber bereit, wenn Aus-

---

1) 484 C ff.
2) I 2, 24.
3) II 3, 36.
4) Groen van Prinsterer scheint ihn nach der Bemerkung auf S. 137 seiner Schrift zu den Demokraten zu rechnen; mit welchem Recht aber das dem Mann widerfährt, der die ἰσότης, das Schibboleth der Demo-

nicht auf Erfolg vorhanden ist, mit Hülfe der verachteten und unbubilten Menge sich zum Alleinherrscher aufzuwerfen.

Höchst charakteristisch ist, was Xenophon weiter erzählt[1]) von den Bemühungen des Sokrates, den Kritias auf dem Weg der Tugend zu erhalten. Es handelt sich um die Beherrschung der Leidenschaften, denen Kritias zu fröhnen geneigt ist, hier insbesondere um das Verhältniss zu einem schönen Jüngling, dem der leidenschaftliche Mann ganz in der verwerflich sinnlichen Weise huldigt, wie es freilich in damaliger Zeit nicht ungewöhnlich war. Da vernünftige Vorstellungen nichts verfangen, so vermeidet der Philosoph auch nicht eine strengere Zurechtweisung vermittelst eines in Gegenwart anderer Personen und des Geliebten selbst ausgesprochenen derben Wortes[2]), zieht sich aber dadurch den Hass seines ehemaligen Schülers zu, dessen Folgen für Sokrates nicht ausbleiben. Wie aber steht es in dieser Beziehung mit dem Manne, der durch seinen Namen dem historischen Boden entrückt scheint? Wir müssen gestehen, dass in dem Maasse, als es die Verschiedenheit beider Schriftwerke gestattet, die Züge des von dem philosophischen Künstler gezeichneten Bildes, indem auch die Liebe zu einem schönen Knaben nicht vergessen ist, auch in diesem besonderen Falle vollkommen denen des uns wohlbekannten Staatsmannes entsprechen. In der That enthält jener ganze Abschnitt in dem Platonischen Dialoge[3]), der von der σωφροσύνη handelt, aus dem bereits oben eine Aeusserung des Kallikles angezogen wurde, eben nur die Theorie zu der Praxis, von der uns Xenophon in der obigen Erzählung ein treffendes Beispiel vorführt.

Und wenn nun der Geschichtschreiber in seinem Bericht über den weiteren Verlauf der Sache erzählt, wie Kritias in seiner Eigenschaft als Mitglied der Gesetzgebungscommission der Dreissig[4]) den Sokrates vorlud und ihm den gewohnten Verkehr mit jungen

---

kratie, gründlich hasst und sich von Herzen zum πλέον ἔχειν bekennt, ist nicht wohl einzusehen. S. auch die Aeusserung 490 C.

1) I 2, 29.
2) X. Ἀπομν. I 2, 30.
3) Cap. 46 ff. (491 D ff.).
4) Seiner früheren Stellung nach der Rückkehr aus der Verbannung unter den gleich nach der Einnahme der Stadt eingesetzten Ephoren — Grote in seiner GeschichteGriechenlands VIII (IV) S. 319 (490) nennt sie ein Directorium von fünf — wird hier nicht gedacht.

Leuten untersagte, schliesslich aber durch die ironischen Fragen seines früheren Meisters ärgerlich gemacht, kurzweg ihm das Reden über Schuster und Zimmerleute und Schmiede, das bekannte abgedroschene Zeug, verbietet[1]): vermeinen wir da nicht den Kallikles zu hören, der in ähnlicher Weise, wie dort Kritias, durch die hartnäckige Inductionsmethode des Sokrates ausser Fassung gebracht, ihm das ewige Geschwätz von Schustern und Walkern und Köchen und dergleichen mehr vorwirft?[2])

Beachtenswerth für die angeregte Frage ist sogar die Bemerkung, mit welcher Xenophon seine Erörterung über diesen Gegenstand beschliesst. Da er nämlich den Sokrates gegen den ihm aus dem Umgang mit den genannten beiden Männern erwachsenen Vorwurf zu vertheidigen sucht und darthut, wie der eine dieser Männer, nachdem er jenem Verkehr entsagt hat, aus einem Freund ein Feind seines früheren Lehrers geworden ist, bemerkt er noch schliesslich, dass eben von Anfang an kein innerer Zug des Herzens, sondern nur nackter Egoismus die beiden jungen Männer zu Sokrates geführt. Denn auf Herrschaft im Staate, und auf nichts anderes, war gleich anfänglich ihr Absehen gerichtet. Zum Beweis führt Xenophon ein Gespräch des noch nicht zwanzigjährigen Alkibiades mit seinem Vormund, dem berühmten Staatsmann, der damals fast wie ein König den Staat lenkte, an. Obwohl dieses Gespräch natürlich nicht direct zur Charakteristik des Kritias verwendet werden kann, so bietet es doch seinem Inhalt nach so manche Vergleichungspunkte mit den im Dialog Gorgias geführten Gesprächen, dass man es nicht ganz ausser Acht lassen möchte. Es handelt sich in demselben um den Begriff des Gesetzes, den der grosse Staatsmann so wenig festzustellen vermag, dass sich seine Definition unter der gewandten Hand seines Mündels schnell in das Gegentheil verwan-

---

1) I 2, 37: ὁ δὲ Κριτίας· Ἀλλὰ τῶνδέ τοί σε ἀπέχεσθαι, ἔφη, δεήσει, ὦ Σώκρατες, τῶν σκυτέων καὶ τῶν τεκτόνων καὶ τῶν χαλκέων· καὶ γὰρ οἶμαι αὐτοὺς ἤδη κατατετρῖφθαι διαθρυλουμένους ὑπὸ σοῦ. Der Schluss des Gespräches ist zwar sowohl für Sokrates als auch für Kritias charakteristisch, bietet aber für den vorliegenden Zweck keine weiteren Vergleichungspunkte.

2) 490 E f. ΚΑΛ. Ὡς ἀεὶ ταὐτὰ λέγεις, ὦ Σώκρατες. ΣΩ. Οὐ μόνον γε, ὦ Καλλίκλεις, ἀλλὰ καὶ περὶ τῶν αὐτῶν. ΚΑΛ. Νὴ τοὺς θεούς, ἀτεχνῶς γε ἀεὶ σκυτέας τε καὶ κναφέας καὶ μαγείρους λέγων καὶ ἰατρούς οὐδὲν παύει, ὥσπερ περὶ τούτων ἡμῖν ὄντα τὸν λόγον.

delt. Die leichte Entschuldigung, mit welcher Perikles über das
bedenkliche Dilemma wegschlüpft, erinnert ihrem Inhalt nach sehr
an die Meinung, die Kallikles bei dem Beginn seines weiteren
Gespräches mit Sokrates über den Werth der Philosophie, den
er auf den Bereich der Jugendbildung beschränkt, ausspricht;
denn auch Perikles ist sich bewusst, in seiner Jugend ein guter
Dialektiker gewesen zu sein, also auch die Kunst wohl verstanden
zu haben, in der er jetzt vor dem jüngeren Manne mit viel Anstand die Segel streicht. Ueberhaupt begeht Perikles in dem
kurzen Gespräche mit Alkibiades ziemlich dieselben Fehler, denen
in dem umfassenden Platonischen Dialog die drei Mitunterredner
des Sokrates der Reihe nach unterliegen. Dass aber Platon in
der Charakteristik des jüngeren Staatsmannes auch den älteren
und ungleich berühmteren mitzutreffen keinen Anstand nahm,
geht schon aus der herben Kritik hervor, welche Platon ihm und
den anderen berühmtesten Staatsmännern Athens gegenüber in
Anwendung bringt. Aber auch die Aeusserungen des Alkibiades,
in denen man trotz des Scheines, als suchte der unerfahrene
Jüngling nur Belehrung bei dem vielerfahrenen Manne, doch die
vielleicht damals schon in stiller Brust gehegten Pläne vorklingen
hört, verstatten insofern auch einige Bezugnahme auf Kallikles,
als Xenophon selbst das ganze Gespräch ausdrücklich zur Charakteristik der beiden zwar in ihrer Art verschiedenen aber doch
gesinnungsverwandten Männer beibringt.

In historischer Beziehung am bedeutsamsten ist, was Xenophon in der Griechischen Geschichte von Kritias erzählt. Es betrifft hauptsächlich sein Verhältniss zu Theramenes und das rück-
sichtslos gewaltthätige Verfahren, wodurch Kritias sich dieses nicht
unbedingt ergebenen Parteigenossen, der es nicht liebte, bis zu
den äussersten Consequenzen eines politischen Programms vorzu-
gehen, sondern lieber durch eine gewisse Mässigung sich für eine
andere Parteistellung möglich zu erhalten suchte, zu entledigen
wusste. Es liegt in der Natur der Sache, dass hier weniger einzelne Vergleichungspunkte in Betracht kommen, als dass die politische Handlungsweise, wie sie in der lebendigen Schilderung des
Geschichtschreibers hervortritt, mit jener Denkweise, wie wir sie
in dem philosophischen Dialoge kennen lernen, wesentlich übereinstimmt. Diese Uebereinstimmung ist aber um so weniger zu
verkennen, als Kritias gleich im Anfang der mit Theramenes ge-
pflogenen Erörterung, zu welcher die ersten Differenzen zwischen

beiden, ehe noch ein völliger Bruch eingetreten war, führten, sich ganz offen zu dem Grundsatz bekennt, der die Richtschnur seines Handelns bildet. Derselbe ist in dem einen vielsagenden Wort ausgedrückt, welches mit unnachahmlicher Kürze alles in sich befasst, was der *ἰσότης*, der bürgerlichen Gleichheit, dem heiligsten Symbol und missbrauchtesten Schlagwort der athenischen Demokratie, widerstrebt. Es heisst *πλεονεκτεῖν*, *πλεονεξία*, und entspricht dem, was wir Herrsch- und Habsucht mit allen Schattierungen der Unterdrückung gesetzlich gleichberechtigter, aber in Wirklichkeit mindervermögender nennen. Wer erkennt hier nicht das Recht des stärkeren, das natürliche angeborene Recht, das Kallikles dem positiven Recht des geschriebenen Gesetzes und Herkommens, mittels dessen sich die schwachen gegen die stärkeren zu schützen suchen, als das höhere und allein gültige entgegenstellt? Diese Ansicht ist aber die Seele der ganzen ethischpolitischen Theorie des Kallikles und tritt auch schon in den Erklärungen seines Vorgängers, des Polos, hervor, obwohl mit geringerer Schärfe und weniger principiell, in der Lobpreisung des Vermögens, zu thun, was man will, in dem Sinn, wie er den Satz versteht. Aus dieser Theorie ergeben sich dann von selbst alle die Handlungen, welche zu jenen nicht eben ehrenvollen Prädicaten führen, mit denen Kritias durch die allgemeine Stimme gebrandmarkt uns in den Memoiren begegnet[1]).

Diesen Zügen des politischen Charakters, durch welche der Mann einen so übelberüchtigten Namen in der Geschichte gewonnen hat, stehen andere ehrenvollere zur Seite, die wir nicht übergehen dürfen, wenn die Vergleichung nicht unvollständig und einseitig sein soll. Kritias ist nicht nur reich begabt von Natur, sondern auch fein gebildet; er ist nicht bloss namhafter Redner[2]), wie sich das bei seinem politischen Ehrgeiz und dem gewählten Beruf eines Staatslenkers von selbst versteht, sondern auch Dichter und Philosoph und vielleicht in beiden Bestrebungen, jedenfalls in der politischen Dichtung, Schriftsteller: Philosoph, wie wir schon oben gesehen haben, allerdings nur bis zu einem gewissen Grad, d. h. so weit es sich mit seiner Lebensrichtung verträgt. Ganz denselben Eindruck glücklicher Begabung und feiner Bil-

---

1) S. oben S. 26 N. 10.
2) Ueber Cicero's Urtheil ist zu vergl. was Spengel *Σvvαγωγὴ τεχνῶν* p. 120 sq. bemerkt.

dung macht auch Kallikles. Seine Rede zeigt Witz und Gewandtheit; er ist mit der poetischen Litteratur des griechischen Volkes wohl vertraut, und nichts hindert, ihm auch die Fähigkeit zu schriftstellerischen Leistungen zuzutrauen, wenn Platon auch in der künstlerischen Motivierung keinen Grund fand, solches zu erwähnen. Den Kritias führte sein Bestreben bekanntlich ebensowohl zu den Vorträgen der Sophisten wie zu den Gesprächen des Sokrates. Und wenn nun Kritias ausdrücklich ein Schüler des Gorgias genannt wird, mochte er diesen nun während seines Aufenthaltes in Thessalien dort, wo der Rhetor bekanntlich mit Vorliebe sich aufhielt, oder schon vor der Verbannung in Athen kennen gelernt haben, so würde auch dieser Umstand zu der Vergleichung mit Kallikles, bei dem der genannte Rhetor offenbar als einem seiner näheren Freunde und Gönner sein Absteigequartier genommen hat, einen neuen Zug beifügen.

Wenn somit das Bild des unbekannten, dem Platon eine Hauptrolle in dem bedeutsamen ethisch-politischen Dialoge zugewiesen hat, in allen wesentlichen Zügen[1]) mit dem Charakter des be-

---

[1]) Dass auch die gegen die Lakonenthümler gerichtete Aeusserung des Kallikles (515 E) nicht eine Vergleichung mit Kritias ausschliesst, dies mag an objectivsten durch Beiziehung einer Stelle aus der griechischen Geschichte von Curtius (II S. 670 der 1. Aufl.) dargethan werden. Sie lautet: „Bei einem Manne von dieser Anlage und Entwickelung kann es nicht befremden, wenn seine öffentliche Thätigkeit eine unklare, schwankende und widerspruchsvolle gewesen ist. Aristokrat von Abkunft und Gesinnung, ist er gewiss niemals ein Freund der Verfassung gewesen. In sophistischem Hochmuthe verachtete er das Volk und neigte sich der Partei zu, deren politische Theorien vor allem darauf hinzielten, dass die Krämer und Handwerker sich um ihre Gewerbe kümmern und die Staatsangelegenheiten den Männern von Stand und Bildung überlassen sollten. Es lässt sich voraussetzen, dass er in diesen Ansichten an Antiphon sich anschloss, der ihm auch wohl als Redner zum Muster diente. Indessen hielt er sich nicht von Anfang an zu dieser Partei, sondern bewahrte sich eine freiere Stellung, obgleich sein Vater Kallaischros einer der Eifrigsten unter den Vierhundert war. Er schloss sich, wie es scheint, eine Zeitlang an Alkibiades an und hatte mit ihm und seinem Anhange zur Zeit des Hermenfrevels mancherlei Anfeindungen zu erdulden. Thätig trat er erst in den Volksversammlungen auf, welche dem Sturze der Vierhundert folgten, und zwar als ein leidenschaftlicher Gegner der Tyrannen. Er war es, der Phrynichos noch nach seiner Ermordung anklagte; auf seinen Antrag wurden auch die Gebeine des Verräthers ausgegraben, um über die Grenze von Attika geschafft zu werden, und zugleich alle für Mitschuldige erklärt,

2*

rühmten und berüchtigten Staatsmannes übereinstimmt, mögen wir nun unser Augenmerk auf die Platonischen Schriften, in denen dieser als sprechende Person auftritt, oder auf die Hauptquelle der historischen Ueberlieferung über seine politische Laufbahn, oder auch auf andere gelegentliche Notizen über seine Person und Eigenschaften richten: so ist wohl der Schluss verstattet, dass, wenn Platon, wie kaum zu bezweifeln, eine historische Persönlichkeit im Auge hatte, dies keine andere war, als der genannte, ihm selbst so nahe stehende Staatsmann.

Noch ist die Frage aufzuwerfen und zu beantworten, was den Schriftsteller bewogen haben mag, den Mann, den er so oft mit seinem wahren Namen in seine Darstellung eingeführt hat, hier, in diesem Dialoge, durch einen erdichteten zugleich zu kennzeichnen und zu verhüllen. Die Antwort ist nicht schwierig. Denn so gross auch im ganzen die Aehnlichkeit der Charakterzeichnung in diesem und anderen Dialogen zwischen den Trägern beider Namen ist, eine so ungünstige, dem Streben Platons und der von ihm dargelegten wahren Lebensaufgabe des Menschen geradezu entgegengesetzte Rolle spielt Kritias in keiner anderen Darstellung des Philosophen. Und bedenken wir, dass Kritias ein Verwandter seines Hauses war; dass er zur Zeit der Abfassung des Dialoges schon mehrere Jahre todt war, und erinnern wir uns an die Ansichten und Mahnungen, welche Platon seinen Sokrates bezüglich des Lebens nach dem Tode im letzten Theil des Dialoges aussprechen lässt, so begreifen wir, dass eine Rücksicht der Schicklichkeit dem Schriftsteller verbot, die dargestellte Person, mochte die Zeichnung noch so sehr an die Züge des historischen Bildes erinnern, mit dem Namen des berühmten Mannes auszustatten.

Aber, könnte man fragen, verbot dieselbe Schicklichkeit nicht auch den Charakter des Mannes in diesem Lichte darzustellen? ist es also wahrscheinlich, dass wir in dem Bild des Kallikles wirklich die Person des Kritias zu erkennen haben? Wir antworten: Platon durfte entweder einen solchen Charakter mit solchen Zügen, wie wir sie an Kallikles nun einmal finden, überhaupt

welche jemals zu Gunsten des Phrynichos das Wort nehmen würden. Von Kritias wurde auch der Volksbeschluss veranlasst, welcher die Rückberufung des Alkibiades anordnete, und wenn wir ihn nach dem zweiten Sturze des Alkibiades aus Athen entfernt finden, so mag diese Entfernung damit zusammenhängen, dass er jenes Volksbeschlusses wegen damals missliebig war."

nicht darstellen, oder er musste gewärtigen und es dann auch
wohl beabsichtigt haben, dass seine Zeitgenossen an den Mann
gemahnt wurden, der zwar kurz und vorübergehend, aber desto
einschneidender jene furchtbare Rolle spielte, aus der wir ihn
in der Geschichte vorzugsweise kennen. Dieses zu vermeiden hatte
wohl Platon um so weniger Grund, als ihn wahrscheinlich keine
Rücksicht persönlicher Pietät fesselte. Denn seine persönliche
Beziehung zu dem Manne selbst, der sein mütterlicher Verwandter
war, kann doch nur eine ziemlich lockere gewesen sein. Ist
Platons Geburtsjahr[1]), wie neuerdings glaublich gemacht worden
ist, erst in das Jahr 427 v. Chr. zu setzen, und gieng Kritias
schon im J. 411 in die Verbannung, so war Platon zu der Zeit,
als jener die Stadt verliess erst 16 Jahre alt, also vorher noch
wenig dazu angethan, um, gleich seinem Oheim Charmides, in
die Pläne und Bestrebungen des gereiften Mannes näher einge-
weiht zu werden. Und als dieser nach sechsjähriger Abwesenheit
in einer Zeit der höchsten bürgerlichen Bedrängnis wieder nach
Athen zurückkehrte, da mochte allerdings seine Einwirkung auf
den zweiundzwanzigjährigen Jüngling eine entschiedene und nachdrückliche gewesen sein, der rücksichtslose Parteimann aber diesen
um so entschiedener abgestossen haben, als derselbe in der feind-
seligsten und schroffsten Weise gegen seinen geliebten Lehrer,
dem er selbst einige Pietät hätte bewahren sollen, auftrat, ein
Verfahren, das den innigsten Freund und Jünger des Sokrates
aufs tiefste verletzen musste. Mag also auch Platon, wie Sokrates, zu denen gehört haben, die der blutgierigen Tyrannei
jener Oligarchen weder zum Opfer fielen noch durch die Flucht
sich entzogen[2]): zu den Parteigenossen des Kritias und des Charmides gehörte Platon trotz seiner nahen Verwandtschaft zu diesen
Häuptern doch ebensowenig als Sokrates. Lesenswerth in dieser
Hinsicht ist die Darstellung, welche wir in dem siebenten der dem
Platon zugeschriebenen Briefe, mag derselbe, wie einige glauben,
echt sein, oder das gemeinsame Verdammungsurtheil, immer doch
mit einiger Auszeichnung, theilen[3]), finden.

1) S. Zeller über Hermodoros (Einl. s. dem I. B. m. Schulausg. §. 37
N. 2. S. 21 d. 4. Aufl.).
2) Man erinnere sich der Benennungen οἱ ἐν ἄστει und οἱ ἐν Πει-
ραιεῖ, die geradezu die Geltung von Parteinamen angenommen haben.
3) Die neuesten Untersuchungen über diesen Gegenstand (s. Ueberweg S. 119 ff. u. Schaarschmidt S. 63 f.) gehen entschieden darauf hin,

Wenn man nun auch wohl zugeben mag, dass der Philosoph durch seine verwandtschaftliche Beziehung zu Kritias nicht gehindert wurde, ihn als Typus eines solchen Staatsmannes zu benützen, wie er ihn im Gorgias mit so schneidender Schärfe und drastischer Lebendigkeit dargestellt hat, so könnte man aber doch noch positivere Gründe verlangen zur Beantwortung der Frage, was ihn bewogen haben soll, einen ihm durch Verwandtschaft nahe stehenden Mann mehrere Jahre nach seinem Tode also darzustellen. Diese Frage hängt mit der über den subjectiven Anlass und über den objectiven Zweck und über die Abfassungszeit des Dialogs zusammen. War derselbe bald nach dem Tode des Sokrates verfasst, so mochte der Abscheu gegen die Verfassung seiner Vaterstadt, die eine solche Greuelthat verstattete, der nächste Antrieb gewesen sein; damit mag sich der Wunsch verbunden haben, den Weg zur Besserung des Staatswesens zu zeigen: eine Annahme, die sich recht wohl mit der Absicht verträgt, die man ziemlich allgemein als den Zweck und Grundgedanken des Gespräches erkannt[1]. Fällt die Abfassung, wie Schleiermacher vermuthet, nach der ersten sicilischen Reise, so mag allerdings auch die mit Dionysios gemachte Erfahrung mit gewirkt haben zu zeigen, dass auch athenische Staatsmänner, und zwar solche, die sich die besten dünken, nicht weit von der Gesinnung und Handlungsweise der verrufensten Tyrannen, die sie, wenn dieselben Glück haben, wie Archelaos, bewundern und beneiden, sich entfernen, oder richtiger, dass sie das gleiche wollen und thun. In beiden Fällen aber kommt die ziemlich allgemein anerkannte apologetische Rücksicht auf Platons eigene Lebensstellung und Lebensrichtung in Betracht.

Obschon ich mich bezüglich des Ergebnisses der vorstehenden Untersuchung nicht auf die Uebereinstimmung mit den Ansichten anderer Forscher, deren Namen schon um ihres Ansehens willen in's Gewicht fallen würde, berufen kann, so möchte ich

---

die Unechtheit zu erweisen. Dieso gibt auch A. v. Gutschmid in seiner Recension von Schäfers Abriss der Quellenkunde etc. (Jahrbb. f. Ph. u. P. 95, 11) zu, nicht aber, dass sie ohne historischen Werth solen. Dasselbe Urtheil spricht, wenn ich nicht irre, auch H. Sauppe aus in einer Erörterung, die mir leider augenblicklich nicht zur Hand ist.

[1] S. Einl. s. meiner Ausg. S. 7 ff. u. S. 21 N. 1. u. nun auch unten Abschnitt IV. Vgl. auch Schaarschmidt S. 157.

doch schliesslich nicht unerwähnt lassen, dass mir in den namhaftesten auf diesen Gegenstand bezüglichen Schriften von Hermann, Steinhart, Susemihl, Köchly, Bonitz u. a., wozu auch die berühmten Geschichtswerke von Grote und Curtius gerechnet werden mögen, keine Aeusserung begegnet ist, welche der hier dargelegten Ansicht widerspräche oder Eintrag thäte. Eine Nachweisung im einzelnen ist natürlich hier nicht zulässig und liegt auch ausserhalb des Zweckes dieser Erörterung. Wohl aber mag noch ein Wort über Groen van Prinsterer beigefügt werden. Derselbe behandelt, wie schon oben S. 27 erwähnt wurde, den Kallikles ganz als eine historische Persönlichkeit. Abgesehen von den oben bereits besprochenen Bedenken, die sich gegen eine solche Auffassung erheben, kann man sich mit der allgemeinen Charakteristik, die wir S. 133 lesen[1]), im ganzen zwar einverstanden erklären, doch aber mit der Beschränkung, dass das zusammenfassende Urtheil, dem wir S. 134 f. begegnen[2]), in dieser kurzen und schroffen Fassung wohl nicht ganz den Eindruck wiedergibt, den der Leser der Platonischen Schrift empfängt und der Verfasser derselben hervorzurufen beabsichtigte[3]). Nicht als einen Ausbund persönlicher Schlechtigkeit wollte Platon seinen Kallikles darstellen, sondern als einen der vorzüglichsten Vertreter der politischen Grundsätze, welche zu seiner Zeit die herrschenden waren. Dieser Auffassung redet der holländische Gelehrte gewissermassen selbst das Wort, indem er die oben angeführte Charakteristik einleitet durch eine Stelle des Thukydides[4]), in welcher der grosse Geschichtschreiber die Staatsmänner nach Perikles im Vergleich und im Gegensatz mit diesem ihrem auch von dem Geschichtschreiber des höchsten Rahmes würdig geachteten Vorgänger einer zusammenfassenden Beurtheilung unterwirft. Dass dieselbe nicht zu ihren Gunsten lautet, versteht sich von

---

1) „*Callicles ... facultate dicendi ad plebis benevolentiam captandam abuteres, quippe qui in animo haberet non patriae consulere, sed sibi tantum; divitias et honores somnians, ridens justitiam et honestatem*".

2) „*Cum autem Callicles fuerit procul dubio homo pessimus*" e. q. s.

3) Dieselbe Ansicht spricht Steinhart aus in der Einl. z. Gorgias S. 353. Vgl. oben S. 18 N. 3.

4) Sie steht in dem berühmten 65. Cap. des II. Buches u. lautet in den angeführten Worten: οἱ δὲ ὕστερον ἴσοι αὐτοὶ μᾶλλον πρὸς ἀλλήλους ὄντες καὶ ὀρεγόμενοι τοῦ πρῶτος ἕκαστος γίγνεσθαι ἐτράποντο καθ' ἡδονὰς τῷ δήμῳ καὶ τὰ πράγματα ἐνδιδόναι.

selbst; dass aber auch nicht der höchste Grad der Schlechtigkeit gekennzeichnet werden soll, liegt gerade in dem generalisirenden Charakter des ausgesprochenen Urtheils. Mit diesem stimmt wohl auch die Ansicht des Philosophen im wesentlichen überein, unterscheidet sich aber dadurch von der des Geschichtschreibers, dass jener nicht, wie dieser, auf den Unterschied zwischen der früheren und späteren Zeit ein grosses Gewicht legt, vielmehr auch von den älteren Staatsmännern fast ohne Ausnahme gleich ungünstig denkt und die gepriesensten unter ihnen, wie namentlich Themistokles und Perikles, auch mehr zu den Volksverderbern als zu den wahren und echten Volks- und Staatslenkern rechnet. Es ist nicht zu wundern, dass die Nachwelt in dieser Frage sich mehr auf die Seite des Geschichtschreibers als des Philosophen gestellt hat und dass die angesehensten Geschichtschreiber der neueren Zeit, durchdrungen von Bewunderung für die geistige Grösse und den gewaltigen Machtaufschwung Athens zur Zeit des Perikles, dem Urtheil des griechischen Geschichtschreibers über diesen Staatsmann unbedingt beipflichten. Dennoch erkennen auch die neueren[1]) so gut, wie ihr griechischer Vorgänger an, dass sich unmittelbar nach dem Tode des Perikles eine Umwandlung der Bürgerschaft Athens zum schlimmern vollzogen hat, zu der auch Anträge und Einrichtungen des Perikles mitgewirkt haben. Eine unbefangene Betrachtung wird darum auch dem Urtheil des Philosophen nicht alle Berechtigung absprechen können, und es begreiflich finden, wenn dieser, der die Herrlichkeit der früheren Zeit nicht mehr mit eigenen Augen gesehen, wohl aber den Verfall seiner Vaterstadt wahrnahm, der sich während des letzten Aktes des grossen hellenischen Trauerspiels vollzog, von Schmerz durchdrungen über die sittliche Entartung des Volkes, die sich dem Blick des heranreifenden Denkers nicht verbergen konnte, die Ursachen solchen Uebels weiter zurück verfolgt und sie in Zuständen und Einrichtungen findet, bei welchen auch die gepriesensten Männer jener früheren Zeit der Herrlichkeit Athens, namentlich insofern sie nothgedrungen auch einer der politischen Parteien ihrer Vaterstadt sich anschliessen mussten, nicht unbetheiligt waren. Je weniger aber Platon zwischen den Staatsmännern der früheren und der späteren Zeit einen belangreichen Unterschied macht, um so weniger kann man glauben, dass er in seinem Kallikles einen

---

[1]) Vgl. unten Abschn. V. die Bem. zu 515 A.

besonderen Grad individueller Schlechtigkeit darstellen wollte; sein
strafendes Urtheil gilt vielmehr jener Frivolität der Gesinnung,
die bei aller Bildung und Feinheit nichts weiss von sittlichen
Grundsätzen und Achtung vor Recht und Gerechtigkeit und Wahrheit: eine Gesinnung, die, wenn die Umstände darnach angethan
sind[1]), nothwendig zu Handlungen führen muss, wie sie die Geschichte von Kritias und seinen Zeitgenossen aufzeichnet.

II.

Ein anderer Punkt, der zu Zweifeln und Bedenken Anlass
gibt, ist die Frage nach dem Ort, wo wir uns das von Platon
dargestellte Gespräch gehalten zu denken haben. Man kann nicht
sagen, dass ein grosser Zwiespalt der Meinungen stattfindet. Denn
mit Ausnahme Schleiermacher's sind alle Erklärer[2]) darüber
einig, das Haus des Kallikles, bei dem Gorgias sein Absteigequartier genommen hatte, zugleich als den Ort zu denken, wo
das Gespräch stattgefunden habe. Dass übrigens bei dieser Annahme Schwierigkeiten sich ergeben, geht schon aus der Bemerkung Heindorf's hervor, der den Eingang des Gespräches gegen

---

1) Vgl. 526 A: ἐν μεγάλῃ ἐξουσίᾳ τοῦ ἀδικεῖν — ein Ausdruck, zu
dem man unschwer die entsprechenden Bezeichnungen in der Darstellung des Geschichtschreibers finden wird, z. B. Griech. Gesch. II 3, 21
ὡς ἴσον ἤδη πᾶσιν αὐτοῖς ὅτι βούλοιντο u. a.

2) Eine Ausnahme macht jetzt auch Heinrich Kratz, der, nachdem er in seiner Ausgabe des Gorgias (Stuttgart 1864) in der Vorbemerkung des Anhanges sich zu jener anderen Ansicht bekannt hatte,
später in den exegetisch-kritischen Bemerkungen zu Platons Gorgias
in dem Württemberger Correspondenzblatt 1868 S. 60 der von mir in
meiner Ausgabe des Platonischen Dialoges (Leipzig 1867) vertretenen
Ansicht beitritt. Da er bei dieser Gelegenheit weder Schleiermacher
noch mich nennt und dadurch wohl zu erkennen geben wollte, dass er
unabhängig von beiden zu dieser Ansicht gekommen sei, so kann ich
mich nur freuen, in der ungesuchten Uebereinstimmung mit diesem
scharfsinnigen Forscher eine neue Bekräftigung meiner Ansicht zu finden. Dabei will ich nicht unerwähnt lassen, dass die folgende Erörterung, wie sie vorliegt, zunächst zu einem anderen Zwecke, der
nicht zur Ausführung kam, zu Ostern 1867, also fast unmittelbar nach
der Veröffentlichung genannter Ausgabe, niedergeschrieben wurde.

den Vorwurf eines Mangels an Zusammenhang und Uebereinstimmung zu rechtfertigen sucht. Vermuthlich bezieht sich diese Aeusserung auf das Bedenken, welches Schleiermacher in der ersten Auflage seiner Uebersetzung ausgesprochen hatte. Dieses betraf wohl zunächst die Verknüpfung des Vorgesprächs zwischen Kallikles, Sokrates und Chärephon mit dem Hauptgespräch, das mit der auf den Wunsch des Sokrates von Chärephon an Gorgias gerichteten Frage beginnt. Nimmt man aber mit Heindorf an, dass Kallikles nicht weit von seinem Hause die auf dasselbe zugehenden Freunde angeredet und das Gespräch mit Gorgias nachdem dieselben in das Haus eingetreten, begonnen habe, so ist in der That eine Lücke zwischen dem einen und anderen Gespräch, oder richtiger eine räumliche Kluft vorhanden, die durch keine Aeusserung, keine noch so leise Andeutung — und in der That bot die dramatische Anlage des Gesprächs, die ohne alle diegematische Einkleidung ist, auch keinen Raum dazu — ausgefüllt oder überbrückt wird. Dazu reicht natürlich auch die Versicherung, der Ast seinen vollen Beifall spendet, eine solche Kluft sei überhaupt nicht da, es finde sich nichts abgerissenes, zusammenhangsloses in diesem Eingang, in keiner Weise aus, und Schleiermacher hat vollkommen Recht, wenn er in der betreffenden Bemerkung zur zweiten Auflage erklärt, sich noch nicht mit der Annahme befreunden zu können, „dass Gorgias sich in dem Hause des Kallikles befindet, und das folgende Gespräch dort spielt". Schleiermacher knüpft sein Bedenken gegen diese Annahme an die Worte des Textes, mit welchen Kallikles die beiden Freunde einladet zu ihm zu kommen, weil Gorgias bei ihm wohne und gewiss gern bereit sein werde, den eben gehörten und bewunderten Vortrag noch einmal zu halten; ein Anerbieten, das Sokrates mit einer höflichen Wendung ablehnt, da seine Absicht sei, vorerst den Gorgias über die Bedeutung der Kunst, als deren Lehrer er sich ausgebe, zu befragen. Es ist nothwendig, um zu einer Entscheidung über diese Frage zu gelangen, den Wortlaut der betreffenden Stelle in's Auge zu fassen. Dabei darf auch der Zusammenhang nicht unberücksichtigt bleiben. Dieser ist folgender. Kallikles macht den beiden Männern Vorwürfe, dass sie gerade zu spät kommen zu dem herrlichen Fest, das ihnen Gorgias durch seinen kurz zuvor gehaltenen Vortrag bereitet habe. Sokrates schiebt die Schuld auf Chärephon, der ihn so lange auf dem Markte aufgehalten habe. Dieser erklärt, das Versäumniss wieder gut machen zu wollen, da Gorgias, auf dessen Freundschaft er sich beruft, ihm zu Lieb wohl bereit sein werde, sei es gleich jetzt, oder auch später einen Vortrag zu halten — ob denselben oder einen anderen, ist nicht deutlich ausgedrückt und thut auch nichts zur Sache. Kallikles fragt fast mit dem Ausdruck der Ueberraschung den Chärephon, ob Sokrates den Gorgias zu hören wünsche und erhält zur Antwort, dass sie eben zu diesem Zwecke hier seien. Kallikles erwidert — und hier müssen wir die griechischen Worte selbst anführen — Οὐκοῦν ὅταν βούλησθε παρ' ἐμὲ ἥκειν οἴκαδε· παρ' ἐμοὶ γὰρ Γοργίας καταλύει καὶ ἐπιδείξεται ὑμῖν. Das γάρ, welches Heindorf nicht hat, ist aus den besten Handschriften, deren Lesart dieser noch nicht kannte, aufgenommen. Ein wesentlicher Unterschied des Sinnes wird durch diese Veränderung nicht herbeigeführt. Auffallend ist nun, dass der sonst so genaue und feinsinnige Heindorf hier mit Vernachlässigung der eigentlichen Bedeutung diese Worte so überträgt: *Ergo quando ad me domum ire vultis, ibi Gorgias, is enim apud me diversatur (sic!) ἐπίδειξιν vobis exhibebit.* Dieser Uebersetzung widerspricht aber schon das ὅταν βούλησθε, wie Schleiermacher, ohne Heindorf zu nennen, andeutet, da, wenn der von letzterem gefundene Sinn herauskommen sollte, es nicht ὅταν βούλησθε, sondern ἐπεὶ βούλεσθε im Original heissen müsste; der Uebersetzer hätte also zum mindesten *quando voletis* oder *si vultis* setzen sollen. Denn ganz richtig und vollständig mit der Forderung des Sprachgebrauches übereinstimmend ist, was Schleiermacher sagt, dass das ὅταν nothwendig auf eine andere Zeit gehen müsse, als auf die des Begegnens selbst, und am allerwenigsten kann es die ursächliche Bedeutung annehmen, welche Heindorf durch seine Uebersetzung ausdrückt. Hat es aber damit seine Richtigkeit, was wohl kaum zu bestreiten sein wird, so ist nicht wohl abzusehen, wie die Begegnung sei es in sei es vor dem Hause des Kallikles habe stattfinden können; denn wäre sie in dem Hause des Kallikles stattgefunden, so wäre die Einladung des Kallikles zu ihm nach Hause zu kommen ganz undenkbar; aber auch das Auskunftsmittel, sie vor dasselbe zu verlegen, will nicht verfangen; denn, wie Schleiermacher richtig bemerkt, „Sokrates musste schon das Ansehen haben, dort hineingehen zu wollen, nicht etwa vorbei, wo sich Gorgias befand". Dies ist ja deutlich aus der ersten Anrede des Kallikles zu ersehen. Dann aber wäre höchstens eine Aufforderung nur eben einzutreten, nicht aber eine Einladung von Seiten des Hausbesitzers, zu ihm nach Hause zu kommen, am Platze. Es ist also ganz begründet, wenn Schleiermacher sagt, dass bei der von ihm bekämpften Annahme der ganze Ausdruck höchst wunderlich wäre. „Soll," fragt er, „Kallikles selbst im Begriff gewesen sein fortzugehn, die versammelten Gäste im Hause zurücklassend?" Bei dieser Sachlage scheint der Vorschlag Schleiermachers, nicht das Haus des Kallikles, sondern einen öffentlichen Ort, etwa das Lykeion, wo so viele Platonische Gespräche spielen, als den Ort zu betrachten, wo Gorgias sich mit seiner Gesellschaft befindet, ganz gerechtfertigt, und man muss sich nur wundern, dass derselbe so wenig Anklang gefunden hat. Denn, soviel mir bekannt ist, nimmt ihn keiner von allen Erklärern an[1]), die also sämmtlich der Auffassung Heindorfs mit geringen Modificationen folgen. Von Ast ist schon oben bemerkt, dass er seine Beistimmung unumwunden ausdrückt durch lobende Anführung des Schlusssatzes. Gleichwohl aber stimmt seine eigene Erklärung ihrem Wortlaut nach nicht so unbedingt mit der Heindorfschen überein. Er sagt; „*Hic cogitandus est homo* (näml. Kallikles) *Socrati, cum Chaerephonte amico suo Gorgiae audiendi causa de foro discedenti, occurrere atque indicare sero ipsos venire.*" Er übergeht also ganz das Moment, dass die beiden Männer auf das Haus des Kallikles zugiengen und dieser ihnen in der Nähe desselben begegnet. Vielleicht wollte er die Möglichkeit dadurch eröffnen, das Haus so nahe dem Markte zu denken, dass dadurch die Begegnung ohne deutlich ausgesprochenes Ziel des von den beiden eingeschlagenen Weges hätte stattfinden können. Indessen wird durch diese grössere Unbestimmtheit bezüglich des Ortes der Begegnung nichts gewonnen, da auf diese Weise die von Schleiermacher erhobenen Fragen doch nicht beantwortet werden; vielmehr sieht man daraus die Unklarheit der Vorstellung und die Unsicherheit der Ueberzeugung über deren Richtigkeit. Dieser Eindruck wird noch verstärkt, wenn man Stallbaum zu Rathe zieht, der in der zweiten Auflage der Gothaer Ausgabe — die erste ist mir nicht zur Hand — seine Einleitung mit folgenden Worten beginnt: „*Callicles atque Polus, Gorgiae Leontini familiares, qui in Socratem forte cum Chaerephonte familiariter versantem inciderunt, hide magna cum animi laetitia narrant, quam praeclaras orationes modo a*

---

1) S. oben S. 25 N. 2.

Gorgia, artem suam ostentante, audiverint." Hier sehen wir eine nicht unwesentliche Aenderung der Vorstellung; denn erstens lässt Stallbaum mit Kallikles den Polos an der Begegnung theilnehmen; dann halten seine Worte noch entschiedener jeden Gedanken fern, dass Sokrates mit Chärephon sich bereits auf dem Wege zu Kallikles befunden habe. Fast muss man glauben, er habe das Zusammentreffen der beiden Paare auf den Markt selbst verlegt, da er in der weiteren Auseinandersetzung den Sokrates erklären lässt, auch er sei mit dem Plan umgegangen, den Gorgias zu hören, an der Ausführung aber durch Chärephon, der ihn auf dem Markte aufgehalten habe, gehindert worden. Damit stimmen denn auch andere Ausdrücke, die im Verlauf der Darlegung vorkommen, überein, wie: „*accepta invitatione omnes ad eum (Calliclem) pergunt*" und „*interea ad Gorgiae domicilium perveniunt.*" Die Anmerkung unter dem Texte zeigt, dass er nicht so leicht über die Worte Οὐκοῦν ὅταν βούλησθε κτἑ. hinwegkam, wie Heindorf, und sogar in der ersten Auflage zu einer Aenderung schreiten wollte, um den Ausdruck dessen Auffassung anzupassen, eine Absicht, die er aus triftigen Gründen wieder aufgab. In dem Maasse indessen, als Stallbaum der wirklichen Bedeutung der Worte treuer bleibt, in demselben Maasse erweitert er die Kluft, die zwischen der angenommenen Scene des Vorgesprächs und der des eigentlichen Gesprächs besteht und von Stallbaum ganz aus eigenen Mitteln mit einer „*confabulatio de natura illius artis, quam Gorgias ostentat*" ausfüllt. Dazu kommt, dass, da jede Andeutung darüber in den Worten des Schriftstellers fehlt, es schwer zu sagen ist, wo die eine in die andere übergeht. Diese Schwierigkeit scheint Stallbaum selbst empfunden zu haben, wie aus seiner Bemerkung zu dem Anfang des II. Cap. hervorgeht, die folgendermassen lautet: „*Putandi sunt igitur paullo ante Calliclis domum ingressi esse, ubi colloquium cum Gorgia instituitur. Nisi forte audiendus est qui nuper colloquium censuit extra Calliclis aedes habitum fingi.*" Ob unter dem in letztem Satz angedeuteten *nescio quis* Schleiermacher gemeint ist oder ein anderer, und ob das *nisi forte* ernsthaft oder in dem bekannten ironischen Sinn gesagt ist, mag unentschieden bleiben; denn in der 3. Auflage lässt Stallbaum die fraglichen Worte weg und gestaltet auch die Einleitung ganz in dem Sinne der Heindorfschen Auffassung, die inzwischen noch mehr und entschiedenere Anhänger gefunden hatte, um. Damit fällt dann auch die eigentümliche Ansicht, nach der er dem Kallikles den Polos beigesellt, weg, nicht zum Nachtheil der ganzen Auffassung, da man eben so wenig sagen kann, worauf sich dieselbe gründete, als was sie bezweckte. Die an einem Ort entfernte Unklarheit wird aber ebendarum nur an einen anderen versetzt, nämlich in die Anmerkung über die mehrerwähnte Einladung des Kallikles. So zeigt es sich denn, dass Stallbaum, der selbst zu keiner festen Ansicht der Sache gekommen ist, auch nichts zur Aufklärung der — freilich nur künstlich geschaffnen — Schwierigkeit beigetragen hat.

Zwischen die zweite und dritte Auflage der Stallbaum'schen Ausgabe, also die Jahre 1840 und 1861, fällt eine ganze Reihe auch für diese Frage beachtungswerther Schriften[1]); zunächst Platons Werke übersetzt von Müller mit Einleitungen von Steinhart, deren zweiter den Gorgias enthaltender Theil 1851 erschienen ist. Beide Gelehrte treten der Heindorfischen Auffassung bei, Steinhart mit ausdrücklicher Verwerfung der Annahme Schleiermachers, dass die Unterredung nicht in dem Hause des Kallikles, sondern etwa im Lykeion gehalten zu denken sei. Diese Annahme nennt Steinhart seltsam, da Platon, der in seinen „dramatischern" Dialogen uns nie über die Scene derselben im Unklaren lässt, dies bestimmter angedeutet haben würde. Der hier etwas eigentümlich gebrauchte Comparativ zeigt schon, dass wir es mit keiner festen, greifbaren Bestimmung zu thun haben, eine eigentliche Widerlegung also kaum thunlich wäre, selbst wenn man den etwas umständlichen Weg einer Durchmusterung sämmtlicher Dialoge, um sie nach diesem Maassstab zu classificieren, einschlagen wollte. Sieht man sich statt dessen nach einem Fingerzeig in den eigenen Darlegungen des Verfassers um, so bietet sich gelegen eine Stelle aus der Einleitung zum Kratylos, dem Dialog, dem Steinhart seinen Platz unmittelbar hinter dem Gorgias anweist. Diesen betrachtet er als den unmittelbaren Vorläufer der dialektischen Dialoge, zu denen er uns in ganz strenger Stufenfolge hinüberführe. Dahin gehöre zunächst das Zurücktreten des mimisch-dramatischen Elementes, das, wenn auch in verschiedener

---

1) Dass auch Anton im wesentlichen mit der herrschenden Ansicht übereinstimmt, ersieht man aus der oben S. 8 N. 1 ausgezogenen Stelle, und zwar aus den Worten: „Kallikles ladet den Sokrates und Chärephon in sein Haus ein, wo Gorgias oben eine Rede hält." Diese Worte gäben freilich noch weitern Anlass zu Bedenken, die indessen unerwähnt bleiben mögen.

Weise, in allen frühern Gesprächen und namentlich noch im Gorgias so kräftig und bedeutend hervortrete. Wenn freilich der Verfasser als Kennzeichen des mimisch-dramatischen Elementes die Fülle von Gestalten und bewegten Gruppen, die prachtvollen epischen Eingänge, die farbenreichen Schilderungen von Oertlichkeiten und Menschen angibt, so sieht man wohl, dass von all diesen Eigenschaften eigentlich nur eine, und auch diese in etwas modificierter Weise, auf den Gorgias Anwendung findet, nämlich die lebendige Charakteristik der Personen, und zwar lediglich vermittelst der Selbstdarstellung durch Reden ohne die Beihülfe der diegematischen Form. Dagegen ist, um von den übrigen Momenten ganz abzusehen, von einer farbenreichen Schilderung der Oertlichkeit keine Spur, und es wäre wirklich keine leichte Aufgabe zu zeigen, wo denn das Haus des Kallikles auch nur mit einem Worte als der Schauplatz der Handlung bezeichnet wäre. Wie ganz anders im Protagoras! Dort wird gewiss kein Mensch im Zweifel sein, dass es das Haus des reichen Kallias ist, in welchem die mit solch mimischer Anschaulichkeit und dramatischer Lebendigkeit geschilderte Handlung vorgeht. Und doch scheint gerade die Erinnerung an diesen Dialog einen massgebenden Einfluss auf die Vorstellung von der Scene im Gorgias geübt zu haben. Trotz aller bessern Einsicht, die sich in den aufgestellten Anordnungen der Platonischen Dialoge kund gibt, war es doch recht natürlich, die beiden bedeutenden Dialoge, die von den beiden bedeutendsten Sophisten — unter dieser Bezeichnung werden sie wenigstens ganz gewöhnlich zusammengeworfen — ihren Namen trugen, als Seitenstücke einander gegenüber zu stellen; und da mochte sich denn auch von selbst empfehlen, wie in dem einen das Haus des Kallias, so in dem anderen das des Kallikles, das wenigstens auch erwähnt wird, obwohl in einer dieser Annahme widerstreitenden Weise, als den Ort der Handlung zu denken. Von einer solchen Gegenüberstellung der zwei sowohl ihrem Wesen als ihrer Form nach durchaus verschiedenen Schriften muss man aber offenbar gänzlich absehen, wenn man unbefangen über sie urtheilen will. Man wird also wohl anerkennen müssen, dass der Gorgias trotz aller dramatischen Lebendigkeit in Bezug auf scenischen Apparat dem Kratylos wirklich viel näher steht als dem Protagoras und, was die Schilderung der Oertlichkeit betrifft, nicht einmal mit Theätet, der an die Spitze der dialektischen Reihe gesetzt wird, den Vergleich aushält. Dort findet in dem einrahmenden Vorgespräch, das durch deutliche Angaben nach Megara verlegt ist, am Schlusse eine Ortsveränderung statt, die aber ausdrücklich durch ein ἀλλ' ἴωμεν bezeichnet wird. Eine solche Bezeichnung fehlt im Gorgias gänzlich, wodurch das oben angeführte Argument Steinhart's für die Annahme, dass das Gespräch theils vor, theils in dem Hause des Kallikles stattfinde, völlig in nichts zerfällt. In der That muss man schon voreingenommen sein, wenn eine solche Begründung, wie wir sie am Schlusse der oben erwähnten Anmerkung lesen, irgend einen Eindruck der Wahrscheinlichkeit machen soll. Dort sagt Steinhart: „Aber das Sachverhältniss ist ja ganz einfach: Kallikles ist einen Augenblick, um sich von dem Anhören der langen Rede zu erholen, an die äussere Thür seines Hauses getreten; dort sieht er auf der Strasse den Sokrates mit seinem Chärephon kommen und, ohne noch bestimmt zu wissen, ob sie zu ihm wollen, ruft er ihnen zu, sie möchten doch, wenn sie etwa noch den Gorgias hören wollten, zu ihm hereintreten." Hier ist alles, was zur Rechtfertigung der behaupteten Ansicht beigebracht wird, willkürlich ersonnen. Von Thüre und Strasse ist nicht die leiseste Andeutung vorhanden; der Annahme, dass Sokrates und Chärephon sich dem Ort, wo Kallikles sich befindet, erst nähern, und dass Kallikles ihnen, ohne noch bestimmt zu wissen, wohin sie wollen, zuruft, widersprechen sowohl einzelne Ausdrücke, wie ἥκομεν, πάρεσμεν, die deutlich zeigen, dass sie schon an Ort und Stelle sind, als auch der Ton der übrigen Reden, der durchaus nicht erlaubt, das ganze Gespräch von πολέμου καὶ μάχης an bis ἐπιδείξεται ὑμῖν als ein aus der Ferne durch gegenseitigen Zuruf geführtes zu betrachten. Auch der Satz, der aus der Frage des Kallikles, ob Sokrates den Gorgias zu hören wünsche, und der folgenden Einladung entnommen ist, wird durch die Umgebung in ein falsches Licht gesetzt. Gerade diese Frage des Kallikles spricht für die Annahme eines öffentlichen Platzes, weil nur bei dieser die Voraussetzung, dass die beiden Freunde ohne die bestimmte Absicht, den Gorgias zu hören, hiehergekommen seien, denkbar ist: dadurch nehmen die ersten Worte den Sinn an: wäret ihr früher gekommen, so hättet ihr gleich den Vortrag des Gorgias mit anhören können. Was nun schliesslich das vorausgesetzte Erholungsbedürfniss betrifft, so ist es ebensowenig, wie die anderen Annahmen, durch irgend eine ausdrückliche Andeutung in dem Gespräche selbst gerechtfertigt.

scheint vielmehr nicht eben besonders mit der kurz darauf ausgesprochenen Versicherung des Kallikles, dass es ihm lieb wäre, wenn sie den ganzen Tag fortsprechen würden, übereinzustimmen.

Aber auch nach der anderen Seite bewährt sich der Schluss, den Steinhart aus der dem Gorgias angewiesenen Stellung für die Bestimmung des Ortes zieht, nicht. Denn nach seiner Anordnung gehört auch der Menon zu den Dialogen, in welchen das mimisch-dramatische Element kräftig und bedeutend hervortritt. Dies wird nun auch in der Einleitung des Dialoges selbst anerkannt, sowohl an der Stelle, wo das Verhältniss des Menon zu dem Euthydemos mit dem des Charmides zu dem Lysis verglichen wird, als auch da, wo eine Aehnlichkeit mit einem kunstgerechten Drama darin gefunden wird, dass in dem Dialog fünf durch den Wechsel der Personen klar und scharf bezeichnete Abschnitte unterschieden werden. Und doch entbehrt der Menon jeder bestimmteren Bezeichnung der Scene, die Müller in einer Anmerkung zu seiner Uebersetzung nur vermuthungsweise als eine öffentliche Lesche bezeichnet.

In der chronologischen Folge der bedeutendsten Leistungen auf diesem Gebiete kommen nun die Platonischen Studien von Bonitz in Betracht, deren erstes Heft, die Dialoge Gorgias und Theaetetos umfassend, im J. 1858 erschienen ist. Bei der besonnenen Gründlichkeit, welche alle Arbeiten dieses hervorragenden Gelehrten, mögen sie nun den Platon und Aristoteles oder den Homer und Sophokles und Thukydides betreffen, auszeichnet, hätte ich ganz besonders gewünscht, mich in dieser Frage in Uebereinstimmung mit demselben zu wissen, da ich diese wohl als eine Probe der Richtigkeit hätte betrachten können, zum mindesten mich in meiner Ueberzeugung bestärkt gefühlt hätte. Dies ist nun leider nicht der Fall. Denn obwohl der Verfasser mit der Bemerkung beginnt, dass weder der Scenerie des Gespräches eine eingehendere Darstellung gewidmet noch der Kreis von Zuhörern, der die Unterredner umgibt, näher bezeichnet, der Leser vielmehr nur unter die Personen, welche hernach einen thätigen Antheil am Gespräche nehmen, eingeführt wird, fährt derselbe dann doch in folgender Weise fort: „Sokrates kommt mit seinem Schüler Chärephon zu dem Hause oder in das Haus des Kallikles, als ein Vortrag, durch welchen Gorgias den Beifall der versammelten Zuhörer gewonnen hat, eben zu Ende ist." Da in dem Abschnitt „zur Rechtfertigung der bezeichneten Gliederung des Gesprächs" auch da, wo die Auffassung Steinharts bekämpft wird, von der Einleitung nicht weiter die Rede ist, so lässt sich auch nicht sagen, wie weit in diesem Punkte Bonitz mit Steinhart übereinstimmt. Zunächst drängt sich die Bemerkung auf, dass in dieser Aeusserung von Bonitz schon das schwankende des Ausdrucks und der Vorstellung in den durch den Druck ausgezeichneten Worten Bedenken erregt und namentlich die zweite Version — nach meiner Ansicht gilt dies freilich auch von der ersten — in entschiedenem Widerspruch mit deutlichen Aeusserungen in der Schrift steht. Da dies nun schon oben, wie ich glaube, hinreichend und unwidersprechlich dargethan ist und ich neue Gründe zur Widerlegung dieser Ansicht nicht beizubringen wüsste, so möchte nur etwa der Wunsch am Platz sein, dass die schon beigebrachten diesem competenten Richter nicht als nichtige oder verwerfliche erscheinen möchten.

Die Autorität der beiden letztgenannten Gelehrten mag wohl die Ursache sein, dass die neuesten Herausgeber des Dialogs, soviel ich weiss, sämmtlich — ich meine Deuschle, Jahn, Kratz[1]) — der Ansicht Heindorfs huldigen. Zu einer weiteren Erörterung der Frage geben auch sie keinen Anlass und nur die Bemerkung mag am Platze sein, dass der Widerspruch zwischen der Vorstellung der Erklärer und dem Wortlaut des Textes am deutlichsten in der Bemerkung bei Kratz zu den Worten τυχοῦν .. ohnals „wenns beliebt einzutreten" hervortritt.

Unter der Reihe der Werke über Platon, deren Inhalt für den besprochenen Gegenstand von Wichtigkeit sein könnte, ist eines der namhaftesten, nämlich das von Susemihl über die genetische Entwicklung der Platonischen Philosophie, ganz übergangen worden, weil es bei der Erörterung des Gorgias keine nähere Angabe über den Ort der Handlung enthält. Da dieser Gegenstand bei anderen Dialogen nicht unerwähnt geblieben ist, so darf wohl aus dem Stillschweigen geschlossen werden, dass der Verfasser darüber unsere Meinung theilt. Denn, wenn man sagen will, was aus dem Dialog über diese Frage zu entnehmen ist, so darf man eben nichts sagen. Daneben kann dann wohl eine Vermuthung, wie die Schleiermachers ist, noch bestehen, nicht aber die entgegengesetzte. Vielmehr lässt sich über diese nur sagen, was der Verfasser dieser Zeilen in seiner Schulausgabe

---

1) S. oben S. 26 N. 2.

des Gorgias gesagt hat, dass die Scene des Dialogs jeder andere Ort sein kann, nur nicht das Haus des Kallikles. Dieses, dünkt mich, eignet sich auch schon aus allgemeinen Schicklichkeitsgründen nicht wegen der Natur der gewechselten Reden, in Sonderheit der letzten mit so einschneidendem Nachdruck gesprochenen Mahn- und Strafrede des Sokrates.

III.

Zur Scenerie des Dialogs gehört auch die Frage, welche Zeit der Schriftsteller sich bei der dargestellten Handlung mochte gedacht haben. Dass die Beantwortung dieser Frage nicht immer leicht ist, lassen die Erörterungen dieses Gegenstandes zu mehreren Dialogen, nicht am wenigsten die zum Gorgias, erkennen. Ein besonders anschauliches Bild der Schwierigkeiten, welche sich einer bestimmten Auffassung entgegenstellen, und der überhaupt bestehenden Unklarheit mag man aus Stallbaums weitläufiger und nichts weniger als überzeuglicher Besprechung des Gegenstandes schöpfen. Müsste man aus einer späteren Bemerkung desselben Gelehrten nicht das Gegentheil entnehmen, so könnte man glauben, es sei ihm das, was Donitz in der Beurtheilung der Ausgabe von Deuschle (Zeitschrift f. d. ö. Gymnasien 1859) mit Klarheit und Präcision äussert, unbekannt geblieben. Die folgende Erörterung hat natürlich zunächst den Zweck, das in der Einleitung zu der neuen Bearbeitung der Ausgabe von Deuschle gesagte zu begründen und, wo es nöthig erscheint, weiter auszuführen, wobei wohl auch einige dort nicht beachtete Momente zur Sprache kommen können.

Die Schwierigkeit der Entscheidung besteht also darin, dass Andeutungen auf historisch beglaubigte Ereignisse sich finden, welche zwischen den Jahren 427 und 405 liegen, theilweise aber sich einander ausschliessen. Es ist daher nothwendig vor allem zu entscheiden, welche dieser Andeutungen am meisten Anspruch haben maassgebend zu sein, welche dagegen ohne Schaden für die künstlerische Composition bei der Bestimmung der vorgestellten Zeit ausser Acht gelassen werden können. Die letzteren bilden dann die sogenannten Anachronismen, ohne welche man bei

mehreren Dialogen nun einmal nicht durchkommt. Freilich in
der Weise unverfänglich, wie der Sophokleische, den Eustathius
einen rechtmässigen und wohlbestallten ($εὐμέθοδος$) nennt, ist
keiner von allen; denn der Sophokleische Vers[1]). In dem derselbe
gefunden wird, enthält eigentlich nur eine Anspielung auf ein
Ereigniss späterer Zeit, und natürlich, um die Illusion nicht zu
stören, in so unbestimmter, verallgemeinernder Form, dass die
Zeitbeziehung ganz zurücktritt und nur eine lebendigere Färbung
des Ausdrucks zurückbleibt. Ganz anders verhält es sich mit der
Stelle im Gorgias (473 E), in welcher das chronologische Moment
weit aufdringlicher erscheint. Hier, könnte man sagen, ist durch
das $πέρυσι$ in Verbindung mit einem bekannten, auch sonst von
Platon erwähnten und chronologisch genau fixierten Ereigniss des
Jahres 406 v. Chr. unverkennbar eine deutliche Zeitbestimmung
ausgedrückt, durch welche das dargestellte Gespräch in das Jahr
405 gesetzt wird. Wollte man diese nicht gelten lassen, sondern
trotz derselben eine frühere Zeit festhalten, so hätte man einen
qualificierten Anachronismus geschaffen, dem aber nicht mehr das
Beiwort $εὐμέθοδος$, sondern vielmehr $δυς$- oder $ἀμέθοδος$ zu-
käme. Im schlimmsten Falle müsste man sich auch dazu verstehen, und sich eben mit Hinweisung auf andere nicht bloss gleich
qualificierte, sondern noch viel stärkere, wie der berühmte im
Gastmahl ist, beruhigen. Indessen wird es doch, ehe man sich
dazu bekennt, nöthig sein, die fragliche Zeitbestimmung etwas
genauer auf ihren Wortlaut anzusehen und sich zu fragen: was
kann Platon mit der Bezugnahme auf dieses Ereigniss bezweckt
haben? Recht gelegen bietet sich uns zu diesem Zweck eine Vergleichung mit der andern Stelle an, in welcher dasselbe Ereigniss
erwähnt wird. Dort, in der Vertheidigungsrede des Sokrates, ist
ohne Frage die Anführung der Thatsache der eigentliche Zweck[2]).
Sokrates will eine Thatsache anführen zum Beweis, dass ihn selbst
die Todesgefahr nicht zu einer Beugung des Rechtes bewegen
konnte. Dazu dient vortrefflich das Verhalten des Philosophen in
dem berühmten Process der Feldherrn in der Arginusenschlacht.
Dieses Ereigniss wird darum in der bestimmtesten Weise bezeichnet[3]).

1) Ai. 1235 f.

2) 32 A: Μεγάλα δ' ἔγωγε ὑμῖν τεκμήρια παρέξομαι τούτων, οὐ
λόγους, ἀλλ' ὃ ὑμεῖς τιμᾶτε, ἔργα.

3) 32 B: ὅτε ὑμεῖς τοὺς δέκα στρατηγοὺς τοὺς οὐκ ἀνελομένους τοὺς
ἐκ τῆς ναυμαχίας ἐβουλεύσθε ἀθρόους κρίνειν κτλ.

Anders verhält es sich mit der Stelle im Gorgias. Dort will Sokrates dem in dialektischen Untersuchungen ungeübten Polos darthun, dass das Urtheil der Menge in solchen Fragen nicht maassgebend sein kann, und es überhaupt nicht darauf ankommt, wie viele Zeugen man für seine Ansicht aufstellen kann, da vielmehr ein Zeuge mehr gilt als hundert andere, nämlich der, mit dem man spricht, dessen durch Ueberzeugung gewonnene Beistimmung allein als Beweis der Wahrheit gelten könne. Diese dem eiteln Rhetor ertheilte Belehrung wird eindringender gemacht durch eine Vergleichung mit der in politischen Versammlungen geübten Methode. Durch letztere kann nicht die Richtigkeit einer Ansicht erforscht, sondern nur das Uebergewicht der Zahl ihrer Vertreter ermittelt werden. Für diese ist der Philosoph ebenso unbrauchbar, wie für jene, die dialektische Methode, der Rhetor. Wie hätte der Schriftsteller, oder, wenn man will, Sokrates als sprechende Person diesen Satz besser beleuchten, die darin ausgesprochene Wahrheit nachdrücklicher geltend machen, die zugleich darin enthaltene Zurechtweisung des Mitunterredners feiner ausdrücken können, als durch die Bezugnahme auf ein Ereigniss aus der Sphäre des politischen Lebens, bei welchem sich Sokrates, wie er mit beissender Ironie sagt, ebenso lächerlich gemacht hat, wie, genau genommen, jetzt Polos durch seine Berufung auf die Stimmenmehrheit, d. h. die herrschende Ansicht, um die es sich in Volksversammlungen, nicht aber in philosophischen Gesprächen und dialektischen Untersuchungen handelt. Betrachtet man aber den Wortlaut der Stelle, so muss man gestehen, dass die Bezugnahme auf das erwähnte Ereigniss trotz des so bestimmt lautenden πέρυσι, das aber doch auch als der poetisch lebendigere Ausdruck für ein bestimmtes ποτέ kann betrachtet werden, sich nicht über den Charakter einer historischen Anspielung erhebt, die sich doch nicht allzusehr von jener in der Sophokleischen Tragödie unterscheidet. Denn dass dort auf eine Handlung eines anderen Helden späterer Zeit, hier auf eine vielleicht später fallende Handlung der sprechenden Person selbst angespielt wird; dort einige Decennien, hier vielleicht nur einige Jahre zwischen der in dem Dialog vorgestellten und der durch die Anspielung fixierten Zeit dazwischen liegen, thut offenbar nichts zur Sache¹). Sprechen

---

1) Die gleiche Ansicht äussert W. Münscher in dem Osterprogramm des Hersfelder Gymnasiums von 1855, indem er bemerkt, Platon

andere, maassgebendere Gründe für die Annahme eines früheren Zeitraumes, so hindert uns nichts, in dieser Anspielung einen ebenso wohlbestellten Anachronismus zu sehen, wie in der Beziehung auf eine That des Kresphontes in dem Munde des Teukros. Man braucht also nicht einmal den Umstand zu pressen, obwohl man auch dazu berechtigt wäre, dass mit keinem Worte eine nur einmalige Verwaltung des bezeichneten Amtes durch Sokrates angedeutet wird. Diesen Grund macht Donitz in Uebereinstimmung mit Steinhart (Einleitung zum Gorgias S. 393) und Munk (die natürliche Ordnung der Platonischen Schriften S. 122) a. a. O. mit Entschiedenheit geltend, indem er behauptet, es könne aus der Stelle in der Apologie nicht erwiesen werden, dass Sokrates nur ein einziges Mal Mitglied des Rathes gewesen sei. Und gewiss mit Recht. So weit aber möchten wir Steinhart nicht folgen, dass wir umgekehrt den Ausdruck im Gorgias als einen Beweis gegen die Zulässigkeit einer Identificierung des hier angedeuteten Vorfalles mit dem in der Apologie erwähnten berühmteren Ereignisse anzusehen hätten. Denn der Ausdruck, der nach Steinharts Urtheil nicht zu einer Beziehung auf jene ernste Verhandlung bei dem Process der Feldherrn passen soll, passt eben vortrefflich in den Zusammenhang der Stelle, in dem er vorkommt. Darnach aber allein muss er bemessen werden, nicht nach dem Eindruck, den das fragliche Ereigniss in einer Geschichtserzählung auf den Leser macht. Zu dieser Form des Ausdrucks war der Schriftsteller, auch wenn er jenes Ereigniss im Sinne hatte, um so mehr berechtigt, je leiser die Anspielung auf dasselbe ist.

Hier wird es also gerathen sein, seine eigene Ansicht als eine subjective zu betrachten und auszusprechen. Mit dieser Restriction möchte ich mich allerdings dafür erklären, dass es doch wohl wahrscheinlicher ist, Sokrates sei nur einmal in den Fall gekommen, als Vorsitzender in der Versammlung mit der herrschenden Praxis in Conflict zu gerathen. Unverkennbar ist jedenfalls die Ironie, die in der Stelle des Gorgias liegt, man könnte sagen der Humor, der darin besteht, dass, während sich Sokrates der Un-

---

habe den Fall in einem solchen Lichte dargestellt, dass fast eine ganz andere Thatsache gemeint zu sein scheine, um dadurch den Anachronismus zu verdecken. M. erklärt sich für das Jahr 427. Diese Annahme bekämpft Susemihl (Jahrbücher 75, 9) und vertritt seinerseits das Jahr 406.

geschicklichkeit zeiht, der kundige an ein Ereigniss erinnert wird, das demselben zu hoher Ehre gereicht.

Sollte aber dieser Erwägung von den Vertretern des Jahres 405 alle Bedeutung abgesprochen werden, so würden wir ihrer Behauptung einen Beweis ἐκ τοῦ αὐτοῦ γυμνασίου, nämlich die Stelle 472 A entgegensetzen, in der neben Nikias Aristokrates, einer der Feldherrn, welchen ihr Sieg bei den Arginusen mit dem Giftbecher belohnt wurde, als lebend aufgeführt wird oder zu werden scheint. Zu dieser Auffassung ist man jedenfalls berechtigt, da sie wenigstens zunächst sich anbietet und auch von solchen getheilt wird, die das Jahr 405 festhalten, wie von Schleiermacher[1]) und Deuschle[2]). Indessen soll nicht verhehlt werden, dass eine ganz bestimmte Andeutung, welche es geradezu unmöglich machte, die beiden Männer als bereits aus dem Leben geschieden zu denken, in den Worten des Schriftstellers nicht gegeben ist. Nur schiesst Ast weit über das Ziel oder verdreht, richtiger gesagt, ganz willkürlich den Thatbestand, wenn er, um Schleiermacher zu widerlegen, sagt[3]): „Sokrates spottet vielmehr der Redner, die nicht lebende Zeugen aufführen, sondern todte und entfernte herbeibringen." Denn von diesem Gegensatz, lebender und todter Zeugen, ist überhaupt nicht die Rede und kann nicht die Rede sein, wenn es sich um die Redner handelt, die vor Gericht Zeugen vorführen. Der Gegensatz liegt vielmehr darin, dass die einen um so mehr ausgerichtet zu haben glauben, je zahlreicher und angesehener die vorgeführten Zeugen sind, Sokrates dagegen nur dann seinen Zweck erreicht zu haben glaubt, wenn einer, und zwar sein Widerpart, ihm Zeugniss gibt. Ob sich Stallbaum auch dieser extremen Ansicht Asts anschliesst, ist aus seinen Worten nicht ganz mit Sicherheit zu entnehmen; doch gewinnt es fast den Anschein. Jedenfalls aber irrt er darin, wenn er glaubt, dass Nikias gewissermassen honoris causa erwähnt werde. Die ihm von den Athenern erwiesene Ehre wird ihm allerdings nicht geschmälert; aber vom Standpunkte Platons wenigstens erscheint er nicht im günstigsten Lichte, wenn er als Zeuge für die von Sokrates bekämpfte und verworfene Ansicht aufgeführt wird, ihm also selbst die Ansicht zugeschoben wird,

---

1) Platons Werke II 1 S. 482 d. 2. Aufl.
2) Einleitung zum Gorgias S. 19, 1.
3) Platons Leben und Schriften S. 133.

dass ein Mann, der durch Verbrechen zur höchsten Macht und Alleinherrschaft gelangt ist, glücklich zu preisen sei. Ob freilich eine solche Unterstellung der sonst um seiner Rechtschaffenheit und Frömmigkeit so hoch gepriesene Feldherr verdient hat oder nicht, ist eine andere Frage, deren Erörterung hier zu weit führen würde. Wie es sich aber auch damit verhalten möge, und ob man die beiden an der bezeichneten Stelle genannten Männer auch als todte denken könne oder nicht; so viel ist gewiss: eine deutliche Bezeichnung, dass sie zu der Zeit, in die wir uns zu versetzen haben, nicht mehr am Leben waren, ist ebensowenig an jener Stelle enthalten, als an der vorher erwähnten darüber, dass die Ungeschicklichkeit des Sokrates in der Vornahme der Abstimmung sich bei dem denkwürdigen Process der Feldherrn bewährt habe. Es wäre also ganz billig, die eine Stelle gegen die andere in Abstrich zu bringen, woraus der Gewinn entstände, dass sich die Zahl der schwer zu vereinigenden Zeitbestimmungen verringerte. Die eine würde uns nicht hindern, an eine spätere Zeit als 413, die andere nicht an eine frühere als 405 zu denken.

Ein weiteres Merkzeichen, welches uns verbietet über das Jahr 410 hinaufzurücken, scheint in den Anführungen aus der Antiope des Euripides gegeben zu sein, die in die Paränese des Kallikles verflochten sind. In dem bezeichneten Jahre nämlich wurde die genannte Tragödie zum ersten Male aufgeführt. Indessen erinnert doch diese Bezugnahme auf eine, wie es scheint, renommierte Tragödie des Euripides allzusehr an die Erwähnung einer Komödie des Pherekrates in dem Dialog Protagoras, als dass der dort so widerspruchslos angenommene und einstimmig entschuldigte Anachronismus nicht auch dem Gorgias zugestanden werden müsste.

Mehr Bedenken erweckt die Bezugnahme auf Archelaos von Makedonien, dessen Regierung in jener Zeit durch ihre vielbewunderten Erfolge und den allgemeinen Aufschwung des Reiches im Bewusstsein der Griechen eine grosse Bedeutung gewonnen hatte. Die Art, wie Platon die sprechenden Personen sich äussern lässt, gibt keinen Anhaltspunkt, um an ein bestimmtes Jahr seiner Regierungszeit zu denken; einige Zeit aber muss bereits verflossen gedacht werden, um den Eindruck, den seine glücklichen Erfolge auf die Hellenen gemacht, zu motivieren; allzuweit von dem Anfang entfernt braucht man sich den Zeitpunkt deswegen doch nicht zu denken. Allein gerade dieser Anfang seiner Regierung ist ja bestritten und schwankt in den Annahmen zwischen 422 und 413 v. Chr. Die erstere Annahme möchten sich natürlich wohl diejenigen zu Nutze machen, die die vorgestellte Zeit in die erste Periode des grossen Krieges, also vor 420, setzen zu müssen glauben. Indessen sind doch die Gründe, welche für 414 oder richtiger 413 sprechen, durch das Zeugniss des grossen Geschichtschreibers (VII 9), der den Perdikkas noch an dem in den Spätsommer des Jahres 414 fallenden Unternehmen der Athener gegen Amphipolis unter Führung des Faetion theilnehmen lässt, so überwiegend[1]), dass es mit der historischen Gewissenhaftigkeit sich kaum verträge, zu Gunsten einer jedenfalls selbst sehr bestreitbaren Ansicht jene andere Annahme hartnäckig festhalten zu wollen. Wer daher geneigt ist, das Gespräch vor 420 gehalten zu denken, muss sich dann schon entschliessen, einen weiteren Anachronismus in den Kauf zu nehmen. Wir würden auch vor dieser Nothwendigkeit nicht zurückschrecken, falls andere Gründe entschieden für jene frühere Zeit sprächen. Denn auch für einen solchen Anachronismus fände man in dem berühmten des Gastmahls[2]) sein ebenbürtiges Seitenstück. Ja man könnte sagen, dass jener noch viel auffallender erscheint. Denn abgesehen von der bei weitem grösseren Differenz, welche zwischen der vorgestellten Zeit und dem erwähnten Ereignisse liegt, die hier kein Decennium, dort mehr als drei Decennien beträgt, lässt sich, wenn man, wie ziemlich allgemein geschieht, die Abfassung des Gastmahls bald nach jenem Ereigniss, der Zerspaltung Mantinea's in fünf Landgemeinden, setzt, eine Entschuldigung bei diesem Dialog nicht in Anwendung bringen, welche bei Gorgias wohl in Betracht kommen könnte, um den Anachronismus etwas gemildert erscheinen zu lassen. Da nämlich die Abfassung des Dialogs nun doch ziemlich allgemein nach dem Tode des Sokrates — wie lange freilich, bleibt schwankend — gesetzt wird, so liegen doch zum mindesten ungefähr anderthalb Decennien zwischen dieser und dem Regierungsantritt des Archelaos in der Mitte, also eine hin-

---

1) S. Ritschl 'De Agathonis tragici aetate' p. 18 (Opusc. philol. I p. 423). Auch Curtius in dem inzwischen erschlossenen dritten Bande seiner Geschichtswerkes (S. 409) nimmt ohne alles Bedenken das Jahr 413 als das erste der Regierung des Archelaos an.

2) 193 A.

länglich lange Zeit, um den Zeitgenossen des Platon, die sein Werk lasen, jenen Zeitpunkt fast in die gleiche Entfernung für das Bewusstsein gerückt zu haben, wie etwa die kurze und zweideutige Ruhe zwischen dem Frieden des Nikias und dem Wiederausbruch des Krieges in Sicilien und Griechenland. Damit scheinen nun die chronologischen Daten so ziemlich erschöpft zu sein; denn alle anderen dahin zielenden Andeutungen sind mehr oder weniger unsicher. Wir wissen zwar aus der Erwähnung in den Wespen des Aristophanes[1]), dass Demos, des Pyrilampes Sohn, um die Zeit der Aufführung dieser Komödie, also um 423, ein viel gefeierter und umworbener Jüngling war, können aber doch nicht gerade sagen, wann Kallikles, der in dem Platonischen Dialog als Liebhaber desselben erscheint, dieser Leidenschaft zu huldigen begonnen hat und wie lange er von dessen Schönheit gefesselt war. Dies mag denn doch wohl je nach Charakter und Umständen sehr verschieden gewesen sein. Jedenfalls, wie man auch immer das Alter des Demos um 423 schätzen möge, bestand zwischen ihm und Alkibiades eine nicht ganz unerhebliche Altersdifferenz. Denn letzterer zählte um diese Zeit schon beinahe 30 Jahre, jener vielleicht kaum oder nicht mehr als die Hälfte. Ein für die Zeitbestimmung belangreicher Schluss lässt sich freilich aus diesem Umstand schon darum nicht ziehen, weil das vielbesprochene Liebesverhältniss des Sokrates eben doch einen ganz anderen Charakter trug, als die gewöhnlichen, zu denen wohl auch das des Kallikles zu rechnen ist[2]). Um des ersteren willen möchte es also auch am Ende verstattet sein, noch um ein Decennium, also bis nach dem Regierungsantritt des Archelaos, hinabzusteigen, wenn nicht andere Gründe, die aus den Lebensumständen des Alkibiades sich ergeben, doch einer solchen Annahme widerstrebten. Von diesem Gesichtspunkte aus betrachtet möchte eine spätere Zeit, als 416, sich nicht empfehlen. Diese Periode zwischen dem Frieden des Nikias und der Sicilischen

---

1) V. 98.
2) Dabei wird ganz abgesehen von der historischen Unsicherheit der Person des Kallikles und von der Möglichkeit, dass die Erwähnung seines Liebesverhältnisses auf einer dem künstlerischen Zwecke dienenden Fiction beruht, der, wenn die oben vorgetragene Ansicht über Kallikles sich empfehlen sollte, das Verhältniss des Kritias zu dem schönen Euthydemos (Xenoph. Mem. I 2, 29 vgl. mit IV 2, 1) wohl zu Statten käme.

— 43 —

Heerfahrt von 415 dürfte auch am besten sich mit der Art, wie Sokrates von der zu erwartenden oder schon begonnenen politischen Thätigkeit des Alkibiades in Verbindung mit Kallikles spricht[1]), vereinigen lassen. Damals liess sich vielleicht bereits etwas ahnen von dem Gang der staatsmännischen Laufbahn des reich begabten Mannes, wie sie dem Schriftsteller, als er den Dialog verfasste, ebenso, wie die Laufbahn des Archelaos, bereits als abgeschlossen und in ihren Erfolgen erprobt vor Augen lag. In der That trägt diese Erwähnung mehr als die vorher besprochenen bei, die Figuration der Zeit, in die wir uns zu versetzen haben, zu bestimmen.

Mit dieser Annahme würde sich auch die Art, wie von dem Tode des Perikles gesprochen wird[2]), ganz wohl vertragen. Dass der Ausdruck, der ihn als einen kürzlich verstorbenen bezeichnet, weder an sich noch zumal in dem Zusammenhang der fraglichen Stelle verbietet, über 427, das vermuthliche Geburtsjahr Platons, in welches der erste Aufenthalt des Gorgias als Gesandten seiner Vaterstadt fällt, herabzugehen ist doch wohl unbestreitbar. Es würde sich also zunächst fragen, ob für das genannte Jahr irgend welche andere Gründe sprechen, die triftiger wären als alle diejenigen, welche dagegen sprechen mögen[3]). Die erwähnte Go-

---

1) 519 A: ὅταν οὖν ἔλθῃ ἡ καταβολὴ αὕτη τῆς ἀσθενείας, τοὺς τότε παρόντας αἰτιάσονται συμβούλους, Θεμιστοκλέα δὲ καὶ Κίμωνα καὶ Περικλέα ἐγκωμιάσουσι, τοὺς αἰτίους τῶν κακῶν· σοῦ δὲ ἴσως ἐπιλήψονται, ἐὰν μὴ εὐλαβῇ, καὶ τοῦ ἐμοῦ ἑταίρου Ἀλκιβιάδου, ὅταν καὶ τὰ ἀρχαῖα προσαπολλύωσι πρὸς οἷς ἐκτήσαντο, οὐκ αἴτιοι ὄντες τῶν κακῶν ἀλλ' ἴσως συναίτιοι.

2) 503 C: Τί δέ; Θεμιστοκλέα οὐκ ἀκούεις ἄνδρα ἀγαθὸν γεγονότα καὶ Κίμωνα καὶ Μιλτιάδην καὶ Περικλέα τουτονὶ τὸν νεωστὶ τετελευτηκότα, οὗ καὶ σὺ ἀκήκοας;

3) S. darüber die oben (S. 37) angeführte Abhandlung von Müncher. Als Gründe für seine Annahme führt M. an, dass, wie man aus den Aeusserungen im Eingang des Dialogs entnehmen könne, die Redekunst des Gorgias offenbar als eine neue erscheine; dass überhaupt Gorgias nur einmal in Athen gewesen sei. Beide Gründe betrachtet Susemihl (a. a. O.) als nicht stichhaltig, glaubt vielmehr mit Foss, dass jedenfalls ein zweiter Aufenthalt, der bald nach dem ersten stattgefunden habe, anzunehmen sei; dass er 406 zum dritten Male dort gewesen, sei freilich unwahrscheinlich; doch werde dadurch das Jahr 405 als fingierte Zeit des Dialogs nicht ausgeschlossen; denn Platon habe sich allem Anschein nach hin und wieder sogar nicht gescheut, Leute in Athen auftreten zu lassen, die als dort gewesen sind. Für

schaftsreise selbst ist natürlich aus der Reihe der chronologischen Daten ganz zu streichen, da mit keinem Worte der besonderen in dem Dialog vorausgesetzten Veranlassung des damaligen Aufenthaltes in Athen gedacht und allgemein zugegeben wird, dass Gorgias seit jenem ersten Besuch noch öfter in seinem langen Leben daselbst zugesprochen habe. Für dieses Jahr sprechen aber auch keine anderen Gründe, eher etwelche dagegen. Stallbaum[1]) hat bereits auf die Stelle 449 B[2]) aufmerksam gemacht; sie enthalte eine Andeutung, dass Gorgias damals schon viel in Griechenland herumgekommen sei, was kaum vor jener politischen Sendung nach Athen stattgefunden habe. Zu viel Gewicht darf man diesem Beweisgrund freilich nicht beimessen[3]), da das ἄλλοθι nicht nothwendig auf den Bereich Griechenlands im engeren Sinn beschränkt zu werden braucht, sondern auch auf seine Heimat in Sicilien bezogen werden kann. Und dass der im Jahre 427 zum mindesten nahezu sechzigjährige Mann damals nicht zuerst als Meister der Kunst aufgetreten sei, lässt sich wohl mit grosser Wahrscheinlichkeit vermuthen. Aber

---

406 spreche, wie Hermann gezeigt, auch 486 E 489 E 506 B; ferner passe auch die antidemokratische Wendung der Lehre vom Rechte des Stärkeren, die dem Kallikles vor einer zahlreichen Zuhörerschaft in den Mund gelegt wird, eher auf 405 als auf 427. Ueber die Wirkung, welche das erste Auftreten des Gorgias in Athen hervorbrachte, spricht sich K. F. Ranke in der *Commentatio de vita Aristophanis* (Aug. von Meineke p. XXXI f.) so aus, dass seine Worte auch für den vorliegenden Gegenstand beachtenswerth sind. Sie lauten: *Crescebat illud autem (philosophorum), quem Euclide archonte Gorgias Leontinus Athenas venisset. Is enim quia dicendi artem docebat camque philosophorum repetebat ex studiis, multos quidem in urbe discipulos et imitatores invenit, sed vulgi quoque suspicionem excitavit effecitque, ut sophistarum nomen magnum sibi apud plebem contumeliam pararet, dum singuli quique diversa miscebant philosophosque et oratores eandem rationem sequi sibi persuaserant. Ortum igitur illud est genus accusationis, de quo Socrates in Platonis apologia dixerit, ut eosdem homines et rerum naturalium causas indagare iusque orationes omnem iustitiam tollere et deos negare solere opinarentur.*

1) Prolegomena p. 67.
2) Ἐπιγγέλλομαι γε δὴ ταῦτα οὐ μόνον ἐνθάδε ἀλλὰ καὶ ἄλλοθι.
3) Dies thut Stallbaum in den Worten: *Quoniam (pas adeo Platone teste sententia eorum fraudis coarguitur, qui dialogi perorationem ad belli Peloponnesiaci initium rejecerunt, siquidem nusquam testatum legimus Gorgiam jam ante illam legationem Graeciam peragravisse atque artem suam ostentare consuevisse.*

auch noch ein anderer Umstand kommt dazu, es glaublich zu machen, dass hier nicht der erste Besuch des Gorgias in Athen gemeint sei. Im Eingang des Dialogs erklärt sich Chärephon als einen Freund des Gorgias; und doch möchte man aus anderen Aeusserungen des Vorgesprächs schliessen, dass der eben gehaltene Vortrag der ersten Prunkdarstellung des Redekünstlers angehörte, also vorauszusetzen ist, dass die nähere Bekanntschaft des Chärephon auf einen früheren Aufenthalt des Gorgias in Athen hinweist. Ja selbst der Umstand, dass auf den politischen Auftrag seiner Vaterstadt mit keinem Worte hingedeutet oder angespielt wird, dürfte eher dafür sprechen, dass er damals durch keine solche Mission nach Athen geführt wurde, sondern nur seinem Lehrberuf nachgieng.

Ueberblicken wir nun die ganze Reihe der für die Bestimmung des vorgestellten Zeitpunktes geltend gemachten Beweisgründe, so müssen wir gestehen, dass keiner für sich allein eine entscheidende Wirkung beanspruchen kann; wohl aber kann das Zusammenwirken mehrerer Momente und die Natur derselben eine gewisse Stärke der Ueberzeugung bewirken, die wenigstens durch einen grossen Grad von Wahrscheinlichkeit gestützt wird. Dass das relative Gewicht dieser Momente sich nicht ausschliesslich oder auch nur vorzugsweise nach dem Grade datumsmässiger Präcision bemisst, versteht sich von selbst und ist durch die vorhergehende Prüfung dargethan. Maassgebender als diese formelle Bestimmtheit ist der Grad der Wichtigkeit für die constitutiven Elemente des Dialogs. Diese weisen uns unwidersprechlich in die Zeit nach dem Tode des Perikles; sie zeigen uns in Kallikles einen Staatsmann aus der Schule des Gorgias, der jedenfalls jünger als Sokrates zu denken ist und etwa dem Alkibiades, dessen beginnende politische Thätigkeit angedeutet wird, gleichaltrig gedacht werden mag. Da der Sturz dieses Staatsmannes nur als möglich oder, wenn man will, wahrscheinlich bezeichnet wird, so könnte man zweifeln, ob seine staatsmännische Wirksamkeit in und für Athen vor oder nach der sicilischen Expedition angedeutet wird. Mit der letzteren, die fast wie eine Art Freudenrausch nach schmerzlichen Erfahrungen an Athen vorübergieng, verträgt sich nicht wohl die Erwähnung des Nikias, den man sich doch am natürlichsten noch unter den Lebenden denkt, und stimmt die ganze Art, wie von Alkibiades gesprochen wird, wenig überein. Diese passt dagegen vortrefflich zu der Zeit vor der sicilischen Expedition, also vor dem ersten Sturz des Alkibiades und dessen Wiederaussöhnung mit seiner Vaterstadt, die während seiner Verbannung die Kraft seines Geistes und Armes, die Wucht seiner Rache schwer zu empfinden gehabt hatte. Ist dadurch schon der Zeitraum nach dem Sturz der Vierhundert, nach welchem Alkibiades in seine Rechte als athenischer Bürger wiederhergestellt wurde, von unserer Betrachtung ausgeschlossen, so sind wir noch weniger berechtigt, gerade das Jahr 405, auf welches nur zweifelhafte Indicien hinweisen, als das von Platon dargestellte anzusehen; vielmehr werden wir mit fast zwingender Gewalt auf die Zeit um den Frieden des Nikias oder die Periode zwischen diesem und der sicilischen Heerfahrt hingewiesen[1]); was von deutlich erwähnten Thatsachen unwidersprechlich später fällt als die Katastrophe in Sicilien, ist eben dann als eine der Platonischen Weise nicht fremde Art des Anachronismus zu betrachten, die um so weniger anstössig erscheint, je weniger die mit der angenommenen Zeit unvereinbaren Thatsachen dieser innerlich widerstreben und je mehr sie durch die spätere Abfassung der Schrift auch für den Leser in eine mit anderen Gesichtspunkten zusammenfliessende Perspective gerückt werden, ganz zu geschweigen davon, dass es ja auch in der historischen Chronologie noch ungelöste Probleme gibt. Geht man mit solcher wissenschaftlichen Mässigung und Bescheidenheit, die den Zeitgenossen Platons wahrscheinlich nicht fehlte, an die Lesung des grossartigen Werkes, so werden die chronologischen Widersprüche, die sich vor einer eingehenden wissenschaftlichen Untersuchung nicht verbergen können, sich wohl kaum als störende Elemente fühlbar machen, vielmehr die Absicht, die der Schriftsteller bei der Erwähnung der fraglichen Thatsachen ohne Zweifel hatte, nämlich den Gang der Untersuchung durch anschauliche und anregende Beispiele zu beleben, auch an uns einer viel späteren Zeit angehörigen Lesern sich erfüllen lassen, und dies zwar um so mehr, je unbefangener wir uns dem Eindruck der dialektischen Untersuchung hingeben und die daraus hervorgehende Wahrheit uns in ihrem vollen Inhalt anzueignen bestrebt sind. Und wer möchte sagen, dass er

---

1) Auch Eduard Jahn kommt in seiner Ausgabe des Gorgias (Wien 1859) S. XVI f. der Einleitung auf einem etwas anderen Wege und mit Beisiehung anderer Bestimmungsgründe zu einem ähnlichen Ergebniss. Er nimmt an, dass als Zeitpunkt des Gespräches spätestens das Jahr 420 v. Chr. anzusetzen sei.

in dieser Beziehung genug gethan hat? Oder sollte nicht vielmehr gerade unsere Zeit recht dazu angethan sein, an alle diejenigen, die in das öffentliche Leben des Volkes thätig einzugreifen berufen sind, insbesondere aber an die heranreifende Jugend Forderungen der sittlichen Bildung zu stellen, denen auch das Werk des griechischen Philosophen durch eindringliche Belehrung und ernste Mahnung förderlich entgegenkommt?

IV.

Es war anfänglich nicht meine Absicht, auch die künstlerische Composition des Dialogs hier einer Erörterung zu unterziehen, da ich, soweit es mir zweckdienlich schien, bereits in der Einleitung zur Ausgabe des Gorgias meine Ansicht hierüber zu erkennen gegeben habe. Indessen gerade die Rücksicht auf die dort gegebene Darlegung, die sich mit kurzen Andeutungen begnügte, lässt eine etwas eingehendere Begründung und Rechtfertigung theilweise auch Berichtigung derselben wünschenswerth erscheinen. Um aber diese Aufgabe in möglichster Kürze zu erfüllen, wird es genügen auf die Punkte einzugehen, in welchen meine Ansicht über die Gliederung des Dialogs nicht übereinstimmt mit der von Donitz in dem ersten Hefte der Platonischen Studien dargelegten, da die treffliche Abhandlung dieses Gelehrten zugleich eine Kritik der Ansichten anderer enthält, der man im ganzen seine Beistimmung nicht versagen kann.

In der That könnte man kaum treffender die Aufgabe kennzeichnen, welche einer Untersuchung über die Composition eines Platonischen Dialoges gesetzt ist, als dies von Bonitz geschieht. Derselbe sagt auf S. 38 seiner Abhandlung: „Es handelt sich, das ist hier wie in allen ähnlichen Fällen die Hauptsache, nicht um eine Gliederung, durch welche wir uns nach irgend welchem subjectiven Belieben die Gedanken Platons zurechtlegen und uns in denselben orientieren, sondern um diejenige Gliederung, welche Platon selbst mit hinlänglicher Deutlichkeit bezeichnet haben muss, wenn er es uns soll möglich gemacht haben, uns in seinen Gedankengang zu finden und den Zweck des Ganzen daraus in seinem Sinne wieder zu construiren. Das Ende eines Abschnittes

muss als Abschluss einer Gedankenreihe, der Anfang als das
Anheben einer anderen Gedankenreihe deutlich bezeichnet sein."
Diese Forderung in ihrem vollen Umfange anerkennend stimme
ich mit Bonitz in der angenommenen Zahl der Hauptthelle, nicht
aber durchgängig in der Abgrenzung derselben von einander
überein.

Kein Zweifel kann über den ersten Theil bestehen, das
Vorgespräch, mag man es nun, je nachdem man mehr die
Vergleichung mit dem poetischen Drama oder mit der Kunstrede
im Auge hat, πρόλογος oder προοίμιον nennen. Es bildet die
Einleitung zu dem Hauptgespräch, gleichsam die Vorstufe oder
Schwelle, die den Eingang ins Innere künstlerisch vermittelt.
Dieses kurze Gespräch, an dem Kallikles und Sokrates und Chä-
rephon theilnehmen, umfasst nach der üblichen Capiteleintheilung
das erste Capitel und schliesst mit den Worten des Chärephon:
Μανθάνω καὶ ἐρήσομαι.

Es ist natürlich und angemessen, dass diesem ersten Theil
ein ebenso deutlich abgegrenzter letzter Theil, dem πρόλογος
ein ἐπίλογος entspricht. Diesen lässt Bonitz mit Cap. 79 beginnen, also mit den Worten des Sokrates: Ἄκουε δή, φασί,
μάλα καλοῦ λόγου, ὃν σὺ μὲν ἡγήσει μῦθον, ὡς ἐγὼ οἶμαι,
ἐγὼ δὲ λόγον· ὡς ἀληθῆ γὰρ ὄντα σοι λέξω ἃ μέλλω λέγειν.
Dass mit diesen Worten ein neuer Abschnitt deutlich bezeichnet
wird, ist unverkennbar; nur scheinen sie mir ihrem Inhalt nach
mehr als einen Epilog zu verheissen. Doch soll auf diese Bemerkung zunächst kein Werth gelegt werden; sie muss erst durch
andere Gründe Gewicht bekommen. Wichtig dagegen scheint mir
an und für sich der Umstand, dass, wenn man an der angegebenen Stelle die Schlussrede beginnen lässt, eine ebenso deutlich bezeichnete Grenzscheide übersehen wird. Diese finde ich
am Anfang des 83. Capitels in den Worten des Sokrates: Τάχα
δ' οὖν ταῦτα μῦθός σοι δοκεῖ λέγεσθαι ὥσπερ γραὸς καὶ
καταφρονεῖς αὐτῶν, καὶ οὐδέν γ' ἂν ἦν θαυμαστὸν καταφρο-
νεῖν τούτων, εἴ πη ζητοῦντες εἴχομεν αὐτῶν βελτίω καὶ ἀλη-
θέστερα εὑρεῖν· νῦν δὲ ὁρᾷς, ὅτι τρεῖς ὄντες ὑμεῖς, οἵπερ
σοφώτατοί ἐστε τῶν νῦν Ἑλλήνων, σύ τε καὶ Πῶλος καὶ
Γοργίας, οὐκ ἔχετε ἀποδεῖξαι, ὡς δεῖ ἄλλον τινὰ βίον ζῆν ἢ
τοῦτον, ὅσπερ καὶ ἐκεῖσε φαίνεται συμφέρων. Dass diese
Worte nicht mehr zu dem vorhergehenden μῦθος oder λόγος
gehören, scheint unverkennbar, da durch die ersten Worte deut-

lich das Ende und der Abschluss desselben bezeichnet wird. Es muss daher ein neuer Theil beginnen. Und was könnte der für ein anderer Theil sein, als eben die Schlussrede oder der ἐπίλογος? Dazu eignet sich auch der Inhalt vortrefflich. Denn fragen wir nach der Aufgabe des Epilogs, so antwortet die Theorie[1]), dass es ihm zukommt, die Summe des verhandelten nachdrücklich ins Gedächtniss zu rufen oder das Gemüth des Hörers dem Zwecke der Rede gemäss zu bewegen. Die letztere Bestimmung bezieht sich, wie von selbst erhellt, vornehmlich auf die eigentliche Rede, findet aber doch auch auf den Schluss des Gorgias ihre Anwendung, natürlich so, wie es der Natur des ernst und eindringlich belehrenden Dialogs entsprechend ist, nämlich durch eine gleichermassen ernst und eindringlich gehaltene Paränese, die mit den Worten beginnt: ἐμοὶ οὖν πειθόμενος ἀκολούθησον ἐνταῦθα, οἷ ἀφικόμενος εὐδαιμονήσεις καὶ ζῶν καὶ τελευτήσας — und mit den Worten schliesst: τούτῳ οὖν (τῷ λόγῳ) ἑπώμεθα, καὶ τοὺς ἄλλους παρακαλῶμεν, μὴ ἐκείνῳ, ᾧ σὺ πιστεύων ἐμὲ παρακαλεῖς· ἔστι γὰρ οὐδενὸς ἄξιος, ὦ Καλλίκλεις. Was dieser Paränese vorangeht, ist aber nichts anderes als eine gedrängte Zusammenfassung des durch das vielverschlungene Gespräch gewonnenen Ergebnisses und entspricht in ausgezeich-

---

1) So z. B. Richters Lehrbuch der Rhetorik § 96, Hoffmanns Rhetorik f. GG. § 45, 6. Der letztere sagt: „Ueber den Schluss der Abhandlung, der Chrie und der Rede lassen sich im allgemeinen folgende Regeln aufstellen:
  a) Im Verhältniss zur Ausführung soll der Schluss stets nur kurz sein;
  b) die Gedanken des Schlusses sollen aus dem in der Ausführung behandelten Gegenstande hergeleitet sein, dürfen aber
    1) nicht aus einem einzelnen Theile der Ausführung entwickelt werden,
    2) und ebensowenig in der Regel einen ganz neuen Gesichtspunkt für die Betrachtung des behandelten Gegenstandes aufstellen.
  c) Der Zweck der ganzen Darlegung bestimmt den Gedankeninhalt des Schlusses. Will also der Redende
    1) bloss belehren, so kann sich der Schluss auf eine kurze und nachdrückliche Zusammenfassung der Ergebnisse der Ausführung beschränken; — will dagegen der Redende
    2) den Gegenstand empfehlen oder von ihm abmahnen, so hat der Schluss die Bedeutung des Gegenstandes klar und nachdrücklich hervorzuheben.

neuer Weise der Forderung der Theorie¹). Diese scheint allerdings, wenn man auf Aristoteles²) und dessen nächste Nachfolger zurückgeht, noch mehr Stücke als die beiden genannten zu fordern. Allein geht man näher auf die Angaben der alten Theoretiker ein, so sieht man, dass sie zunächst auf die Gerichtsrede berechnet sind und daher nicht durchgängig auch auf andere Formen der Darstellung Anwendung finden; ferner, dass die alten Lehrmeister³) selbst die vier Stücke auf drei und zwei zurückführten, eben die, welche in den meisten Fällen am Platze sind und — *mutatis mutandis* — gerade für solche Schriftwerke, wie der Gorgias ist, angemessen und nothwendig erscheinen.

Können wir somit behaupten, dass, wenn man den Epilog des Gorgias auf das letzte Capitel beschränkt, nichts vermisst wird, was man von dem letzten Theil eines wohlgegliederten Kunstwerkes verlangen kann, so möchte es umgekehrt schwer sein, für die Aufnahme der vorhergehenden religiösen Sage (μῦθος oder λόγος) in den Epilog eine befriedigende Rechtfertigung aus den Lehren der alten oder neuen Theorie zu gewinnen, dagegen leichter möglich sein, Gegengründe aus demselben zu entnehmen⁴). Auch auf das Missverhältniss des Umfanges, das zwischen dem Vorgespräch und der Schlussrede eintreten würde, wenn man zu letzterer auch den Mythos rechnet, darf hingewiesen werden, wogegen durch Ausscheidung desselben ein angemessenes Verhältniss dieser ihrer Natur nach sich entsprechenden Theile⁵) gewonnen

---

1) Es genügt auf Quintilian hinzuweisen, der VI 1 sagt: *Rerum repetitio et congregatio, quae Graece dicitur ἀνακεφαλαίωσις ... et memoriam judicis reficit et totam simul causam ponit ante oculos et, etiamsi per singula minus moverat, turba valet. In hac, quae repetimus, quam brevissime dicenda erunt, et, quod Graeco verbo patet, decurrendum per capita.*

2) Rhet. III c. 19 (Rhett. Gr. ed. Spengel vol. I p. 161). Die Lehren der späteren Theoretiker bei Griechen und Römern findet man bequem bei Volkmann, Hermagoras § 25 zusammengestellt.

3) Z. B. der Anonymus bei Spengel I p. 453: διαιρεῖται δὲ ὁ ἐπίλογος εἰς εἴδη δύο, εἴς τε τὸ πραγματικὸν καὶ τὸ παθητικόν· καὶ τοῦ μὲν πραγματικοῦ ἐστιν ἡ ἀνακεφαλαίωσις, τοῦ δὲ παθητικοῦ τὸ τὰ πάθη κατασπουδάζειν καὶ ἐλεεινῶν τὸν λόγον. Quint. VI 1, 1: *Peroratio sequebatur, quam cumulum quidam, conclusionem alii vocant. Ejus duplex ratio est, posita aut in rebus aut in affectibus.*

4) S. oben S. 49 N. 1 die Stelle aus Hoffmanns Rhetorik, insbesondere b, 2.

5) Vgl. die Rhetorik des Longinos bei Spengel I p. 504: ἡ δὲ φύσις τῶν ἐπιλόγων ἀντιστρόφους ταῖς προοιμίοις ἔχουσι σύγκειται. Aller-

wird. Auf diesen letzteren Umstand soll indessen kein zu grosses Gewicht gelegt werden; vielmehr erachte ich die aufgestellte Ansicht nur dann für gerechtfertigt, wenn es gelingt, dem Mythos eine Stellung anzuweisen, durch welche seine Bedeutung sich besser herausstellt als durch die Verweisung in die Schlussrede. Dazu aber ist erst dann Raum gegeben, wenn zuerst die Gliederung des Hauptgespräches, das zwischen Proömion und Epilog hineinfällt, erörtert ist.

Da über den Umfang des Vorgesprächs keine Meinungsverschiedenheit besteht, so unterliegt auch der Anfang des Hauptgespräches keinem Zweifel. Es beginnt mit den Worten, die Chärephon zu Gorgias richtet[1]), wodurch der berühmte Redemeister ins Gespräch gezogen wird. Als eigentlicher Leiter desselben tritt natürlich an die Stelle des Chärephon, der ja nur im Namen und Auftrag des Sokrates gesprochen hat, dieser selbst; aber nicht mit Gorgias allein und auch nicht mit diesem vorzugsweise wird das Gespräch geführt, sondern Polos und Kallikles nehmen ebenfalls theil an demselben und zwar so, dass der Unterredung mit Kallikles der an Umfang und Gehalt bedeutendere Theil zufällt. Durch diese abwechselnde Theilnahme mehrerer Personen ergibt sich eine natürliche Gliederung, recht unverkennbar und von niemand verkannt am Anfang des 37. Capitels, wo Kallikles aus eigenem Antrieb und mit herausfordernden Worten in das Gespräch eintritt, das durch die Unfähigkeit des Polos und die Unwahrheit der von ihm vertretenen Sache zu einer unzweifel-

---

dings fordert der Rhetor darum noch nicht ein vollkommenes Ebenmaass beider Theile; gewiss mit Recht. Dessenungeachtet aber nimmt auch er nur zwei Theile für den ἐπίλογος an und würde daher in dem letzten Capitel des Gorgias wohl kaum etwas vermissen, was nach seiner Meinung zum Epilog gehört. Und sollte sogar jemand aus der angeführten Stelle mehr entnehmen wollen, als zu entnehmen ist, nämlich dass der Umfang des Epilogs grösser sein müsse als der des Proömions, so würde auch dieser Forderung durch die empfohlene Gliederung insofern entsprochen werden, als das letzte Capitel ungefähr um die Hälfte länger ist als das erste. Natürlich verwahre ich mich dagegen, meinerseits einen Werth auf dieses Grössenverhältniss zu legen. Denn für solche Dinge ist ja nicht Zirkel oder Elle der richtige Maassstab.

1) 447 E: εἰπέ μοι, ὦ Γοργία, ἀληθῆ λέγει Καλλικλῆς ὅδε, ὅτι ἐπαγγέλλῃ ἀποκρίνεσθαι ὅτι ἄν τίς σε ἐρωτᾷ; ΓΟΡ. Ἀληθῆ, ὦ Χαιρεφῶν· κτἑ.

haften Niederlage des eitelen und streitsüchtigen jungen Mannes
gedichen war.

Da Kallikles dem Gespräch sofort eine andere Wendung
gibt[1]) und die Frage, die nunmehr die Grundlage des Gespräches
bildet, obwohl sie mit der bisher verhandelten im engsten Zu-
sammenhange steht, doch völlig anders gestaltet erscheint, so
nimmt man allgemein hier einen Hauptabschnitt an. Auch darüber kann, wie Bonitz[2]) mit Recht bemerkt, kein Zweifel bestehen,
dass die mit Kallikles verhandelte Frage den Kern und Zweck
des ganzen Dialogs bezeichnet. Man könnte sagen: Kallikles gestaltet die bisher besprochene Frage zu einer eigentlichen Streitfrage, zu einem ἀγών, in dem beide Theile als einander würdige Gegner mit Kraft und Geschick um den Sieg ringen. Die
in diesem Kampf gewonnene Entscheidung ist zugleich der Abschluss der in dem ganzen Dialog zum Austrag gebrachten Frage,
deren Beantwortung auch der ganze vorhergehende Theil des Gespräches dient. Darüber, wie gesagt, besteht wohl kein eigentlicher Zwiespalt der Meinungen. Zweifelhaft dagegen und bestritten bleibt es, ob die zwischen Sokrates einerseits und Gorgias
und Polos andrerseits geführte Discussion zwei Haupttheile des
Dialogs bildet, oder nur einen, der, wie das mit Kallikles angeführte Gespräch, selbst in sich gegliedert erscheint. Bonitz vertritt die erstere Ansicht, während ich in Uebereinstimmung mit
Deuschle der zweiten den Vorzug geben zu müssen glaube.

Bonitz legt ein Gewicht darauf, dass drei Personen es sind,
mit denen Sokrates sich unterredet, und dass das Gespräch so
angelegt ist, dass nicht fortwährend alle drei einen nur nahezu
gleichmässigen Antheil an der Unterredung mit Sokrates haben,
sondern nach einander jeder der Mitunterredner der eigentliche
Träger des Gesprächs mit Sokrates ist. Indessen ist doch anzuerkennen, dass die Gespräche, die Sokrates mit Gorgias und
Polos führt, mannigfach in und mit einander verschlungen sind.
Bonitz erklärt dies aus der Natur des Kunstwerkes, der ein völ-
liges Auseinanderfallen des Gespräches in ganz gesonderte Theile

---

1) 481 C: εἰπέ μοι, ὦ Σώκρατες, πότερόν σε φῶμεν νυνὶ σπουδά-
ζοντα ἢ παίζοντα; εἰ μὲν γὰρ σπουδάζεις τε καὶ τυγχάνει ταῦτα ἀληθῆ ὄντα ἃ λέγεις, ἄλλο τι ἢ ἡμῶν ὁ βίος ἀνατετραμμένος ἂν
εἴη τῶν ἀνθρώπων καὶ πάντα τὰ ἐναντία πράττομεν, ὡς
ἔοικεν, ἢ ἃ δεῖ;

2) S. 33.

widerstrehen würde, und findet dieselbe Erscheinung gleicher Weise auch in dem Abschnitt, in dem Sokrates mit Kallikles sich unterredet[1]). Diese Auffassung gestehe ich in keiner Weise theilen zu können. Denn sieht man sich zunächst in dem mit Kallikles geführten Gespräche nach den Spuren der Betheiligung einer der anderen Personen an demselben um, so findet man, dass Kallikles zuerst sich an Chärephon wendet mit der Frage[2]), ob Sokrates im Ernst oder im Spasse spreche, aber von jenem an letzteren gewiesen, sofort dieselbe Frage an Sokrates richtet und mit diesem nun das Gespräch fortsetzt, bis es ihm gar zu unbequem wird und er die weitere Betheiligung daran verweigert. Als nun auch Sokrates Miene macht es abzubrechen, da tritt Gorgias vermittelnd ein[3]) mit der an Sokrates gerichteten Aufforderung, die Rede allein zu Ende zu führen, wozu sich dieser unter einer gewissen Bedingung versteht, so dass nun wirklich Sokrates zum grösseren Theile allein sprechend, dann mit geringer Betheiligung des Kallikles die Erörterung zu ihrem Ziele führt. Von einer die Sache selbst irgendwie betreffenden Antheilnahme einer oder der anderen Person ist keine Rede. In dem ersten Fall scheint eine gewisse Schicklichkeitsform zum Ausdruck gekommen zu sein, welche zugleich dem Chärephon Gelegenheit gibt, dem Kallikles eine am Anfang des Gespräches von diesem gegen Sokrates gebrauchte Redewendung zurückzugeben; an der anderen Stelle dient die Einmischung des Gorgias nur dazu, durch ethische Charakteristik den dargestellten Vorgang zu beleben und die veränderte Form der Rede, in der Sokrates zwar fortfährt zu fragen, aber, da Kallikles nicht antwortet, in dessen Namen selbst die Antwort gibt, zu motivieren. Ganz anders in dem Gespräch des

---

[1]) Der Wortlaut bei Bonitz S. 22 ist folgender: „Diese successive Betheiligung der drei Unterredner ist freilich nicht in der kleinlich pedantischen Weise ausgeführt, dass in dem Abschnitte, in welchem Sokrates mit Gorgias die Unterredung führt, die beiden andern nicht ein einziges Wort hinzugäben, das ihre geistige Theilnahme an dem Inhalte und dem Gange des Gespräches bezeugte; und gleicherweise in den Abschnitten, in denen Sokrates mit Polos, dann mit Kallikles sich unterredet; eine so ausschliessende Durchführung der Succession in der Betheiligung der einzelnen Unterredner würde ja auch die Gefahr bringen, dass das Gespräch, als Kunstwerk betrachtet, in ganz gesonderte Theile auseinander fiele."

[2]) 481 B.

[3]) 506 A B.

Sokrates mit Gorgias und Polos! Dieses beginnt Chärephon im Auftrag des Sokrates mit einer an Gorgias gerichteten Frage, welche die eigentlich an diesen zu stellende Frage nur vorbereitet; ehe aber dieser Zweck erreicht wird, drängt sich Polos ein mit dem Anerbieten, an der Stelle des Gorgias zu antworten. Dieser tritt ohne Widerspruch zurück und auch Chärephon lässt es sich, wenn auch gleich mit einigem Widerstreben, gefallen. Dass der philosophische Künstler mit dieser Fiction etwas zu erkennen geben wollte, unterliegt wohl keinem Zweifel; wir wüssten nicht, was er natürlicher damit ausdrücken könnte, als dass der ältere Lehrmeister und sein jüngerer Geselle solidarisch verbunden sind und sich als solche auch betrachten; es werden zugleich die beiden Personen sowohl in ihrer eigentümlichen Art, Gorgias in einer gewissen massvollen Würde des Alters, Polos in seinem jugendlichen Ungestüm, als auch in ihrem gegenseitigen Verhältnisse zu einander charakterisiert, und dadurch vortreffliche Mittel zur Belebung des Gespräches in seinem weiteren Verlauf gewonnen. Nachdem nun Polos wegen seiner Ungeschicklichkeit in der Gesprächsführung[1]) von Sokrates abgewiesen worden ist, tritt Gorgias an seine Stelle und folgt dem Sokrates nun allerdings eine geraume Strecke, indem er mit würdevoller Gelassenheit die in anständigster Form ertheilten Zurechtweisungen hinnimmt und jede Gelegenheit benützt, in eitelm Selbstlob sich zu ergeben und seine Kunst zu zeigen, bis er an einen Punkt kommt[2]), an dem es ihm wünschenswerth erscheint, das Gespräch, bei dem keine Lorbeern zu holen sind, unter einem guten Vorwand abzubrechen. Indessen lässt er sich durch die ermunternden Aeusserungen der Anwesenden, für die Chärephon und Kalliklees das Wort ergreifen, zur Fortsetzung des Gespräches bewegen, in welchem er so lange verharrt, bis abermals Polos unaufgefordert sich einmischt[3]) und mit grober Zurechtweisung des Sokrates einen von Gorgias gemachten Fehler, der ihn in einen Widerspruch mit sich selbst verwickelt habe, leichtfertig entschuldigend diesem das Wort entwindet. Doch betheiligt sich auch jetzt noch Gorgias an demselben, und zwar in ganz anderer Weise, als dies, wie oben gezeigt worden, in dem Gespräch des Sokrates mit Kalliklees geschieht,

---

1) 448 D E.
2) 458 B.
3) 461 B.

In dieser Einrichtung können wir nicht umhin eine besondere Absicht des Schriftstellers wahrzunehmen, die in dem Maasse, als sie von dem anderen erwähnten Falle abweicht, selbst auch eine andere sein wird. Während dort in dem Dazwischentreten des Gorgias ein Mittel zur Charakteristik des Kallikles und zur Motivierung der besonderen Art, in der das Gespräch fortgeführt wird, erkannt wurde, so sehen wir in dem vorliegenden Falle ein Mittel, das mit Gorgias und Polos geführte Gespräch, für das sich beide von vornherein solidarisch verbunden betrachten, als ein wesentlich zusammengehöriges und gemeinsam auszutragendes zu kennzeichnen. Gegen diese Auffassung erheben sich aber mancherlei Bedenken, die theils von äusserlichen und formalen Gesichtspunkten entlehnt, theils aus dem Gedankeninhalt der angenommenen Hauptabschnitte geschöpft sind[1]). Zunächst wird bemerkt[2]), dass man die drei Unterredner, die dem Sokrates gegenübergestellt werden, nicht als blosse Wiederholungen etwa der Personification desselben Gedankens, sondern als drei von einander wesentlich verschiedene Personen anerkennen müsse. Dies ist nun allerdings insofern richtig, dass Platon alle drei als wirkliche Individuen mit Fleisch und Blut gestaltet hat, deren Namen nicht bloss die Geltung von Buchstaben oder Nummern zukommt. Allein in ihrem Verhältnisse zu einander und zu den anderen Personen des Gespräches nehmen sie doch eine verschiedene Stellung ein. Gorgias und Polos stehen allen übrigen als Fremde gegenüber und einander sowohl dadurch als in ihrer Eigenschaft als Techniker und Lehrmeister näher als beiden irgend eine der andern Personen. Doch unterscheidet sich Polos von Gorgias dadurch, dass er diesem gegenüber nicht bloss jünger an Jahren, sondern auch entschieden der Lehrjünger neben dem anerkannten und berühmten Lehrmeister ist. Er verhält sich zu diesem — *mutatis mutandis* — ungefähr wie Chärephon zu Sokrates; nur ist der Freund des Sokrates bescheiden und thut nur, was ihm sein Meister aufträgt, und thut es recht und gut, Polos dagegen ist unbescheiden und vorlaut; wissenschaftlich steht er ganz auf dem Boden der Weisheit des Gorgias; aber trotz seiner Unselbständigkeit drängt er sich vor, um sein Bisschen eigene Weisheit, auf die er sich viel einbildet, an den Mann zu bringen und sich und seinem Lehr-

---

1) Bonitz a. a. O. S. 30.
2) Ebendas. S. 38.

meister, der seine Würde besser zu wahren versteht und persönlich achtungswerther erscheint, Schande zu bereiten. In der Sache sind sie eins, und was dem einen widerfährt, gilt auch dem andern. Glaube man ja nicht, dass dem Gorgias bessere sittliche Grundsätze als dem Polos zugeschrieben werden sollen, weil jener noch von dem Recht etwas wissen will, dieser sich einer solchen Forderung ohne Bedenken entschlägt; es ist nur wissenschaftliche Halbheit, welche den Gorgias, als er von den Fragen des Sokrates bedrängt wird, zu diesem Geständniss treibt, und Polos, der im Grunde des Herzens ganz dieselbe Ansicht hegt, wie Gorgias, aber den Fehler erkennt, durch den sich Gorgias eben eine Blösse gegeben hat, trägt kein Bedenken seinen Meister ob dieser Halbheit zurechtzuweisen, um bald darauf dem gleichen Tadel zu unterliegen. Und auch jetzt, als Polos bereits seinem Schicksal entgegengeht, nachdem er in dem Gespräche mit Sokrates seine Unfähigkeit im Fragen und Antworten mehrfach zur Schau getragen hat, gibt Gorgias noch sein Einverständniss mit Polos zu erkennen: kurz, der Schriftsteller hat alle Mittel angewendet, um die beiden Personen in die engste Verbindung des Denkens und Handelns zu setzen und sie den beiden andern Hauptpersonen gegenüber nur als eins gelten zu lassen. Die Absicht, die Platon dabei hatte, wird sich unschwer erkennen lassen; sie wird in der Wahl der Personen überhaupt begründet sein, und diese wieder in dem Zweck der ganzen Schrift. Diesem entspricht es, dass wir neben Sokrates den Kallikles als die erste und Hauptperson betrachten. In ihm stellt uns Platon einen athenischen Bürger dar, der, bestimmt und gesonnen, eine grosse Rolle in seiner Vaterstadt zu spielen, den Unterricht des Gorgias benützte, um für seine politischen Zwecke daraus Nutzen zu ziehen, und auch sonst auf der Höhe der Zeitbildung steht; an ihm zeigt uns der Schriftsteller, was aus einem Mann, der, mit den besten Anlagen ausgerüstet, diesen Weg der Bildung einschlägt, werden kann. Um dies aber noch anschaulicher darzulegen, führt er uns den viel bewunderten Meister selbst vor Augen und lässt ihn durch seine Reden den Mangel an wissenschaftlicher und sittlicher Bildung enthüllen. Da aber Gorgias eben doch hochgeachtet bei allen Hellenen dastand, so verbot die Schicklichkeit und poetische Wahrheit ihn also persönlich blosszustellen, wie dies seiner Lehre und seinen Grundsätzen zugedacht war. Zu diesem Zweck wurde ihm sein Lehrjünger und Fachgenosse beigegeben, dem weniger Rücksicht gebührte und dessen Anmaasslichkeit und dialektische Unfähigkeit sich recht dazu eignete, dem Sokrates zu jener längeren Erörterung Anlass zu geben, in welcher Platon seine Ansicht über die Rhetorik und das ganze System von wahren und Scheinkünsten besser als in der knappen Form von Frage und Antwort darlegen konnte, ohne doch der dialogischen Fiction untreu zu werden.

Indessen kann und soll diese Ansicht über das Verhältniss der drei Personen zu einander, obschon sie sich durch so viele Anzeichen und Merkmale in der Darstellung des philosophischen Künstlers aufdrängt und empfiehlt, nur dann gerechtfertigt erscheinen, wenn sie sich durch den Gedankeninhalt der zwischen Sokrates und den drei andern Personen verhandelten Gespräche bewährt, d. h. also, wenn sich darthun lässt, dass es seinem Inhalt nach in der That nur ein Gespräch ist, das durch die gemeinsame Thätigkeit des Gorgias und Polos mit Sokrates zu Stande kommt. Sokrates möchte wissen, wer Gorgias ist auf Grund der von ihm geübten Kunst, und Polos antwortet auf Chärephons Frage, welche Kunst Gorgias versteht, die schönste. Dadurch zeigt er, dass er keinen Beruf hat, statt des Gorgias zu antworten, der nun auf den dringenden Wunsch des Sokrates selbst Bescheid gibt, indem er seine Kunst Redekunst und sich einen Redner nennt, und zwar einen guten, wie er selbstgefällig beifügt, offenbar in der Meinung, jetzt dem Begehren des Sokrates Genüge gethan zu haben, nachdem er sich auch noch auf Befragen die Fähigkeit, andere ebenfalls dazu zu bilden, beigemessen hat. Als aber Sokrates nun auch über den Gegenstand, mit dem es seine Kunst zu thun hat, nähere Auskunft haben will, da weiss er eigentlich keinen befriedigenden Bescheid, sondern es bedarf noch mancher Fingerzeige von Seite des Fragenden, bis er zu der Bestimmung der Redekunst gelangt, der er sich nicht entziehen kann, aber gerne aus dem Wege gegangen wäre, wenn Sokrates ihm erlaubt hätte, sich auf dem Gebiete der Lobrede, auf das er bei jeder Gelegenheit hinlenkt, zu ergehen. Da er sich aber in dem Engpass der Dialektik, auf dem er, um seine grossprecherische Verheissung zu erfüllen, nach einem vergeblichen Versuch loszukommen, nothgedrungen fortwandelt, in die Schlingen seiner eigenen Aussagen verwickelt hat, da überlässt er ohne Widerstreben das Wort dem Polos, der mit Beseitigung jener Bedenklichkeit, an der Gorgias gestrauchelt war, den ursprünglichen Gegenstand des Gespräches mit Gorgias wieder aufnimmt, und zwar zuerst als der fragende. Beide Umstände werden nicht ohne Bedeutung für die Absicht des Schriftstellers sein. Der Rollentausch mag dem wohl oft gehörten Vorwurf[1]) begegnen, dass es keine Kunst sei, andere durch Fragen aufs Glatteis zu führen; denn bald zeigt es sich, dass der eitle Itbetor das fragen ebensowenig versteht, wie das antworten, obschon er — auch dieser Zug ist bedeutsam — sich seinem Lehrmeister in der Kunst zu fragen und zu antworten gleichstellt[2]). Dass er aber den Gegenstand des zwischen Sokrates und Gorgias geführten Gespräches an der Stelle, wo sein Vorgänger stecken blieb, wieder aufnimmt und Sokrates ihm antwortend folgt, was konnte der Schriftsteller damit ausdrücken wollen, als dass die an Gorgias gerichtete Frage noch nicht genügend beantwortet ist und das mit Gorgias begonnene Gespräch mit Polos fortgesetzt wird[3]. Dieser Bedeutung der künstlerischen Anordnung thut es keinen Eintrag, dass Polos gleich wieder von der Frage nach dem Begriffe der Redekunst zu der nach dem Werthe derselben abspringt[4]). Denn

---

1) 461 C: τοῦθ᾽ ὃ δὴ ἀγαπᾷς, αὐτὸς ἀγαγὼν ἐπὶ τοιαῦτα ἐρωτήματα ... ἀλλ᾽ εἴς τὰ τοιαῦτα ἄγειν πολλὴ ἀγροικία ἐστὶ τοὺς λόγους. Vgl. 482 E.

2) 482 A.

3) Dass dies keine hineingetragene Ansicht ist, sondern zweifelhaft der Absicht des Schriftstellers entspricht, zeigen deutliche Hinweisungen, z. B. 463 A, wo Gorgias, als die mit Polos geführte Erörterung an einen kitzlichen Punkt gekommen ist, mit den Worten eintritt: Τίνος, ὦ Σώκρατες (πράγματός ἐστι μόριον ἡ ῥητορική); εἰπέ, μηδὲν ἐμὲ αἰσχυνθείς, worauf S. seine Antwort an Gorgias richtet, der dann, als Polos abermals in ungeschickter Weise fragt, wiederum an dessen Stelle tritt mit Worten, die deutlich zu erkennen geben, dass er sich selbst mit Polos eins weiss und solidarisch verbunden betrachtet. Er sagt nämlich nach der von Sokrates dem Polos ertheilten Zurechtweisung: Μὰ τὸν Δία, ὦ Σώκρατες, ἀλλ᾽ ἐγὼ οὐδὲ αὐτός συνίημι ὅτι λέγεις und nach der Antwort des Sokrates: Ἀλλὰ τοῦτον μὲν ἔα, ἐμοὶ δ᾽ εἰπέ, πῶς λέγεις πολιτικοῦ μορίον εἴδωλον εἶναι τὴν ῥητορικήν. Ebenso, als Sokrates später in dem Gespräch mit Kallikles auf die Resultate zurückkommt, welche in der mit Polos geführten Erörterung gewonnen worden sind, sagt derselbe: Ἴθι δή, ἃ καὶ πρὸς τόνδε ἐγὼ ἔλεγον, διωμολόγησαί μοι, εἰ ἄρα σοι ἔδοξα τότε ἀληθῆ λέγειν.

4) Bonitz sagt a. a. O. S. 20: „Im zweiten Hauptabschnitte scheint es zwar, als solle, nachdem Polos die von Gorgias nur aus Scheu gemachten Concessionen zurückgenommen, dieselbe Frage von neuem behandelt werden: „wofür erklärst also du die Rhetorik?" 462 B. Aber

dies that er ebenso schon in dem allerersten Stadium des Gespräches und es gehört daher zur Charakterisierung der Person — und auch der Kunst oder des Metiers; denn auch Gorgias spürt beständig ein Gelüste nach dieser Richtung; nur huldigt er ihm, zugleich durch die vorbauenden Mahnungen des Sokrates im Zaume gehalten, etwas zurückhaltender als der jugendlich ungestüme Polos, fährt aber auch, sobald er dieses Fahrwasser erreicht, mit um so volleren Segeln; dann lenkt Sokrates immer wieder[1]) das Gespräch auf den verlassenen Gegenstand zurück, so dass durch die abspringenden Fragen des Polos nur die besondere Art der Beantwortung der Hauptfrage motiviert wird; und endlich liegt die an dieser Stelle ungehörige Frage doch nicht so ganz ausser dem Wege der zuerst gestellten Frage und ihrer Beantwortung; sie ist nur tadelnswerth, weil sie voreilig und vorgreifend ist und den methodischen Gang der Beantwortung stört; nichtsdestoweniger aber dient das Ungeschick und die Voreiligkeit des Polos nicht bloss als treffliches Kunstmittel zur Belebung des Dialogs, sondern auch zur Bereicherung seines Inhaltes durch Anregung fruchtbarer Gedankenkeime. Dass aber Platon selbst die Frage nach dem Begriff und Wesen der Redekunst mit der nach der Macht und dem Werth derselben engverbunden, ja in gewissem Betracht sogar identisch erachtet, geht daraus hervor, dass er, als Gorgias von dem Einfluss der Redner in grossen Worten spricht[2]), seinen Sokrates sagen lässt[3]), dass er schon längst darnach gefragt habe,

---

schon nach den ersten Worten springt Polos von der Frage nach dem Begriffe zu der nach dem Werthe, der Bedeutung, der Macht der Rhetorik über: „scheint dir also nicht die Rhetorik etwas Schönes zu sein?" 462 C u. 463 C."

1) 462 C u. 463 E.

2) 456 A: ὅταν γέ τις αἵρεσις ᾖ ὧν δὴ σὺ λέγεις, ὦ Σώκρατες, ὄψει ὅτι οἱ ῥήτορές εἰσιν οἱ συμβουλεύοντες καὶ οἱ νικῶντες τὰς γνώμας περὶ τούτων.

3) Ταῦτα καὶ θαυμάζων, ὦ Γοργία, πάλαι ἐρωτῶ, ἥτις ποτὲ ἡ δύναμίς ἐστι τῆς ῥητορικῆς. δαιμονία γάρ τις ἔμοιγε καταφαίνεται τὸ μέγεθος οὕτω σκοποῦντι. Und so hatte sich in der That auch Sokrates gleich bei der ersten Erklärung über seine Absicht 447 C geäussert: βούλομαι γὰρ πυθέσθαι παρ' αὐτοῦ, τίς ἡ δύναμις τῆς τέχνης τοῦ ἀνδρός κτλ. Und dies Vermögen, diese allseitige Fähigkeit, diese alle andern Künste überbietende Macht der Redekunst ist es ja doch allein, was den Polos bei jeder Gelegenheit zu der Frage verleitet, ob die Redekunst nicht etwas schönes sei.

worin denn das Vermögen der Redekunst bestehe. Die Frage: was ist die Rhetorik und worin besteht ihr Vermögen? ist also mit dem, was zwischen Sokrates und Gorgias verhandelt wird, noch nicht erledigt; sie wird wieder aufgenommen und weiter erörtert durch das Gespräch mit Polos, das mit der oben erwähnten Frage zugleich die mit derselben eng verbundene und wiederholt berührte: was vermag denn die Redekunst und welche wirkliche Macht besitzen denn die Redner durch diese ihre Kunst? zum Austrag bringt. In der darüber geführten Erörterung treten von Seite des Sokrates Ansichten und Grundsätze zu Tage, die mit den herrschenden Begriffen über die wichtigsten Angelegenheiten des Lebens in schneidendem Widerspruch stehen und dadurch dem bisher nur als Zuhörer theilnehmenden Kallikles Anlass geben, den berührten Gegenstand in einer neuen und tiefer eingehenden Weise zur Sprache zu bringen. Nach dieser Auffassung erscheint der Abschnitt am Schlusse des 15. Capitels[1]) nicht als ein Hauptabschnitt des ganzen Gespräches, sondern als eine Gliederung innerhalb des ersten Hauptabschnittes, der selbst dem folgenden gegenüber vorbereitender Natur ist und die Grundlage bildet für den Theil des Gespräches der sowohl dem äusseren Umfange nach als durch seinen inneren Gehalt und die Tiefe des Pathos weitaus der bedeutendste ist.

Diese hervorragende Bedeutung des zwischen Sokrates und Kallikles geführten Gespräches gibt sich auch in der künstlerischen Gliederung desselben zu erkennen. Zunächst galt es, die neue Wendung, welche die ursprünglich gestellte Frage durch das Eingreifen des Kallikles bekommt, künstlerisch zu motiviren. Diese Aufgabe wird gelöst durch jene zwischen Kallikles und Sokrates gewechselten Erklärungen, die so vortrefflich die Grundansicht des neu eintretenden Sprechers hervortreten lassen und den Gegensatz zwischen dieser und der des Sokrates zu einer ethischen Streitfrage gestalten. Der Darlegung dieses Gegensatzes wird also wohl der erste Abschnitt des dritten Haupttheiles gewidmet sein, und es wird sich daran passender Weise die Prüfung und Widerlegung der von Kallikles aufgestellten und nachdrücklich empfohlenen Lebensansicht durch Sokrates reihen. Es liegt in der Natur der Sache, dass die Grenzen solcher untergeordneter Abschnitte weniger deutlich hervortreten als die der Haupttheile,

---

1) 481 B.

die in der ganzen Anlage des Kunstwerkes eine selbständigere Geltung beanspruchen können, obwohl auch bei diesen die vermittelnden Uebergänge zur Wahrung der künstlerischen Einheit nicht fehlen dürfen. Noch inniger aber greifen natürlich die untergeordneten Organe in einander, weswegen es noch schwieriger ist, die gegenseitigen Grenzen festzustellen. Es ergeben sich daher in dieser Beziehung mancherlei Zweifel und Bedenken. So vermag ich nicht mit Deuschle am Schlusse des 37. Capitels[1]) ein eigentliches Gelenke des Gespräches zu erkennen. Die hier beginnende längere Ausführung des Kallikles lässt ja erst die Ansicht hervortreten, welche ihn antreibt mit der herausfordernden Frage[2]), die er an Chärephon richtet, in das Gespräch einzutreten. Weit gefehlt also, dass diese und die nächste kürzere Aeusserung des Kallikles mit den Erwiderungen des Chärephon und Sokrates die Geltung einer „Einleitung" zu der Darlegung des Kallikles beanspruchen können, giebt sich in jener Frage des Kallikles ein Ausbruch des Gefühls zu erkennen, der erst durch seine weitere Auslassung Inhalt und Bedeutung bekommt. Bemerkenswerth dabei ist die Uebereinstimmung der äusseren Form, mit welcher die ausführliche Erörterung des Kallikles der vorhergehenden mit seiner Ironie gewürzten Aeusserung des Sokrates gegenübertritt. Beide beginnen mit der an die Spitze gestellten Anrede. Die Aeusserung des Sokrates spricht das Wort des Gegensatzes, den Kallikles vorher nur angedeutet hat[3]), deutlich aus. Es ist die Philosophie, die Sokrates scherzhaft neben Alkibiades als Gegenstand seiner Liebe erklärt und der Neigung, welcher Kallikles huldigt, gegenüberstellt[4]). Dadurch fühlt sich Kallikles zu jener ausführlichen Gegenerklärung getrieben, die Anlass und Stoff zu einer eingehenden Prüfung und Widerlegung bietet. Da, wo diese Prüfung beginnt, wird also wohl auch der Anfang des neuen Ab-

---

1) 482 C.
2) 481 B: Εἰπέ μοι, ὦ Χαιρεφῶν, σπουδάζει ταῦτα Σωκράτης ἢ παίζει;
3) 481 C: εἰ μὲν γὰρ σπουδάζεις τε καὶ τυγχάνει ταῦτα ἀληθῆ ὄντα ἃ λέγεις, ἄλλο τι ἢ ἡμῶν ὁ βίος ἀνατετραμμένος ἂν εἴη τῶν ἀνθρώπων καὶ πάντα τὰ ἐναντία πράττομεν, ὡς ἔοικεν, ἢ ἃ δεῖ;
4) 481 D: λέγω δ' ἐννοήσας ὅτι ἐγώ τε καὶ σὺ νῦν τυγχάνομεν ταὐτόν τι πεπονθότες, ἐρῶντε δύο ὄντε δυοῖν ἑκάτερος, ἐγὼ μὲν Ἀλκιβιάδου τε τοῦ Κλεινίου καὶ φιλοσοφίας, σὺ δὲ τοῦ τε Ἀθηναίων δήμου καὶ τοῦ Πυριλάμπους.

schnittes gesetzt werden müssen. Das Ende des vorhergehenden wird also wohl mit dem Schluss des 41. Capitels zusammenfallen. In dieser Annahme nähere ich mich der von Bonitz gegebenen Bestimmung, ohne jedoch der Auffassung dieses Gelehrten mich ganz anschliessen zu können. Dieser erkennt einen Abschnitt am Schlusse des 42. Capitels, dem dann nach seiner Disposition eine Eintheilung des zwischen Kallikles und Sokrates geführten Gespräches in drei Abschnitte folgt. Daraus ergibt sich, dass jener vorausgehende, durch keine Nummer bezeichnete Abschnitt auch bei ihm als eine Art Einleitung oder Vorspiel betrachtet wird, wodurch der sonst zum Princip gemachten Einfachheit der Disposition eher Eintrag geschieht. Diese scheint mir auch in der folgenden Dreitheilung nicht vollständig gewahrt zu sein. Der erste Abschnitt, als wissenschaftliche Grundlegung bezeichnet, wird von Cap. 42 bis Cap. 54 gerechnet. Es fragt sich, mit welchen Worten Bonitz den Anfang bezeichnet wissen will. Da das 42. Capitel auch in dem vorhergehenden Abschnitt als Endpunkt erscheint, so ist wohl anzunehmen, dass er den Scheidungspunkt in dem bezeichneten Capitel findet. Da könnte sich nun als passender Anfang des neuen Abschnittes die Stelle darzubieten scheinen, die mit den Worten beginnt: *ἐξ ἀρχῆς δέ μοι ἐπανάλαβε κτἑ.* Gleichwohl möchte es richtiger sein, diese Worte nicht von der vorhergehenden Erörterung zu trennen, mit der Sokrates die Führung des Gespräches wieder übernimmt, so dass der Schluss des ersten Abschnittes mit dem Schluss der zurechtweisenden Mahnrede des Kallikles zusammenfiele. In dieser hat der Praktiker alle Mittel der Beredsamkeit und Gelehrsamkeit aufgeboten, um den Sokrates von der Verkehrtheit seines Treibens zu überzeugen und auf den nach seiner Meinung einzig richtigen Weg, auf dem sich die Tüchtigkeit eines Mannes bewähren kann, nämlich den der staatsmännischen Thätigkeit hinzuweisen. Damit also hat sich die Lebensansicht des Kallikles zur Genüge ausgesprochen, und es ist nun an Sokrates, die Berechtigung derselben zu untersuchen und die Wahrheit der Grundsätze, auf der sie beruht, zu prüfen. Zu dieser Prüfung schreitet nun Sokrates mit jener witzigen Rede, die von der Vergleichung mit dem Probiersteln ausgeht[1]). Mit

---

1) 486 D: *Εἰ χρυσῆν ἔχων ἐτύγχανον τὴν ψυχήν, ὦ Καλλίκλεις, οὐκ ἄν οἴει με ἄσμενον εὑρεῖν τούτων τινὰ τῶν λίθων, ᾗ βασανίζουσι τὸν χρυσόν, τὴν ἀρίστην, πρὸς ἥντινα ἔμελλον προσαγαγὼν αὐτήν, εἰ μοι*

diesen Worten wird darum wohl auch am richtigsten der Anfang des neuen Abschnittes bezeichnet, der seinem Inhalt nach der wichtigste des mit Kallikles geführten Gespräches ist und überhaupt den Höhepunkt des ganzen Dialoges bildet. Hier beginnt erst ein ernsterer Kampf, ein ringen mit einer Lebensansicht, die zwar ebenfalls auf haltlosen Grundsätzen beruht, aber doch nicht so unklar über sich selbst und so unsicher in ihren Kundgebungen ist, wie die ganz oberflächliche Routine der beiden Techniker. Kallikles zeigt eine vor keiner Consequenz und vor keiner Inconsequenz zurückschreckende Keckheit, die an das Wort erinnert, welches Plutarch[1]) dem Thukydides, dem Sohne des Melesias, über seinen unbesiegbaren Gegner in den Mund legt. Soweit bringt es allerdings Kallikles nicht; aber es bedarf doch eines complicirten Angriffs, um dieser Theorie der Selbstsucht beizukommen, und einer eindringenden Untersuchung, um ihre Verwerflichkeit darzuthun, und eines fortgesetzten ernsten Kampfes, um der richtigen Lebensansicht zur Anerkennung zu verhelfen. Forschen wir nun in dem Gespräche selbst nach einem deutlichen Markzeichen, um die Grenze dieses zweiten Abschnittes zu bestimmen, so dürfte sich kaum die Aeusserung des Kallikles am Anfang des 54. Capitels als geeignet dazu darstellen. Die weitere Erörterung über das Verhältniss des angenehmen und guten zu einander, zu welcher die von Kallikles vorgenommene Berichtigung seiner früheren Behauptung über die Identität beider Begriffe nöthigt, darf man, wie schon Deuschle bemerkt, nicht von der vorhergehenden Erörterung ablösen. Dies lässt sich in der That aus den Worten des Sokrates, mit welchen er diesen von Kallikles maskirten Rückzug aufnimmt[2]), ersehen. Diese lassen

---

ὁμολογήσειν ἐκείνη καλῶς τεθεραπεῦσθαι τὴν ψυχήν, οὐ πείσεσθαι ὅτι ἱκανῶς ἔχω καὶ οὐδέν με δεῖ ἄλλης βασάνου;

1) Περικλῆς 8, 3. Ἀρχιδάμου τοῦ Λακεδαιμονίων βασιλέως συνδαναμένος, πότερον αὐτός ἢ Περικλῆς παλαίει βέλτιον "ὅταν" εἶπεν "ἐγὼ καταβάλω παλαίων, ἐκεῖνος ἀντιλέγων, ὡς οὐ πέπτωκε, νικᾷ καὶ μεταπείθει τοὺς ὁρῶντας."

2) 499 C: Ἰοὺ ἰού, ὦ Καλλίκλεις, ὡς πανοῦργος εἶ καί μοι ὡς παιδὶ χρῇ, τοτὲ μὲν αὖ φάσκων οὕτως ἔχειν, τοτὲ δὲ ἑτέρως, ἐξαπατῶν με, καίτοι οὐκ ᾤμην γε κατ᾽ ἀρχὰς ὑπὸ σοῦ ἑκόντος εἶναι ἐξαπατηθήσεσθαι ὡς ὄντος φίλου· νῦν δὲ ἐψεύσθην, καὶ ὡς ἔοικεν ἀνάγκη μοι κατὰ τὸν παλαιὸν λόγον τὸ παρὸν εὖ ποιεῖν καὶ τοῦτο δέχεσθαι τὸ διδόμενον παρὰ σοῦ. ἔστι δὲ δή, ὡς ἔοικεν, ὃ νῦν λέγεις, ὅτι ἡδοναί τινές εἰσιν αἱ μὲν ἀγαθαί, αἱ δὲ κακαί· ἦ γάρ;

nicht den Anfang einer neuen Untersuchung, sondern nur eine modificierte Fassung des schon gewonnenen Resultates erwarten. Die Consequenzen, die daraus gezogen werden, bleiben dieselben. Doch kann ich auch Deuschle nicht beistimmen in der von ihm angenommenen Begrenzung dieses Theils. Die Scheidewand zwischen diesem und dem nächsten Theile findet er nämlich da gegeben, wo Kallikles sich weigert dem Sokrates weiter zu folgen[1]). Dass aber hier die Untersuchung zu keinen Abschluss oder Wendepunkt gekommen ist, zeigt deutlich der weitere Fortgang, der nach einer kurzen Recapitulation der schon gemachten Zugeständnisse an demselben Punkt[2]), wo die Unterbrechung eingetreten war, den Faden der Untersuchung wieder aufnimmt und weiter führt. Wir haben also hier, wie an anderen Stellen, eine Seite der mimischen Kunst des Schriftstellers zu erkennen, die zugleich zur Erreichung eines methodologischen Zweckes dient. Wie in dem Gespräche mit Polos die Ungeschicklichkeit dieses jungen Mannes, die sich sowohl im Fragen wie im Antworten bewährt[3]), die längere Auseinandersetzung des Sokrates in zusammenhängender Rede rechtfertigt, so motiviert hier die durch das Widerstreben des Kallikles herbeigeführte Stockung des Gespräches die für die Wirksamkeit der weiteren Beweisführung so förderliche Recapitulation der bereits gewonnenen Ergebnisse und den nun eintretenden rascheren Fortschritt der Erörterung, welche eben dadurch zu einem kräftigeren Abschluss gelangt. Dieser tritt am Ende des 62. Capitels ein[4]), bezeichnet aber doch nur einen untergeordneteren Einschnitt in der Darlegung des Sokrates, die unaufhaltsam zu den praktischen Folgerungen fortschreitet und mit einem Rückblick auf frühere Zugeständnisse schliesst, um deren willen Kallikles den Polos und dieser vorher den Gorgias getadelt hatte, die

---

1) 505 C — 506 C.

2) 505 B: Τὸ κολάζεσθαι ἄρα τῇ ψυχῇ ἄμεινόν ἐστιν ἢ ἡ ἀκολασία, ὥσπερ σὺ νῦν δὴ ᾦου. 507 A: λέγω δὴ ὅτι εἰ ἡ σώφρων (ψυχὴ) ἀγαθή ἐστιν, ἡ τοὐναντίον τῇ σώφρονι πεπονθυῖα κακή ἐστιν· ἦν δὲ αὕτη ἡ ἄφρων τε καὶ ἀκόλαστος.

3) 461 E — 463 E.

4) 507 C. Die Worte lauten: ὥστε πολλὴ ἀνάγκη, ὦ Καλλίκλεις, τὸν σώφρονα, ὥσπερ διήλθομεν, δίκαιον ὄντα καὶ ἀνδρεῖον καὶ ὅσιον ἀγαθὸν ἄνδρα εἶναι τελέως, τὸν δὲ ἀγαθὸν εὖ τε καὶ καλῶς πράττειν ἃ ἂν πράττῃ, τὸν δ' εὖ πράττοντα μακάριόν τε καὶ εὐδαίμονα εἶναι, τὸν δὲ πονηρὸν καὶ κακῶς πράττοντα ἄθλιον, οὗτος δ' ἂν εἴη ὁ ἐναντίως ἔχων τῷ σώφρονι, ὁ ἀκόλαστος, ὃν σὺ ἐπῄνεις.

nun aber selbst Kallikles ohne Widerspruch anerkennen muss.
Hier macht sich nun deutlicher, als oben, ein Wendepunkt in der
Erörterung geltend, indem diese am Anfang des 64. Capitels[1])
deutlich auf ihren Ausgangspunkt, der in der freundschaftlich
ernsten Mahnrede des Kallikles gegeben war, zurücklenkt. Indessen ist auch hier die Widerlegung und Berichtigung der dort
ausgesprochenen Lebensansicht noch nicht vollendet oder, wie
Sokrates selbst sich witzig ausdrückt[2]), die Antwort des Amphion
auf die Rede des Zethos, deren sich Kallikles gegen Sokrates
bedient hat, noch nicht gegeben; zu deren Abschluss gehört also
auch noch die weitere Erörterung, durch die es dem Sokrates
gelingt, den Kallikles wieder in das Gespräch zu ziehen und zum
antworten zu bewegen. Dieser Umstand der mimischen Darstellung ist nicht als bedeutungslos anzusehen. Er bietet nämlich
das Mittel, den Punkt deutlich zu bezeichnen, wo Sokrates das
Ziel seiner Beweisführung erreicht zu haben glauben darf. Dies
geschieht durch jene merkwürdige Aeusserung des Kallikles, in
welcher er zu erkennen gibt, dass er zwar gegen die Gründe des
Sokrates nichts einzuwenden weiss, aber doch dessen Ansicht nicht
zu folgen gedenkt[3]). Blicken wir nun selbst an diesem Wendepunkt des zwischen Sokrates und Kallikles geführten Gespräches
auf den dadurch begrenzten Abschnitt[4]) zurück, so erscheint die
Beweisführung des Sokrates auf den ersten Anblick allerdings als

---

1) 508 C: Τούτων δὲ οὕτως ἐχόντων σκεψώμεθα, τί ποτ' ἐστὶν ἃ
σὺ ἐμοὶ ὀνειδίζεις, ἆρα καλῶς λέγεται ἢ οὔ, ὡς ἄρα ἐγὼ οὐχ οἷός τ'
εἰμὶ βοηθῆσαι οὔτε ἐμαυτῷ οὔτε τῶν φίλων οὐδενὶ οὐδὲ τῶν οἰ-
κείων κτλ.

2) 506 B: Ἀλλὰ μὲν δή, ὦ Γοργία, καὶ αὐτὸς ἡδέως μὲν ἂν Καλλικλεῖ τούτῳ ἔτι διελεγόμην, ἕως αὐτῷ τὴν τοῦ Ἀμφίονος ἀπέδωκα
ῥῆσιν ἀντὶ τῆς τοῦ Ζήθου. Damit ist auf das 41. Capitel (485 E ff.)
zurückgewiesen.

3) 513 C. Sokrates beschliesst seine ausführliche Erörterung mit
den Worten: εἰ μή τι σὺ ἄλλο λέγεις, ὦ φίλη κεφαλή, λέγομέν τι πρὸς
ταῦτα, ὦ Καλλίκλεις; worauf dieser erwidert: Οὐκ οἶδ' ὅντινά μοι
τρόπον δοκεῖς εὖ λέγειν, ὦ Σώκρατες· πέπονθα δὲ τὸ τῶν πολλῶν πά-
θος· οὐ πάνυ σοι πείθομαι.

4) Er reicht nach meiner Ansicht vom Anfang des 42. bis zum
Schlusse des 63. Capitels. In der letzteren Bestimmung treffe ich mit
Deuschle zusammen, der ebenso wie Deuschle in der angeführten Aeusse-
rung des Kallikles am Anfang des 69. Capitels ein beachtenswerthes
Gelenk der Gliederung erkennt.

eine vielverschlungene, mehrfach gleichsam neu anhebende; bei näherer Betrachtung aber erweist sie sich gleichwohl als eine streng einheitliche, unverrückt auf das zu erreichende Ziel hinstrebende. Sokrates geht aus von der durch Kallikles aufgestellten Unterscheidung des gesetzlichen und natürlichen Rechtes. Das letztere ist das Recht des stärkeren, dessen Uebung als ein Zeichen männlicher Tüchtigkeit erklärt wird. Es äussert sich dadurch, dass der stärkere über den schwächeren, der bessere über den schlechteren die Oberhand gewinnt und herrscht. Obwohl nun die Forderung einer genaueren Bestimmung dieser Begriffe[1]) allein schon hinreicht, diese Theorie des Naturrechts ad absurdum zu führen, so bleibt die Untersuchung doch nicht bei diesem Ergebnis stehen, sondern benützt diese Erörterung nur, um zu dem Begriff der Selbstbeherrschung zu kommen. Diese erklärt Kallikles nur eines Thoren würdig, dagegen als die Sache eines tüchtigen Mannes, seine Begierden möglichst gross zu ziehen und zu befriedigen. Dass darin nicht das höchste Gut bestehen kann, sucht Sokrates durch eine Untersuchung über das Wesen der Lust zu beweisen. Dieses wird als verschieden von dem des guten erkannt, welches allein der Zweck des handelns sein kann[2]).

---

1) Κρείττων, βελτίων, άμείνων.

2) Anton in dem Aufsatze „Die Dialoge Gorgias und Phädrus" (Zeitschrift für Philosophie u. philosophische Kritik von Fichte, N. F. 35. Band, Halle 1859) erklärt sich S. 85 gegen Donitz, der in der Gliederung des Dialogs den Abschnitt 494 C—495 D ganz übersehen zu haben scheine, indem er nur zwei Beweise des Sokrates, 495 E—497 E u. 498—499 B annehme. Allein einen Beweis kann man jenen Abschnitt gewiss nicht nennen, da er vielmehr ja nur die volle und rückhaltlose Erklärung des Kallikles über seine Ansicht hervorzulocken bestimmt ist, um die nöthigen Prämissen zu gewinnen; das zeigen ganz ausdrückliche Aeusserungen, wie 495 C die Frage ἐπιχειροῦμεν ἄρα τῷ λόγῳ ὡς σοῦ σπουδάζοντος; u. 495 D φέρε δὴ ὅπως διαῤῥηδέστα τοιντα κτλ. Den Inhalt jenes vermeintlichen Beweises gibt Anton in folgender Weise an: „Es wird bei der Erörterung jener Behauptung gezeigt, dass sie hinsichtlich des Umfangs zu weit ist; denn es müssten ja auch die am Körper wie an der Seele Kranken, da sie doch Lust empfinden, sei es, dass sie ihre Krankheit auf irgend eine Weise lindern, oder dass sie ihrer Neigung fröhnen, ein glückliches Leben führen." Dass diese Worte den Sinn der Platonischen Darstellung nicht rein wiedergeben, ist wohl kaum zu verkennen. Dies gilt auch von der folgenden Ausführung: „Wenn die Lust, so heisst es, während der Befriedigung von Begierden entsteht, so ist sie in dieser

Der Versuch des Kallikles, durch eine Berichtigung seiner früheren auf die Spitze getriebenen Behauptung, diese zu retten, missglückt; er kann sich nicht dem Anerkenntniss entziehen, dass alle die Künste, welche die Befriedigung der Lust im Auge haben, nicht dem wahren Zwecke, der allein in dem guten bestehen kann, nachtrachten, also zu der Classe der Schmeichelkünste, nicht der wahren Künste gehören. Kallikles will sich zwar nicht dazu verstehen, die von ihm so hoch gepriesene politische Beredsamkeit, die er als die einzige des Mannes würdige Bestrebung betrachtet, auch zu dieser Classe der Schmeichelkünste zu rechnen, kann aber doch auch nicht behaupten, dass einer der von ihm besonders hochgehaltenen Staatsmänner etwas anderes gethan habe, als den Begierden des Volkes Befriedigung zu gewähren. Dies kann aber unmöglich die wahre Aufgabe des Staatsmannes und der Staatskunst sein, die vielmehr, wie bei jeder anderen Kunst, darin bestehen muss, die dem Gegenstand zukommende Güte und Tüchtigkeit herzustellen, also für den Staat dahin zu wirken, dass Gerechtigkeit und Vernunft[1]) in ihm walte, Ungerechtigkeit und Unvernunft aber ferne bleibe. Der Gerechtigkeit im Verhalten gegen die Menschen steht zur Seite die Frömmigkeit im Verhalten gegen die Götter. Ist dieses richtig, so bleibt auch der Satz in seiner Geltung bestehen, dass es ein grösseres Uebel ist, Unrecht zu thun, als Unrecht zu leiden. Gegen letzteres allein aber hilft die gepriesene Rhetorik, die dadurch nicht höher steht, als so manche andere Künste, die eben-

---

Zeit mit Unlust, welche von der noch nicht ganz befriedigten Begierde hervorgerufen wird, gemischt, trägt also etwas in sich, was sie hindert, das höchste Gut zu sein." Hier trägt die Einmischung des höchsten Gutes etwas hieher nicht gehöriges in die Platonische Beweisführung hinein. In dieser handelt es sich nur darum zu beweisen, dass τὸ ἡδύ und τὸ ἀγαθόν nicht zusammenfallen.

1) Ich übersetze so σωφροσύνη, ein Wort, für welches die deutsche Sprache kein seinen Begriff erschöpfendes und zugleich sprachgemässes und gebräuchliches hat, als dieses, das in seinem populären Gebrauch wirklich besser als Besonnenheit, Mässigkeit die ganze Sphäre des Begriffes, den das griechische Wort ausdrückt, erschöpft. Hellsinnigkeit ist aber nun einmal kein deutsches Wort. Etwas weniger freilich genügt das Gegentheil Unvernunft für ἀνοία, das aber eben durch Unmässigkeit, Zügellosigkeit, Willkür auch nicht erschöpft und durch 'Unrecht' nicht wohl wiedergegeben werden kann; am ehesten mag sich 'Zuchtlosigkeit' empfehlen.

falls für die Erhaltung und Rettung des leiblichen Lebens sorgen, wie die Schwimm-, Heil-, Steuermanns-, Maschinenbaukunst, ohne dass dieselben sich gleich hoch dünken, wie jene, deren Vertreter, wenn sie ihren Zweck erreichen wollen, genöthigt sind, sich in der ganzen Sinnes- und Denkweise dem Volk, dem sie ihre Dienste widmen, anzubequemen. Hier ist nun der Punkt, wo Kallikles seine Zustimmung zu der von Sokrates ausgesprochenen Ansicht zu erkennen gibt, zugleich aber ausdrücklich erklärt, der praktischen Folgerung, die Sokrates daraus zieht, sich nicht anschliessen zu können. Diese sich von selbst ergebende und auch bereits angedeutete[1]) Folgerung ist natürlich die, dass die Kunst, die vor dem Unrechtthun bewahrt, höher zu schätzen ist, als die, welche nur vor dem Unrechtleiden schützt; dass also die an Sokrates gerichtete Mahnung, mit der Kallikles in das Gespräch eingetreten ist, umgekehrt an Kallikles zu richten ist, sich solchen Bestrebungen hinzugeben, die eines Mannes wahrhaft würdig sind. Hat nun Sokrates die an ihn gerichtete Mahnung nicht einfach abgewiesen, sondern auf ihre theoretische Voraussetzung zurückgeführt und die darauf begründete Lebensansicht durch eine eingehende Untersuchung widerlegt, so kommt es ihm natürlich zu, dem Gegner nun auch die Pflicht, nach den als richtig erkannten Grundsätzen zu handeln, ans Herz zu legen. Dieser Zumuthung entzieht sich aber Kallikles von vornherein durch die angeführte Aeusserung, die dadurch eben geeignet ist, als ein Wendepunkt der Unterredung betrachtet zu werden, weil der nun folgende Theil des Gespräches sich ganz dieser praktischen Seite zuwendet.

Dieser beginnt recht charakteristisch mit einer kurzen Recapitulation[2]) der gewonnenen Hauptergebnisse, welche den Maasstab bietet, um den Werth eines Staatsmannes zu beurtheilen[3]).

---

1) 509 D E 510 E.

2) 513 D: διωρισάμεθα δ' οὖν, ὅτι δύο ἔφαμεν εἶναι τὰς παρασκευὰς ἐπὶ τὸ ἕκαστον θεραπεύειν καὶ σῶμα καὶ ψυχήν, μίαν μέν, πρὸς ἡδονὴν ὁμιλεῖν, τὴν ἑτέραν δέ, πρὸς τὸ βέλτιστον, μὴ καταχαριζόμενον ἀλλὰ διαμαχόμενον κτλ.

3) 513 E: ἆρ' οὖν οὕτως ἐπιχειρητέον ἡμῖν ἐστι τῇ πόλει καὶ τοῖς πολίταις θεραπεύειν, ὡς βελτίστους αὐτοὺς τοὺς πολίτας ποιοῦντας; ἄνευ γὰρ δὴ τούτου, ὡς ἐν τοῖς ἔμπροσθεν ηὑρίσκομεν, οὐδὲν ὄφελος ἄλλην εὐεργεσίαν οὐδεμίαν προσφέρειν, ἐὰν μὴ καλή κἀγαθὴ ᾖ ἡ διάνοια

Nach diesem gemessen kann weder Kallikles selbst noch einer der von ihm und allen gerühmten Staatsmännern der früheren Zeit — es werden Perikles, Kimon, Miltiades, Themistokles genannt — als genügend befunden werden. Diese genannten Männer waren zwar ausgezeichnete Diener des Volkes, insofern es galt, dessen Begierden, seine Herrsch- und Habsucht zu befriedigen, aber niemand kann behaupten, dass sie ihre Mitbürger zum guten gelenkt und besser gemacht haben. Dagegen zeugt ihr eigenes Schicksal; denn ein Volksredner kann sich ebensowenig mit Recht über den Undank seiner Mitbürger beklagen, wie ein Sophist über den Undank derer, die er zur Tugend zu erziehen sich anheischig macht. Auch dürfen die Redner keineswegs mit Geringschätzung auf die Sophisten herabblicken; denn die Sophistik verhält sich zu Rhetorik, wie die Gesetzgebung zur Rechtspflege und die Gymnastik zur Heilkunst. Zur Betreibung dieser Rhetorik, welche sich mit Unrecht als Staatskunst ausgibt, darf daher Kallikles den Sokrates um so weniger auffordern, als dieser überzeugt ist, mehr als andere, entweder allein oder mit wenigen, die wahre Aufgabe der Staatskunst zu erfüllen, der er treu bleiben wird, auch wenn er den Tod darüber erleiden müsste. Denn dieser erscheint nur den unverständigen an sich als Uebel, während nur das ein Uebel ist, mit Ungerechtigkeit belastet aus dem Leben zu gehen.

Man sieht, dass dieser letzte Theil des zwischen Kallikles und Sokrates geführten Gespräches ausser dem Rückblick auf die vorhergehende Untersuchung vorzugsweise einen apologetischen Charakter trägt. Dass der apologetische Zweck bei der Abfassung dieses Werkes kein unwichtiger Factor war, dürfte wohl kaum zu bezweifeln sein; dass derselbe sich aber nicht zu vorlaut vordrängt, zeigt eben die Stelle des Dialogs, in welcher er vorzugsweise zur Geltung kommt. Dadurch hält sich das Werk von jeder beschränkenden Fessel eines bloss äusseren Zweckes frei und bewährt sich seiner ganzen Anlage nach als ein wahrhaft philosophisches Kunstwerk.

Trefflich ist auch durch den Inhalt dieser letzten Erörterung der Uebergang zu der folgenden religiösen Dichtung oder Sage motiviert. Es ist schon oben bemerkt worden, dass ich diesen

---

ἢ τῶν μελλόντων ἢ χρήματα πολλὰ λαμβάνειν ἢ ἀρχήν τινα ἢ ἄλλην δύναμιν ἡντινοῦν.

μῦθος oder λόγος nicht mit Bonitz dem Epilog zuweise, sondern letzteren erst mit dem 83. Capitel¹) beginnen lasse. Ich betrachte also diesen Abschnitt vom Anfang des 79. bis zum Schluss des 82. Capitels²) als einen besonderen Theil des Dialogs, dem nun auch seine besondere Bedeutung zukommen muss. Diese wird denn auch, soll die Annahme berechtigt erscheinen, der Stellung desselben zwischen dem seinem Inhalte nach wichtigsten Theile und der Schlussrede entsprechend sein. Hat nun Sokrates in dem Gespräch mit Kallikles den Beweis geführt, dass die von diesem empfohlene Rhetorik für das wahre Wohl der Seele nichts leistet und Sokrates daher mit Recht bei seinem bisherigen Bestreben beharrt, so kann wohl die Wirkung dieser Erörterung nicht besser unterstützt werden, als durch einen Blick auf das Leben der Seele nach dem Tode. Es ist hier natürlich nicht der Ort, die Unsterblichkeit der Seele philosophisch zu erweisen oder auch nur den Glauben daran dialektisch zu begründen. Diese Aufgabe fordert Raum und Gehalt eines selbständigen Werkes und hat ja auch den Stoff zu einem solchen gegeben. Hier also wird dieser Glaube, dem ja auch schon die dem Sokrates in den Mund gelegte und wahrscheinlich früher abgefasste Vertheidigungsrede huldigt, einfach vorausgesetzt und ihm damit nicht mehr, aber auch nicht weniger zugetraut, als ein religiöser Glaube vermag. Wer denselben theilt, wird auch geneigt sein, den sittlichen Zustand der Seele in dem Leben auf Erden und die daraus hervorgehende Handlungsweise des Menschen als bedeutsam und folgenreich für den Zustand der Seele nach dem Tode in Bezug auf Seligkeit oder Unseligkeit zu erachten. Diese Ansicht kommt nun in der Weise zum Ausdruck, dass zunächst in mythischer Form die Einführung eines Gerichtes über die gestorbenen, bei welchem die Seelen in ihrem eigensten Wesen, entblösst von allen äusserlichen Zuthaten erscheinen, dargestellt wird, und dann aus dem Begriff des Todes Folgerungen über die Beschaffenheit der Seele nach dem Tode und den dadurch begründeten Zustand derselben, der verschieden ist, je nachdem eine Seele an den Ort der Strafe oder der Läuterung oder der Seligkeit kommt, gezogen werden.

Die dichotomische Gliederung ist hier mit unverkennbarer

---

1) 527 A Siehe oben S. 48 f.
2) 523 A — 527 A.

Deutlichkeit am Anfang des 80. Capitels markiert[1]). Durch diese Zweitheilung tritt dieser Abschnitt in einen bemerkenswerthen Parallelismus zu dem von Sokrates mit Gorgias und Polos geführten Gespräch: ein Parallelismus, der noch tiefer geht als auf diese äussere Form der Gliederung. Dort wurde die Frage nach dem Begriff der Rhetorik verhandelt, so jedoch, dass die beiden Rhetoren von der streng dialektischen Entwicklung beständig zu der Lobpreisung der Macht und des Einflusses der Rhetorik auf die Schicksale der Menschen abschweifen. Die dort dialektisch nachgewiesene Nichtigkeit dieses Vermögens wird hier in der mythischen Behandlung, für welche solche Rhetoren meist mehr Geschmack haben, als für die Strenge der Dialektik, anschaulich dargestellt. Mag der Redner vermöge seiner Kunst noch so oft das höchste Uebel, das er kennt, über andere verhängen und von sich abwehren, entziehen kann er sich doch nicht dem Tode; ist die Seele aber einmal geschieden vom Leibe und von all den Gütern, die im leiblichen Leben oft als die höchsten geachtet werden, so ist es auch mit der gepriesenen Wirkung der Redekunst zum eigenen Schutz für immer aus.

Tritt somit der Mythos in ein hinlänglich bedeutsames Verhältniss zu den beiden vorhergehenden Theilen des Gesprächs, so kommt ihm auch eine ebenbürtige Stellung in der Gliederung des Dialoges zu. Sieht man sich in den Lehren der alten Rhetorik, die auch für Einleitung und Schluss entsprechende Bezeichnungen bietet, nach einem angemessenen Ausdruck um, so möchte sich ein solcher in dem Begriff der $\pi\alpha\rho\acute{\epsilon}\kappa\beta\alpha\sigma\iota\varsigma$ oder *egressio* ergeben. Die Rhetoren sprechen von dieser zwar im Anschluss an die $\delta\iota\acute{\eta}\gamma\eta\sigma\iota\varsigma$, *narratio*, bemerken aber ausdrücklich, dass ihr nicht diese besondere Stelle nothwendig zukommt, sondern dass sie ebensogut nach wie vor der Beweisführung angewandt werden kann, weswegen einige ihr die Geltung eines selbständigen Theiles absprechen wollen. Mag man sie aber als Vorläufer oder als Anhang der Beweisführung betrachten, so hebt sie sich doch jedenfalls von dieser ab und nimmt, wenn man ihr nur das gebührende Maass von Selbständigkeit und nicht mehr zuschreiben will, die Geltung eines vermittelnden Uebergangs. Im vorliegenden

---

1) 524 A D: Ταῦτ' ἐστίν, ὦ Καλλίκλεις, ἃ ἐγὼ ἀκηκοὼς πιστεύω ἀληθῆ εἶναι· καὶ ἐκ τούτων τῶν λόγων τοιόνδε τι λογίζομαι συμβαίνειν.

Falle von dem unzweifelhaften Haupttheile des ganzen Werkes zu dem ebenfalls deutlich begrenzten Schluss ein. Fragen wir nun nach dem Inhalt, den die Rhetorik diesem Excurs zutheilt, so bietet sich am bequemsten die Erörterung dieses Gegenstandes bei Quintilian IV 3, 12 ff. an. Zur Bestimmung des Begriffes sagt er: Παρέκβασίς est, ut mea quidem fert opinio, alicujus rei, sed ad utilitatem causae pertinentis, extra ordinem excurrens tractatio. Bezieht sich die letztere Bestimmung auf die zweifelhafte Stellung, so dass sie auch auf den vorliegenden Fall angewendet werden kann, so passt die erstere, welche eine der Hauptsache förderliche Ausführung verlangt, in vorzüglicher Weise auf die fragliche Lehrdichtung. Bei der nun folgenden Aeusserung über die Gegenstände, die sich zu einer solchen Behandlung eignen, ist natürlich nicht zu übersehen, dass der Rhetor zunächst die gerichtliche Rede im Auge hat; aber auch so würde seine Erklärung einer tiefer eingehenden Erörterung nützliche Anhaltspunkte gewähren. Hier genügt es auf die Vorbemerkung hinzuweisen[1]), in welcher solcher Dichtungen ausdrücklich Erwähnung geschieht. Trefflich passen auch die Stellen aus Ciceros rhetorischen Schriften, welche Volkmann in seinem Hermagoras § 10 anführt[2]), die sowohl die Stellung vor dem Epilog, als auch die Bedeutung einer Verstärkung der Beweisführung, die hauptsächlich auf die Empfindung zu wirken berechnet ist, rechtfertigen.

Somit glaube ich am Ende meiner Erörterung zu stehen, da der letzte Theil, der eigentliche Epilog schon oben in Verbindung mit dem Eingang des Dialogs besprochen worden ist. Es erübrigt nun nur noch, in einem gedrängten Ueberblick die von

---

1) § 12. *Sed has sunt plures, ut dixi, quae per totam causam varios habent excursus: ut laus hominum locorumque, ut descriptio regionum, expositio quarundam rerum gestarum, vel etiam fabularum.*

2) *De inventione I 51, 97: Hermagoras degressionem deinde, tum positam conclusionem ponit. In hac autem degressione ille putat oportere quandam inferri orationem a causa atque a judicatione ipsa remotam, quae aut sui laudem aut adversarii vituperationem contineat aut in aliam causam deducat, ex qua conficiat aliquid confirmationis aut reprehensionis, non argumentando sed augendo per quandam amplificationem. De oratore II 19, 80: Tum* (nach der *confutatio*) *autem aut conclusionem orationis et quasi perorationem collocat: sit jubent, antequam perorciar, ornandi vel augendi causa degredi.*

mir angenommene Gliederung zur Anschauung zu bringen, um
dadurch die Vergleichung mit der von Bonitz S. 10—22 der genannten Schrift aufgestellten zu erleichtern. Dieselbe gestaltet
sich also folgendermaassen:

Einleitung. Erklärung des Sokrates über den Zweck seines
Kommens. (Cap. 1.)

Ausführung (Cap. 2—82.)

  I. Gespräch des Sokrates mit Gorgias und Polos:
Was ist und was vermag die Rhetorik? (Cap. 2—36.)

    1) Gespräch des Sokrates mit Gorgias: Die Rhe-
torik ist die Kunst, durch Reden ohne Belehrung
Ueberzeugung hervorzubringen, besonders auf dem
Gebiete des Rechtes. (Cap. 2—15.)

    2) Gespräch des Sokrates mit Polos: Die Rhetorik
ist keine wirkliche Kunst, sondern nur Schmeichel-
oder Scheinkunst, und ihre Macht keine wirkliche,
sondern nur eine vermeintliche. (Cap. 16—36.)

  II. Gespräch des Sokrates mit Kallikles: Was ist der
wahre Lebensberuf? (Cap. 37—78.)

    1) Nicht Philosophie, die nur zur Jugendbildung gehört,
sondern Rhetorik, die Sicherheit gewährt und Macht
verleiht, erklärt Kallikles als den Beruf des Mannes,
der auf dem Recht des stärkeren beruht. (Rede des
Zethos.) (Cap. 37—41.)

    2) Prüfung dieser Ansicht, die zur Aufstellung einer
Theorie der Lust führt, welche Sokrates durch die
Theorie des guten widerlegt und dadurch seine frühere
Behauptung über den Werth der Rhetorik rechtfertigt.
(Cap. 42—68.)

    3) Nicht das Streben nach Herrschaft und Macht im
Dienst der Menge nach dem Beispiele der bisherigen
Staatsmänner, sondern Verwirklichung des guten ohne
Rücksicht auf die Gefahr des Lebens ist die wahre
Aufgabe des Mannes, insbesondere des rechten Staats-
mannes. (Antwort des Amphion.) (Cap. 69—78.)

  III. Religiöse Bekräftigung dieser Ansicht. (Cap. 79
—82.)

    1) Sage von dem Gericht über die Seelen nach dem Tode.
(Cap. 79.)

2) Folgerungen daraus für den Zustand der Seelen nach dem Tode. (Cap. 80—82.)

Schluss: Rückblick auf die vorhergehenden Gespräche und Ermahnung. (Cap. 83.)

Wie man sieht, steht die vorliegende Disposition der von Bonitz aufgestellten ihrem Wesen und Zweck nach näher als der von Deuschle[1]) dargelegten. Letztere unternimmt es, das ganze Gedankengewebe bis in die innersten Theile zu verfolgen und der Betrachtung blosszulegen, während die andere Methode sich begnügt, die Hauptgelenke des Kunstgebildes aufzusuchen und diejenigen Glieder zu unterscheiden, welche der Künstler selbst sichtbar zu machen bestrebt war, um seiner Schöpfung das Gepräge eines wohlgegliederten Ganzen und somit eines echten Kunstwerkes zu verleihen. Beide Dispositionen ergeben die gleiche Zahl der Haupttheile, nämlich drei für die Ausführung des Themas und mit Hinzurechnung von Eingang und Schluss fünf. Diese Uebereinstimmung der Zahl und gerade dieser Zahl, die in der Vorstellung mancher eine fast maassgebende Bedeutung gewonnen hat, könnte, bloss äusserlich angesehen, der Vermuthung Raum geben, als sei die aufgestellte Gliederung eine gesuchte, eine nicht aus dem Kunstwerke entnommene, sondern in dasselbe hineingetragene. Mit einer solchen allgemeinen Vermuthung aber über eine Ansicht ohne Prüfung der entwickelten Gründe gleich im voraus den Stab zu brechen, wie es wohl manchmal geschieht, wäre ebensosehr unwissenschaftlicher Fanatismus, wie das Bestreben, eine willkürlich angenommene Regel mit aller Gewalt überall durchführen zu wollen. Wenn aber eine unbefangene Prüfung der dargelegten Gründe die Richtigkeit der angenommenen Gliederung anerkennen müsste, so wäre wohl auch zuzugeben, dass dieselbe für ein sprachliches, insbesondere auch für ein philosophisches Kunstwerk in hohem Grade angemessen erscheint. Dem Theil des Gespräches, der nach Umfang und Inhalt sich deutlich als Haupttheil zu erkennen gibt und auch allgemein anerkannt wird, geht ein vorbereitendes Gespräch mit den Personen voraus, die in der künstlerischen Anlage und der dramatischen Scenerie in den Vordergrund gestellt werden mussten.

[1]) Zeitschr. f. d. Gymnasialw. XV 1 (Anhang zur Ausg. des Gorgias 2. Aufl. S. 23—28).

Dieser Theil des Gespräches wurzelt also recht eigentlich in der Einleitung und entwickelt sich aus dieser mit der Natürlichkeit, die dem Kunstwerk das Gepräge der inneren Nothwendigkeit gibt und es als Gegenbild eines Naturgebildes erscheinen lässt. Dieser Eindruck der Natürlichkeit findet sich auch in dem Uebergang zu dem Haupttheil trefflich gewahrt, da dieser neue Ansatz doch ganz aus der durch das vorhergehende Gespräch angeregten Stimmung im Zusammenwirken mit dem den Personen beigelegten Charakter sich ergibt. Und ganz dieselbe Bewandtniss hat es auch mit dem Theile, der sich eng an den Haupttheil anschliesst, gleichsam aus demselben hervorwächst, aber auch deutlich sich von ihm sondert. Diese religiöse Sage oder Lehrdichtung kann in der That als der Nachhall jener lebendigen Ueberzeugungskraft betrachtet werden, von welcher die sittliche Lebensansicht des Sokrates durchdrungen ist, die sich hier in dem vielverschlungenen Gespräch mit Kallikles ebenso, wie in seinem Leben und Sterben bewährt. Dass aber das ernst mahnende Schlusswort eben durch diese vorausgehende Dichtung an Kraft und Nachdruck gewinnt, bedarf wohl keiner besonderen Bemerkung. Schliesslich möchte ich noch auf die grosse Einfachheit der angenommenen Gliederung hinweisen, die ihr wohl auch zur Empfehlung gereichen dürfte.

V.

Die folgende Erörterung ist dazu bestimmt, einige Stellen des Gorgias zur Sprache zu bringen, über deren Lesart oder richtige Erklärung zur Zeit noch Zweifel bestehen, über welche eine Verständigung zu erzielen daher wohl am Platz ist. Ich folge dabei der natürlichen Ordnung des Gespräch. Den Reigen eröffnet

447 B. Die Stelle, welche von jeher Kritiker und Exegeten beschäftigt hat, ist neuerdings sowohl von Richter (Fleckeisens Jahrb. 1868 Hft. 4) als von Kratz (Württemb. Correspondenzblatt 1868 Hft. 1—4) zur Sprache gebracht worden. Ich selbst habe in der zweiten Auflage von Deuschles Ausgabe des Gorgias die Stelle benützt, um die herrschende Ansicht über den Ort, wo das Gespräch gehalten gedacht wird, zu berichtigen und der

von den neueren Erklärern einstimmig verworfenen Auffassung Schleiermachers wieder zu ihrem Recht zu verhelfen. Wäre die vorstehende Erörterung über die Scenerie des Gespräches, die schon über Jahr und Tag niedergeschrieben im Pulte lag, bereits veröffentlicht gewesen, so hätten vielleicht beide Gelehrte sich die Mühe ersparen können. Denn Richters Vorschlag einer Textänderung beruht auf der Voraussetzung, dass das Gespräch in das Haus des Kallikles zu verlegen sei, eine Annahme, deren Unzulässigkeit ich nach Schleiermachers Vorgang bewiesen zu haben glaube; und Kratz bringt in seiner Auseinandersetzung S. 89 f. der genannten Zeitschrift kein Moment der Begründung bei, das nicht auch in meiner Darlegung zu finden ist, genau genommen auch keines, das nicht schon in meiner Ausgabe enthalten wäre. Denn wenn er darauf aufmerksam macht, dass οἴκαδε ἥκειν nicht dasselbe bedeuten könne, wie εἰσιέναι, so dient das allerdings zur Berichtigung seiner eigenen Bemerkung, welche lautet: „nun, wenns beliebt einzutreten"; dasselbe liegt aber auch in meiner Bemerkung, welche lautet: „Die Worte παρ' ἐμὲ ἥκειν οἴκαδε deuten an, dass sie sich nicht vor dem Hause des Kallikles befinden". Deutlicher wollte ich nicht reden, und zwar aus zwei Gründen, einmal, weil ich es liebe, meine Bemerkungen so zu fassen, dass sie den Schüler zum eigenen Nachdenken reizen; und zweitens, weil ich es vermeiden wollte, dieser Bemerkung die Form einer deutlichen Berichtigung der von Kratz zu geben. Dieser fügt bei, dass mit dem Begriff des unmittelbaren Eintretens das generalisierende ὅταν nicht recht stimmen würde. Auch diese Wahrnehmung ist in dem Abschnitt der Einleitung meiner Ausgabe, der über die Scenerie des Gesprächs, und namentlich den Ort handelt, deutlich ausgedrückt in den Worten: „da . . die von Kallikles angebotene Wiederholung in seinem Hause nur für eine spätere Zeit gemeint sein konnte" u. s. w. Das finde ich nämlich in den Worten ὅταν βούλησθε παρ' ἐμὲ ἥκειν οἴκαδε, wofür die Bestätigung in dem ὥσπερ σύ λέγεις der folgenden Antwort des Sokrates liegt. Kratz scheint zwar, wie ich aus einer späteren Kundgebung schliessen muss, gegen diese Annahme Bedenken zu hegen; mit welchem Recht freilich, sehe ich nicht ein; denn was kann wohl die Unverträglichkeit des ὅταν βούλησθε mit dem überhaupt unzulässigen Begriff des unmittelbaren Eintretens bedeuten, als dass ersteres auf die Zukunft sich bezieht! Kurz zwischen meiner und Kratzens späterer

Auffassung herrscht die vollständigste Uebereinstimmung, und es ist nur Geschmackssache, dass Kratz die Form der Selbstberichtigung wählte, ohne dieser Uebereinstimmung mit einem Worte zu gedenken.

Anders verhält sich die Sache bei Richter. Hier bedarf es vor allem einer Verständigung über die handschriftliche Grundlage. Richter scheint anzunehmen, dass ὅταν βούλησθε nicht in den Handschriften stehe, sondern statt ὅταν βούλεσθε oder ὅτε βουλήσεσθε durch blosse Vermuthung hergestellt worden sei. Allein ersteres ist nur die unrichtige Schreibung der Stephanischen Ausgabe und letzteres wird nur von einer, beziehungsweise zwei minder massgebenden Handschriften geboten, eine Lesart, die sichtlich selbst das Product einer wohlgemeinten Verbesserung ist. Nachdem nun so Richter über den Boden, auf dem wir stehen, übel orientiert ist, erscheint es begreiflich, dass er nicht erst fragt, ob man auf demselben fussen kann oder ob er morsch ist, sondern, das letztere ohne Prüfung voraussetzend, zur Conjectur seine Zuflucht nimmt. Zunächst macht er es den bisherigen Kritikern und Erklärern zum Vorwurf, dass sie die Conjectur des scharfsinnigen Hemsterhuis, ὦ 'τᾶν statt ὅταν zu lesen, so kurz von der Hand gewiesen, da sie doch als Hülfe in der Noth hätte gelten können, und dann bringt er selbst als noch besseres Auskunftsmittel in Vorschlag, statt ὅτε oder ὅταν zu lesen εὐτόθεν natürlich βούλεσθε. Ehe wir uns nun darauf einlassen, die Angemessenheit des dadurch gewonnenen Ausdrucks und Gedankens zu prüfen, diese vielmehr unter Vorbehalt der Nothwendigkeit zugegeben, ist es bei der veränderten Sachlage doch vor allem billig und schicklich, die Frage zu beantworten: gibt die Ueberlieferung fast aller, darunter der besten oder allein massgebenden Handschriften irgend gegründeten Anstoss und dadurch gerechtfertigte Veranlassung zu einer Aenderung? Auch darauf antwortet Richter mit Ja! Denn οὐκοῦν kann nicht mit dem Infinitiv an Stelle des Imperativs verbunden werden. Dass nun aber diese Erklärung neuerdings so gut wie verschollen ist und einer anderen, welche den Infinitiv in seiner natürlichen Beziehung zu βούλησθε belässt, Platz gemacht hat, davon schweigt Richter gänzlich. Er kommt daher auch gar nicht in den Fall, die Möglichkeit und Zulässigkeit dieser anderen Erklärung entweder zu bestreiten oder anzuerkennen. Da sie nun wohl auch schwerlich zu bestreiten ist, vielmehr einer unbefangenen Betrachlung sich als sehr angemessen darstellen wird, so darf billig der neuere Verbesserungsversuch von Richter neben den älteren von Hemsterhuis gestellt und beide als *non inepti lusus* auch künftig der Nachwelt überliefert werden. Richter aber wird sich vielleicht, wenn er dies liest, an Horat. Epist. I 14, 36 erinnern. Damit mag auch die gelegentliche Bemerkung Richters zu 517 C erledigt sein. Uebrigens ist der Weg der Erklärung noch in der oben bezeichneten Richtung ein doppelter: denn entweder nimmt man eine Aposiopese d. h. Ellipse des Nachsatzes an, oder man betrachtet als diesen die Worte καὶ ἐπιδείξεται ὑμῖν, so dass der unmittelbar vorhergehende Satz mit γάρ als parenthetisch erscheint. Dieser schon von Ficinus, und nach diesem von Heindorf und Schleiermacher befolgten Auffassung redet neuerdings Wohlrab (*De aliquot locis Gorgiae Platonici* in dem Programm des Gymnasiums z. h. Kreuz in Dresden von 1863) entschieden das Wort und es wird sich wohl kaum etwas entschiedenes dagegen einwenden lassen. Das καί in der Apodosis, welches weder Ficinus noch Schleiermacher in ihrer Uebersetzung ausdrücken, soll nach seiner Ansicht den inneren Zusammenhang der an Sokrates und Chärephon gerichteten Aufforderung und der daran geknüpften Erwartung bezeichnen, oder, setzen wir hinzu, etwas anders gefasst und populärer ausgedrückt, mit der an die beiden ergehenden Einladung ist nicht nur, wie sich von selbst versteht, die Aussicht, den Gorgias zu sehen und zu sprechen, sondern auch einen Vortrag von ihm zu hören verbunden. Kurz, das καί kann keine Schwierigkeit machen. Wenn ich gleichwohl die andere Auffassung vorzog, nach welcher καὶ ἐπιδείξεται ὑμῖν mit dem unmittelbar vorhergehenden begründenden Satz verbunden und somit zu dem Vordersatz mit ὅταν der Nachsatz vermisst wird, so geschah es in der Erwägung, dass die mündliche Rede, die Platon so meisterhaft nachzuahmen versteht, die bequemere Form der grammatisch richtigeren meist vorzieht. Ueberdies ist weder die Auslassung des Hauptsatzes[1]) noch die Ver-

---

1) Vgl. u. a. die Bemerkung Hoffmanns (Prolegg. § 32) zu · II. Φ 487. Diese Stelle ist noch besonders zutreffend, weil dort ebenfalls eine doppelte Auffassung des Infinitivs θρέψεται besteht und auf alter Ueberlieferung beruht, der Auffassung desselben statt Imperativs neuerdings allgemein die andere Erklärung, bei der der Nachsatz als ausgelassen angesehen wird, die Oberhand gewonnen hat. Vgl. ausserdem A 540 und dazu die Bemerkung von Nägelsbach.

schiebung der Construction durch Anknüpfung eines Satzes an den nächstvorhergehenden statt an einen entfernteren etwas seltenes. Das gegen diese Auffassung von Wohlrab hier erhobene Bedenken scheint mir unbegründet. Denn worin bestände die Ungleichartigkeit der beiden durch καί verbundenen Sätze? Hier kommt doch nur ihre Beziehung auf die Einladung des Kallikles in Betracht; diese wird begründet sowohl durch den Umstand, dass Gorgias bei Kallikles wohnt als auch durch die daran geknüpfte Aussicht auf einen Vortrag desselben. Die Ergänzung des Nachsatzes möchte ich lieber, als aus ἥκειν, aus den vorhergehenden Reden, welche andeuten, dass Chärephon und Sokrates gekommen sind, um den Gorgias zu hören, entnehmen. Möge man übrigens aus der Verschiedenheit der Ansichten über die Art der Ergänzung keine Instanz gegen diese Auffassung entlehnen; denn mit gleichem Grunde könnte man die Ellipse bei εἰ oder ἐὰν μέν mit folgendem εἰ δὲ μή, die doch unzweifelhaft ist, bezweifeln.

447 C D. Zu dieser Stelle gedenkt Kratz einer Mittheilung von Professor Schnitzer, der ihn darauf aufmerksam macht, dass die angenommene Pause nicht, wie Kratz in seiner Ausgabe meint, vor den Worten ἐροῦ αὐτόν — soll wohl heissen Ὦ Χαιρεφῶν — sondern erst vor εἰπέ μοι zu denken sei. Kratz nimmt diese Berichtigung an; gewiss mit Recht. Wenn von einer Pause die Rede ist, kann sie nur vor die letzteren Worte fallen, mit denen sich Chärephon zum Gorgias wendet. Nur möge man sich dieselbe auch nicht gar zu bedeutend und wichtig denken. Es ist dies ein Punkt, wo die diegematische Form die Möglichkeit einer bequemen Vermittlung geboten hätte. Da nun aber der Schriftsteller diese nicht gewählt hat, so muss man wohl annehmen, dass Platon einer besonderen Vermittlung des Vorgespräches mit dem Hauptgespräch gar nicht zu bedürfen glaubte, also an eine Ortsveränderung bei diesem Uebergange gar nicht dachte und somit das Vorgespräch in der unmittelbarsten Nähe des Gorgias und seiner Umgebung vorgehen lässt. Dies mag uns vielleicht mit Rücksicht auf den Inhalt des Vorgespräches und besonders die den Gorgias betreffenden Aeusserungen etwas auffallend erscheinen. Aber ganz ohne solches, was uns befremdet, geht es nun einmal doch nicht ab. Dahin gehört z. B. der Umstand, dass Chärephon, der sich vorher einen Freund des Gorgias nannte, ohne alle besondere Begrüssung und Vorstellung seiner

Begleiters das Gespräch beginnt; ferner dass weiter unten Sokrates ohne alle Förmlichkeit in das Gespräch eintritt, gerade als ob die Gesellschaft in aller Form constituiert wäre. Das sind Eigentümlichkeiten antiker Einfachheit und Einfalt, welch letztere Bezeichnung wohl auch ein Kenner und Verehrer unseres feingebildeten Salonlebens in seinem Sinn gelten lassen würde.

448 E. Zuvörderst tadelt Kratz sich und andere Herausgeber, dass sie die von dem einzigen Vat. $\it{\Delta}$ dargebotene Lesart καὶ μάλα γε statt des einfachen καὶ μάλα aufnahmen: mit Recht; denn obwohl die genannte Handschrift zu den besten gehört, so steht sie doch dem Clarkianus an Autorität nach, die hier überdies noch durch die Uebereinstimmung der übrigen Handschriften verstärkt wird. Ebenso tadelt er die Aufnahme der Bekkerschen Verbesserung ἠρώτα statt ἐρωτᾷ, die er jetzt als unnöthig betrachtet, da nichts im Wege stehe, ἐρωτᾷ hier als *praesens historicum* zu lassen. Dieser Begründung scheint mir eine unrichtige Auffassung der beregten Spracherscheinung zu Grunde zu liegen. Als lebhafte Vergegenwärtigung einer vergangenen Handlung — dies ist doch wohl der Begriff, den die Grammatik mit dieser Bezeichnung verbindet — kann der Ausdruck hier nicht gefasst werden; denn sicht das verallgemeinernde οὐδείς im Wege. Fast scheint es, als hätte dies Kratz selbst gefühlt, da er noch eine andere Möglichkeit eröffnet, zu der er durch ein „jedenfalls" übergeht, nämlich ἐρωτᾷ als ein Präsens zu fassen, „in welchem ein fragte mit eingeschlossen oder vorausgesetzt ist." Irre ich mich nicht mit der Annahme, dass Kratz selbst seine erste Erklärung durch die zweite modificiert oder, da sie sich doch eigentlich einander ausschliessen, vielmehr zurücknimmt, so scheint er hier den Fall im Auge zu haben, von welchem Kr. 53, 1, 2 handelt. Und in der That hindert nichts, denselben Gebrauch für ἐρωτᾶν gelten zu lassen, der so oft bei λέγειν, ἀκούειν u. a. V. d. A. vorkommt. Nur will mir auch dazu das οὐδείς nicht recht passen, das in Verbindung mit dem Präsens dem Ausdruck eine Form gibt, die sich mit dem unmittelbaren Zusammenhang der Worte, namentlich mit der zunächst vorhergehenden Frage des Polos Οὐ γὰρ ἀπεκρινάμην ὅτι εἴη ἡ καλλίστη; nicht ganz wohl verträgt. Sokrates tadelt eine bestimmte Antwort des Polos als eine solche, die auf eine bestimmte an ihn gestellte Frage nicht passe. Es scheint mir daher hier ein Fall vorzuliegen, wie im Laches 199 C, wo Sokrates sagt: Μέρος ἄρα ἀνδρείας ἡμῖν,

ὦ Νικία, ἀπεκρίνω σχεδόν τι τρίτον· καίτοι ἡμεῖς ἠρωτῶμεν ἅλην ἀνδρείαν ὅτι εἴη. Dem Aorist ἀπεκρίνω folgt
auch hier das Imperfect ἠρωτῶμεν, beides von einer früher gestellten Frage und darauf gegebenen Antwort, die nun charakterisiert wird. Wie in dieser Stelle wird auch in jener die Frage
mit dem Optativ beigefügt. Kratz verwirft die Erklärung Stallbaums, der diesen Optativ als eine Art modaler Assimilation an
das vorhergehende εἴη in der Aeusserung des Polos betrachtet.
Auch ich vermag mich mit dieser Auffassung nicht zu befreunden,
wenn nicht zugleich eine entsprechende Conformität des Tempus
in den beiden regierenden Verben gewonnen wird, nach deren
Herstellung hinwiederum die Annahme Stallbaums unnöthig wird.
Kratz selbst verliert kein Wort über diesen Gebrauch des Optativs nach dem Präsens. Er hielt ihn also wohl für selbstverständlich; ob, weil er ἐρωτᾷ als historisches Präsens fasste, oder
weil er diese Form der modalen Verbindung überhaupt für zulässig betrachtet, bleibt zunächst zweifelhaft; ersteres scheint mir
nach dem Gesagten unzulässig; letzteres wäre wohl einer Begründung werth, da die Ansicht bis jetzt doch noch keine allgemeine
Geltung gewonnen hat. Ich für meinen Theil möchte aus den
oben angegebenen Gründen auch nach Stallbaums und Kratzens
Vertheidigung die Aenderung Bekkers festhalten.

449 CD. Die Vermuthung, welche Schnitzer in der Eos
(II S. 620) ausspricht, dass statt περὶ τί zu lesen sei περί τι,
hat auf den ersten Blick etwas ansprechendes; denn sie scheint
die Entwicklung erst auf ihren rechten Anfang zurückzuführen
und somit der behutsamen Genauigkeit des dialektischen Fort-
schrittes einen Dienst zu erweisen. Indessen sieht man doch aus
der Art der Weiterführung, dass Platon jene Vorfrage als eine
sich selbst beantwortende für unnöthig hält; denn sonst würde
er die Untersuchung wohl in einer ähnlichen Weise begonnen
haben, wie diejenige, die das folgende Capitel aufzuweisen hat.
Sichtlich aber ist der mit ἔτι δή beginnende Satz nur eine Er-
neuerung jener obigen mit φέρε δή eingeleiteten Frage, deren
Beantwortung durch die dazwischentretenden Beispiele hinausgeschoben und erst durch die Wiederholung derselben hervorgerufen
wird. Ich habe darum der angegebenen Vermuthung Schnitzer's,
die mir nicht unbekannt geblieben war, keinen Raum im Texte
gegeben. Die gleiche Ansicht spricht nun auch Kratz a. a. O.
S. 35 aus.

450 A. Die Stelle, welche Kratz in seiner Ausgabe in Uebereinstimmung mit Hermann also schrieb: Ἀρ' οὖν, ἣν νῦν δὴ ἐλέγομεν, ἡ ἰατρικὴ περὶ τῶν καμνόντων δυνατοὺς εἶναι φρονεῖν καὶ λέγειν; wünscht er nunmehr in der Weise umgestaltet zu sehen, dass er mit der Vulgata, die auch Stallbaum beibehält, und der Hälfte der Handschriften, unter denen eine der besten, der Vatic. Δ ist, vor ἣν καί als „geradezu unentbehrlich" einschaltet, ferner ἐλέγομεν mit fast allen Handschriften, darunter den besten, in λέγομεν verwandelt, endlich vor δυνατούς mit der geringeren Zahl der Handschriften, unter denen sich aber wiederum Δ befindet, ποιεῖ einschaltet. Dass letzteres etwas schwer aus einer nicht unmittelbar vorhergehenden Aeusserung des Sokrates ergänzt wird, erkannte schon Deuschle, glaubte aber der Ueberlieferung des Clarklanus mit der Mehrzahl der Handschriften, die ποιεῖ vor δυνατούς weglassen, dadurch am ehesten gerecht zu werden, dass er es mit Hirschig an die Stelle des immerhin überflüssigen (s. 449 E), wenn auch keineswegs unerträglichen und von allen Handschriften dargebotenen εἶναι setzt. Ich folgte seinem Vorgange, d. h. nahm keine Aenderung in seiner Textconstituierung vor, weil ich diesen Fall als einen solchen betrachtete, wo es fast kein sicheres Kriterium der Wahrheit gibt und der Wahrscheinlichkeit auf die eine wie die andere Weise Genüge geschehen dürfte; principiell richtig möchte wohl am ehesten Hermann's und Baiter's Verfahren sein, da ποιεῖ doch nicht absolut unentbehrlich scheint. Hier also bleibt es, wie so oft in solchen Dingen, bei der skeptischen ἐποχή.

Durch die Herstellung des überlieferten λέγομεν, statt dessen nur eine, freilich nicht zu verachtende Handschrift, der Vindob. Φ ἐλέγομεν bietet, tritt Kratz in Uebereinstimmung mit meiner Ausgabe, wahrscheinlich durch das Gewicht der von mir beigebrachten Stellen bewogen, unter denen das Beispiel aus den Gesetzen IV 708 A καὶ γὰρ ὃ νῦν δὴ λέγεις ἀληθὲς φράζεις insofern von besonderem Gewicht ist, als hier auch νῦν δὴ mit dem Präsens von einer eben gemachten Bemerkung gebraucht wird und eine Verschreibung bei dieser Form des Verbums weniger leicht zu denken ist, als bei λέγομεν. Indessen ist nicht zu leugnen, dass Heindorfs Ansicht, der Stallbaum beipflichtet, nicht gerade ganz aus der Luft gegriffen ist. Der Umstand, dass nicht die Kunst, um die es sich hier eigentlich handelt, sondern, wie z. B. unten 451 A ὧν νῦν δὴ ἔλεγον κτί., eine auf dem Wege der Inductionsmethode nur eben gelegentlich angedeutete andere Kunst gemeint ist, lässt das Präsens etwas weniger natürlich erscheinen, als in den anderen der angeführten Beispiele[1]. Und so möchte auch hier die allzu grosse Entschiedenheit der Behauptung nicht am Platze sein.

Was nun aber das καί vor ἦν betrifft, das Kratz als „geradezu unentbehrlich" erklärt, so möchte doch eine nähere Erwägung zu einem etwas anderen Ergebniss führen. Zuvörderst möchte es wohlgethan sein, gerade in solchen Fragen seinem deutschen Sprachgefühl nicht allzusehr zu vertrauen; denn in solchen Dingen macht sich der Individualismus der Sprachen am entschiedensten geltend. Zunächst also handelt es sich um die Forderung des Gedankens und des Zusammenhangs. Dass dieser das fragliche καί durchaus heischt, könnte man wohl mit besserem Grunde bestreiten als behaupten. Letzteres würde eigentlich die Weglassung der Worte περὶ τῶν καμνόντων nach ἡ ἰατρική voraussetzen, da die Uebereinstimmung der ἰατρική und ῥητορική nur darin besteht, dass die eine, wie die andere, δυνατοὺς ποιεῖ φρονεῖν καὶ λέγειν, gerade aber nicht περὶ καμνόντων, sondern dieses allein der ἰατρική zukommt. Unter diesen Umständen möchte doch die Lesart des Clark. und Vindob. Φ in Uebereinstimmung mit fünf anderen Handschriften nicht mehr bloss aus diplomatischen Gründen das grössere Recht für sich in Anspruch nehmen dürfen und dem καί vor ἦν fernerhin kein Platz in kritisch wohl constituirten Ausgaben gebühren.

450 D. Die Stelle lautet, wie sie überliefert ist, in den Ausgaben: τὰς τοιαύτας μοι δοκεῖ λέγειν, περὶ ἇς οὐ φῂς τὴν ῥητορικὴν εἶναι. Schleiermacher nahm an dem περὶ ἇς Anstoss und wünschte περὶ ἅ, das er sogar seiner Uebersetzung in der ersten Auflage zu Grunde legte, da περί sonst immer von dem Gegenstande gebraucht werde, und kehrt nur mit Widerstreben in der zweiten Auflage zu der überlieferten Lesart zurück. Dass die von Schleiermacher gewünschte Aenderung hier nach dem Wortlaut der Stelle unzulässig erscheint, erkannten alle Herausgeber nach ihm, und auch Kratz, der neuerdings in dem genann-

---

[1] Doch s. 453 E, wo ὥσπερ νῦν δή wohl nur durch λέγομεν ergänzt werden kann.

ten Blatt die Stelle zur Sprache bringt, erkennt es ausdrücklich
an, meint aber, dass Schleiermachers Einwendung gegen περί ἇς
doch nicht ganz ungegründet sei und der Ausdruck einer kurzen
Erörterung wohl bedürfe. Letzteres möchte ich eher zugeben,
als ersteres. Ein gegründeter Einwand könnte nur gegen die
Uebersetzung Schleiermachers, nicht aber gegen den griechischen
Ausdruck erhoben werden. Dieser besagt nicht, dass den genannten Künsten die Redekunst nicht beizuzählen ist, sondern dass
sie mit ihnen nichts zu thun hat, bei ihnen so gut wie gar
nicht zur Anwendung kommt, oder, wie Krohn sich ausdrückt,
gar keine Berührung und Beziehung zu ihnen hat, was bei
denjenigen Künsten, welche mit der Rhetorik das gemein haben, dass sie διὰ λόγου πᾶν περαίνουσι, nicht ebensosehr der
Fall sei.

Diese Erörterung leitet uns von selbst zu der Stelle, die mit
der eben besprochenen im engsten Zusammenhang steht. Sie
lautet, wie sie überliefert ist, folgendermassen: Ἕτεραι δέ γέ
εἰσι τῶν τεχνῶν αἳ διὰ λόγου πᾶν περαίνουσι καὶ ἔργου ὡς
ἔπος εἰπεῖν ἢ οὐδενὸς προσδέονται ἢ βραχέος πάνυ. οἷον ἡ
ἀριθμητικὴ καὶ λογιστικὴ καὶ γεωμετρικὴ καὶ πεττευτική γε
καὶ ἄλλαι πολλαὶ τέχναι, ὧν ἔνιαι σχεδόν τι ἴσους τοὺς λόγους ἔχουσι ταῖς πράξεσιν, αἱ δὲ πολλαὶ πλείους καὶ τὸ παράπαν πᾶσα ἡ πρᾶξις καὶ τὸ κῦρος αὐταῖς διὰ λόγων ἐστί.
Diese Stelle unterzieht Richter a. d. a. O. einer eingehenden
Besprechung, durch die zugleich der Beweis geliefert werden soll,
dass, wo nicht der gute Platon, doch sicherlich seine Abschreiber
und Erklärer bisweilen nicht ganz wachen Geistes sind. Welche
Stelle hier eine wohlgedachte Nutzanwendung findet, erkennt der
kundige Leser auch aus der Uebersetzung, in der ich das zu
librarios und *interpretes* gleichermassen gehörige Epitheton *deteriores* weggelassen habe, nicht so fast aus Eigenliebe, um mir
ein so wenig schmeichelhaftes Prädicat zu ersparen, als weil der
Comparativ doch weder zu dem einen noch zu dem anderen Substantiv passt. Denn hier sind ja alle *librarii* und alle *interpretes*, Erklärer wie Dolmetscher, und auch Kritiker, überhaupt
Herausgeber, in gleicher Verdammnis. Ich für meine Person
nehme mein bescheiden Theil des allen geltenden Vorwurfes gern
auf mich und gestehe, dass ich mit einiger Beschämung Richters
Erörterung las. Dieser also geht darauf aus zu beweisen, dass
πεττευτική nicht zu den Künsten gerechnet werden könne, αἳ

διὰ λόγου τῶν περαίνουσιν¹), und überhaupt keine Kunst sei, und dass endlich das fragliche Wort unerhört in der griechischen Sprache sei. Er schlägt demnach vor, entweder παιδευτική, oder mit Rücksicht auf 454 D — 455 A πιστευτική zu lesen. Letzteres möchten wir von vorneherein zurückweisen, da trotz der angeführten Stelle, wo πιστευτική Attribut zu πειθώ ist, eine πιστευτική τέχνη mit oder ohne Substantiv mindestens ebenso ungebräuchlich ist, wie παιτευτική, und wenn es gebräuchlich wäre, doch schon darum von Platon hier, wo es gilt, Beispiele von allgemein bekannten Gegenständen anzuführen, nicht gebraucht worden wäre, da es ja eben eine Bestimmung der Kunst ist, deren Begriff erst gesucht wird²). Sieht man somit von diesem Wort ab, so erscheint um so willkommener das andere, παιδευτική, das uns Schulmeister so recht anheimelt und auch vortrefflich an diese Stelle zu passen scheint, da ja jeder aus Erfahrung weiss, dass bei diesem Geschäft Lunge und Kehlkopf zumeist herhalten müssen und sonstige Hantierung entweder ganz erspart werden mag oder doch nur wenig in Betracht kommt — *nisi sit plagosus Orbilius* — wozu sich doch wenige aus freien Stücken bekennen werden. Ich nahm daher den Fund als wahres ἕρμαιον an und bedauerte nur, das Wort, dessen Verdrängung durch jenen Wildling sich noch überdies so leicht aus dem Itacismus erklärte, nicht in meiner Ausgabe gedruckt zu lesen. Indessen, als ich mir die Stelle nach dieser Weise vorlas, beschlich mich doch wieder ein Zweifel. Man weiss, woher dieser nach deutscher Sprüchwortsweisheit in letzter Instanz stammt; um ihn jedoch los zu werden, musste man ihm mit Gründen zu Leibe gehen. Ich sagte mir also zunächst: es ist eben wohl nur die liebe Gewohnheit, die dir widerstrebt, zumal du durch die Schulpraxis der früher geübten Reuchlinischen Aussprache wieder ganz entfremdet wurdest und die griechischen Sprachmeister, die uns College

---

1) Dieses Bedenken stieg mir, wie ich aus einer früheren bei der Lectüre von Deuschles Ausgabe gemachten Aufzeichnung ersehe, ebenfalls auf und veranlasste mich zu der Bemerkung, dass die *παιδεία* doch wohl keine sehr grosse Aehnlichkeit mit dem Damenspiel gehabt haben möge, weshalb denn auch die darauf bezüglichen Worte in der Anmerkung zu der Stelle gestrichen worden.

2) Ueberdies würde ja dieses Wort sich nicht der Empfehlung erfreuen, die dem anderen zu Statten kommt, dass das Verderbniss durch den Itacismus sich erklären lässt.

Scholz in Gütersloh über den Hals schicken will, noch nicht in unser Bödlein gekommen sind. Indessen, auch diese Auskunft wollte nicht verfangen. Zwar hat sich Pädeutik, soviel ich weiss, nicht ebenso wie Propädeutik in unserer geduldigen Muttersprache eingebürgert und dadurch das Ohr mit dem Laute vertraut gemacht; aber es ist auch nicht bloss dies äusserliche Widerstreben, sondern man fühlt dem Wort an, dass Laut und Begriff in den Platonischen Schriften nicht recht heimisch sind. Zwar kommt es im Sophistes vor und Schreiber dieser Zeilen hütet sich wohl, von den Aufstellungen Sochers und Schaarschmidts, denen neuerdings auch Ueberweg sich beigesellt, gegen den Platonischen Ursprung des Dialogs einen vorlauten Gebrauch zu machen. Allein, ganz abgesehen davon, ist doch aus jener Stelle in keiner Weise zu entnehmen, dass dieses Wort dem Schriftsteller so geläufig war, wie die drei anderen, mit denen es in Verbindung treten soll, oder überhaupt im gewöhnlichen Leben so gebräuchlich war, dass es sich gut zu einem solchen Beispiel eignete. Die Seltenheit des Wortes in den Schriften Platons könnte uns so befremdlicher scheinen, als die übrige Sippschaft von παιδεύειν so reichlich vertreten ist; letzteres hat seinen Grund in dem engen Zusammenhang, der zwischen der παιδεία und σοφία oder φιλοσοφία überhaupt besteht. In dieser Beziehung liegt die Vergleichung mit διδάσκειν nahe, zu dessen Sippschaft auch ein Adjectiv διδασκαλικός gehört, dessen Femininum auch als τέχνη nicht gerade ungebräuchlich bei Platon ist, sogar öfter vorkommt als die παιδευτική. Gleichwohl aber würde gewiss niemand die διδασκαλική für geeignet halten, neben den drei anderen τέχναι hier als Beispiel zu dienen; diesem Zwecke widerspräche die zu generelle Bedeutung des Wortes. Ganz derselbe Grund aber erweckt auch einiges Bedenken gegen παιδευτική und verstattet daher kein so freudiges Annehmen der jedenfalls scharfsinnigen Conjectur, als ich eigentlich wünschte. Man wende nicht ein, dass in der Stelle des Sophistes[1]) die παιδευτική wenigstens der διδασκαλική untergeordnet sei; das könnte bei einem andern Gattungsbegriff und Theilungsgrund sich auch anders gestalten. Wie nun, wird man fragen? Die παιδευτική sagt dir nicht zu?

---

1) 231 D: ἔστω δὴ διακριτικῆς τέχνης καθαρτική, καθαρτικῆς δὲ τὸ περὶ ψυχὴν μέρος ἀφωρίσθω, τούτου δὲ διδασκαλική, διδασκαλικῆς δὲ παιδευτική κτλ.

die πισταντική weisest du noch entschiedener ab? mit der überlieferten πεττευτική ist gar nichts anzufangen? soll etwa das beliebte Radicalmittel des κάειν καὶ τέμνειν Platz greifen? Im äussersten Falle freilich müsste man sich auch dazu entschliessen, obwohl nicht zu verkennen ist, dass hier in der Form der überlieferten Lesart noch besondere Gründe obwalten, die zur Behutsamkeit mahnen und eher noch ein anderes, gelinderes Mittel, von dem später die Rede sein soll, empfehlen würden. Zunächst aber ist noch die Frage aufzuwerfen: Ist die überlieferte Lesart auch wirklich in allen Formen Rechtens verurtheilt? Der κατήγορος hat gesprochen und zwar, wie es ihm zukommt, deutlich und entschieden. Hat aber auch der συνήγορος seine Schuldigkeit gethan? oder sollte eine durch nachweislich fast tausendjährige Ueberlieferung getragene Lesart von der bekannten Rechtswohlthat, die in Athen jedes abzuschaffende Gesetz genoss, ausgeschlossen sein? Das wäre doch wohl unbillig, und ich betrachte es demnach als meine Pflicht, doch erst noch die Gründe, welche für die Verwerfung der überlieferten Lesart geltend gemacht werden, näher zu prüfen. Dass die πεττευτική sonst nicht in dieser Form vorkommt, scheint seine Richtigkeit zu haben; doch legt auch Richter nicht allzuviel Gewicht auf diesen Umstand; mit Recht; denn sonst müssten ja alle ἅπαξ λεγόμενα verworfen werden. Es fragt sich also doch vor allem, ob gegen den Begriff etwas einzuwenden ist. Auf diese Frage antwortet Richter mit einem entschiedenen Ja! Es gibt wohl eine πεττεία, aber sie ist keine Kunst, sondern ein blosses Spiel, eine διατριβή, wie Platon selbst in den Gesetzen sagt, d. h. eine Unterhaltung zum Zeitvertreib, eine Beschäftigung; es gibt also keine πεττευτική τέχνη. Dieser Schluss mag eine gewisse Berechtigung haben, aber doch keine unbedingte; dies zeigt die eben doch sehr weit gehende Anwendung dieses Wortes bei Platon und anderen Schriftstellern[1]; ja im Phädrus[2], wo von den Erfindungen des Theuth

---

[1] Von jenen zahlreichen Namen, die in den Dialogen Σοφιστής und Πολιτικός erscheinen, ist freilich ganz abzusehen, da sie grösstentheils nicht im Leben gebräuchlich, sondern nur zu dem augenblicklichen Zweck gemacht zu sein scheinen.

[2] 274 D: τοῦτον δὴ πρῶτον ἀριθμόν τε καὶ λογισμὸν εὑρεῖν καὶ γεωμετρίαν καὶ ἀστρονομίαν, ἔτι δὲ πεττείας τε καὶ κυβείας, καὶ δὴ καὶ γράμματα. Die Ansicht von Gerhard Voss (de universae matheseos natura et constitutione über), unter der πεττεία und κυβεία seien nicht

die Rede ist, und sich an die γεωμετρία und ἀστρονομία die πεττείαι und κυβείαι und γράμματα anreihen, werden alle zusammen ausdrücklich τέχναι genannt. Also unerlaubt kann es doch nicht sein, von einer Kunst der πεττεία zu reden, wie man wohl auch heut zu Tage noch ohne alles Bedenken von der Schachspielkunst reden könnte. Hier aber, bei Erwähnung dieser Spielkunst, könnte mich gerade der κατήγορος fassen mit der Frage, ob ich etwa auch diese Kunst zu denen rechnen wolle, αἳ διὰ λόγου πᾶν περαίνουσιν; hier müsste ich nun antworten: gewiss nicht! Denn dass λόγος hier nicht als ratio, sondern oratio zu verstehen ist, darüber bin ich mit Richter ganz einverstanden. Ebensowenig aber wird man die πεττεία dazu rechnen können; auch das müsste ich wohl zugeben; und somit scheint die Sache erledigt: will man auch die Unzulässigkeit einer πεττευτικὴ τέχνη nicht überhaupt zugeben, von der fraglichen Stelle ist sie doch jedenfalls ausgeschlossen. Wenn freilich die oben erwähnten Worte allein zu berücksichtigen wären, dann müsste das wohl unbedingt zugegeben werden; da aber Sokrates die vorangeschickte Begriffsbestimmung, die auch bereits einen Unterschied (ἔργου ... ἢ οὐδενὸς προσδέονται ἢ βραχέος πάνυ) involviert, nach der Exemplification noch einmal und zwar mit verstärktem Ausdruck wiederholt, indem er unter den genannten Künsten die einen als solche bezeichnet, die schier gleich viel mit Reden als mit Handlungen es zu thun haben, während die anderen mehr

---

die betreffenden Spiele, sondern die Rechenkunst („*ars calculis et cubis innervata*") zu verstehen, verwirft Cantor (Mathematische Beiträge zum Kulturleben der Völker. Halle 1863), weil „damit den beiden Wörtern zu viel Zwang angethan werde". Auch der Pluralis, der für die verschiedenen Arten der beiden Spiele recht angemessen erscheint, möchte weniger auf das Rechnen mit Steinchen (sonst ψῆφοι genannt) passen; besonders aber, scheint mir, spricht die vorhergehende Erwähnung des Zählens und Rechnens (ἀριθμόν τε καὶ λογισμόν) dagegen. Erwähnenswerth sind auch jene Stellen, in welchen auf die Schwierigkeit dieses Spieles hingewiesen wird, wie im Πολιτικός (292 E) und in der Πολιτεία (II 374 C), die beide auch durch den Zusammenhang dafür sprechen, dass der Begriff der τέχνη nicht von der πεττεία auszuschliessen ist. Dort wird die Seltenheit der βασιλικὴ ἐπιστήμη durch Vergleichung mit der Seltenheit der ἄκροι πεττευταί erläutert, hier die Nothwendigkeit, der πολεμικὴ τέχνη, wenn man sie gründlich erlernen will, ausschliesslich obzuliegen, durch Verweisung auf jene Spiele dargethan, in denen man es nicht zur Vollkommenheit bringen könne, wenn man sie nicht von Jugend auf mit Fleiss betreibt.

in Reden bestehen und so zu sagen ganz im reden aufgehn¹), so wäre es doch möglich, die παττεία zu jener erstern Art zu rechnen, die immer noch von der γραφική und ἀνδριαντοποιία sich unterscheidet, deren Geschäft sich auch etwa mit Stillschweigen abmachen liesse. Nimmt man wieder das Schachspiel²) zu Hülfe, so wäre von diesem zuzugeben, dass das reden jedenfalls zum Spiel gehört; und die Frage Richters: *quis unquam homini muto eius modi ludo abstinendum esse sibi persuasit?* könnte schon um deswillen nicht verfangen, weil man dieselbe Frage mit gleichem Rechte auch gegen die ἀριθμητική und λογιστική und γεωμετρική erheben könnte; denn dass ein stummer sich statt der Rede mit Zeichen behelfen kann und im Nothfall auch zum schreiben seine Zuflucht nehmen kann, ist ohne Belang, indem es sich vielmehr nur darum handelt, ob das reden zur Sache gehört oder nicht. Wenn nun schon bei unserem schwerzüngigeren Volke doch wohl nicht leicht ein Knabenspiel ohne reden, und zwar nicht bloss beiläufiges, sondern auch dazu gehöriges abgeht, wie sollte bei dem redelustigen Griechen, besonders Athenern, an die man doch vorzugsweise immer denken muss, ein solches beliebtes Spiel ohne eine Beigabe von dazu gehörigen Reden abgegangen sein! Leider scheint die nähere Kenntniss dieser Spiele noch immer sehr lückenhaft zu sein. Die Beschreibung der beiden von Pollux (IX 97 f.) erwähnten Arten gewährt doch keine hinreichende Vorstellung von dem Gang des Spiels und den Vorkommnissen dabei; nur könnte das bei der ersten Art erwähnte und aus derselben abgeleitete Sprüchwort 'κίνει τὸν ἀφ' ἱερᾶς' immerhin auch an eine bei dem Spiel selbst übliche Aeusserung, die etwa mit unserm 'Schach dem König' verglichen werden könnte, denken lassen. Die zweite Art, die Becker lieber πόλεις als πόλις genannt wissen will, mag vielleicht noch mehr Gelegenheit und Veranlassung zu einschlägigen Aeusserungen gegeben haben. Ich muss mich also mit dieser allgemeinen Vermuthung begnügen, und möchte doch auch darauf einiges Gewicht legen, dass auch an andern Stellen die παττεία

---

1) ἂν ἴσαι σχεδόν τι ἴσους τοὺς λόγους ἔχουσι ταῖς πράξεσιν, εἰ δὴ μᾶλλον πλείους καὶ τὸ σαφέστατον πᾶσα ἡ πρᾶξις καὶ τὸ κῦρος αὐταῖς διὰ λόγων ἐστί.

2) Das kann hier geschehen, unbeschadet der von Hermann zu Beckers Charikles II S. 301 gegen den Scholiasten des Theokrit gemachten Bemerkung.

in irgend einer Form mit den anderen der hier genannten oder einer von den anderen Künsten oder Wissenschaften verbunden erscheint. Ausser der oben angeführten Stelle aus Phädrus und der von Richter in Betracht gezogenen aus den Gesetzen, die, wenn auch nicht zu dem Beweis, dass die πεττεία eine Kunst sei, doch jedenfalls zu dem eben genannten Zweck gut ist, kommt auch noch Charmides 174 D in Betracht, wo bei der Frage nach dem Gegenstand des Wissens in der σωφροσύνη beispielsweise neben dem πεττευτικόν das λογιστικόν genannt wird. Aus allen diesen Stellen ergibt sich nun zwar kein strenger und sicherer Beweis für die Richtigkeit der angefochtenen Lesart, doch aber einige Mahnung, sie nicht zu rasch über Bord zu werfen; denn das, was uns sehr natürlich an diesem Beispiel befremdet, könnte eben doch in der Eigenthümlichkeit der griechischen Anschauung und der Sokratischen Inductionsweise seinen Grund haben. Glaubt man aber gleichwohl der πεττευτική ihren Platz wenigstens an dieser Stelle, wohin sie die Ueberlieferung gesetzt hat, nämlich im Anschluss an die ἀριθμητική und λογιστική und γεωμετρική, bestreiten zu müssen, so möchte vor der Metamorphose in παιδευτική oder πιστευτική oder auch der vollständigen Verstossung aus dem Text die Versetzung hinter die γραφική und ἀνδριαντοποιία den Vorzug verdienen, wo sie um so leichter eine Stätte finden könnte, da dieselben Worte, wie unten, darauf folgten und auch das γέ in Rücksicht auf die vorhergenannten Künste hinlänglich gerechtfertigt wäre.*)

451 D habe ich in Uebereinstimmung mit Kratz und Wohlrab das von Hermann eingeklammerte τίς nach κυρουμένων wiederhergestellt, nicht aus sprachlichen, sondern aus diplomatischen Gründen. Denn als ein sicherer Beweis des späteren Ursprungs kann die Variante τινῶν in einigen Handschriften, unter denen sich der Clarkianus befindet, doch nicht gelten, obwohl andererseits auch von Wohlrab[1]) der Grad der urkundlichen Sicherheit etwas überspannt wird. In solchen Fällen gilt es eben, mit einem mehr oder weniger von Wahrscheinlichkeit vorlieb zu nehmen. Statt A(lbertus) Ialmius ist wohl E(duardus) zu schreiben.

453 E. ΣΩ. Πάλιν δὲ ἐπὶ τῶν αὐτῶν τεχνῶν λέγομεν ἅπερ νῦν δή· ἡ ἀριθμητικὴ οὐ διδάσκει ἡμᾶς ὅσα ἐστὶ τὰ τοῦ ἀριθμοῦ καὶ ὁ ἀριθμητικὸς ἄνθρωπος; ΓΟΡ. Πάνυ γε.

---

1) Fleckeisens Jahrbücher 1867 S. 149 f.

ΣΩ. Οὐκοῦν καὶ πείθει; ΓΟΡ. Ναί. ΣΩ. Πειθοῦς ἄρα δημιουργός ἐστι καὶ ἡ ἀριθμητική; ΓΟΡ. Φαίνεται. ΣΩ. Οὐκοῦν ἐάν τις ἐρωτᾷ ἡμᾶς· ποίας πειθοῦς καὶ περὶ τί; ἀποκρινούμεθά που αὐτῷ ὅτι τῆς διδασκαλικῆς τῆς περὶ τὸ ἄρτιόν τε καὶ περιττὸν ὅσον ἐστί κτἑ. Diese Stelle steht in deutlicher Beziehung zu einer früheren, die, weil es sich um das Verhältniss beider zu einander handelt, ebenfalls nach ihrem Wortlaut betrachtet werden muss. Es ist folgende: 451 B. ὥσπερ ἂν εἴ τίς με ἔροιτο ὧν νῦν δὴ ἔλεγον περὶ ἡστινοσοῦν τῶν τεχνῶν, ὦ Σώκρατες, τίς ἐστιν ἡ ἀριθμητικὴ τέχνη; εἴποιμ' ἂν αὐτῷ, ὥσπερ σὺ ἄρτι, ὅτι τῶν διὰ λόγου τις τὸ κῦρος ἐχουσῶν· καὶ εἴ με ἐπανέροιτο· τῶν περὶ τί; εἴποιμ' ἂν ὅτι τῶν περὶ τὸ ἄρτιόν τε καὶ περιττὸν ὅσα ἂν ἑκάτερα τυγχάνῃ ὄντα. εἰ δ' αὖ ἔροιτο· τὴν δὲ λογιστικὴν τίνα καλεῖς τέχνην; εἴποιμ' ἂν ὅτι καὶ αὕτη ἐστὶ τῶν λόγῳ τὸ πᾶν πυροιμένων· καὶ εἴ ἐπανέροιτο· ἡ περὶ τί; εἴποιμ' ἂν ὥσπερ οἱ ἐν τῷ δήμῳ συγγραφόμενοι, ὅτι τὰ μὲν ἄλλα καθάπερ ἡ ἀριθμητικὴ ἡ λογιστικὴ ἔχει· περὶ τὸ αὐτὸ γάρ ἐστι, τό τε ἄρτιον καὶ τὸ περιττόν· διαφέρει δὲ τοσοῦτον, ὅτι καὶ πρὸς αὑτὰ καὶ πρὸς ἄλληλα πῶς ἔχει πλήθους ἐπισκοπεῖ τὸ περιττὸν καὶ τὸ ἄρτιον ἡ λογιστική. In vorstehender Stelle ist die Lesart τυγχάνῃ, welche Dekker zwar nicht aus dem Text verdrängt, aber doch in seinen Comment. crit. verworfen und nach seinem Rath Stallbaum durch τυγχάνοι ersetzt hat, durch die Zürcher Ausgabe wieder in ihr Recht eingesetzt worden. Aber eben auf Grund dieser Lesart erwächst für Kratz eine Schwierigkeit in Bezug auf die spätere oben ebenfalls ihrem Wortlaut nach mitgetheilte Stelle. Ueber diese bemerkt Kratz a. a. O. S. 92: „Allein eben diese Stelle macht neue Schwierigkeiten. Ist nemlich hienach die Arithmetik dennoch ein Wissen von der Grösse des Geraden und Ungeraden, so fällt sie ja mit der Logistik, wie diese so eben erst definiert wurde, wesentlich wieder zusammen; denn ὅσον ἐστί bedeutet doch wohl etwas anderes als das unmittelbar vorher der Arithmetik zugeschriebene διδάσκειν, ὅσα ἐστὶ τὰ τοῦ ἀριθμοῦ. Vielleicht weiss mir diesen Widerspruch ein anderer zu lösen; inzwischen bin ich geneigt, dieses ὅσον ἐστί für eine jenem missverstandenen ὅσα ἂν etc. nachgebildete Glosse zu halten". Diese Neigung gestehe ich nicht theilen zu können, und zwar schon um der Stelle selbst willen, die durch Weglassung des angefochtenen Uebelsatzes, abgesehen von der fraglichen Bedeutung, schon etwas an Rundung und Natürlichkeit verlöre; dann sehe ich doch nicht recht ein, wie die unmittelbar vorhergehenden Worte ὅσα ἐστὶ τὰ τοῦ ἀριθμοῦ etwas anderes bedeuten sollen und was dieses andere sein soll, wenn es nicht eben auch die Grösse[1]) der Zahl ist. Man wird sich also doch wohl dazu verstehen müssen, die Betrachtung der Grösse einer Zahl nicht von der Arithmetik im Sinne Platons auszuschliessen. Dieser Annahme scheinen nun aber eben die in Bezug auf die Lesart schon oben erwähnten Worte zu widerstreben. Von diesen bemerkt Kratz: „Jenes ὅσα ἂν τυγχάνῃ kann nur bedeuten: wie gross auch das eine oder das andere sein mag, d. h. ohne Rücksicht auf die jedesmalige Grösse der einzelnen Zahl." Die bisher allgemeine Erklärung: „Wissen davon, wie gross wohl gerades und ungerades ist", verträgt sich so wenig mit dem Conjunctiv und ἂν als mit dem Begriffe von τυγχάνειν, das auf mathematische Resultate doch schwerlich anwendbar ist". Schon letztere Annahme möchte ich mir nicht unbedingt aneignen; denn τυγχάνειν nimmt in der That vielfach so sehr den Charakter eines bloss phraseologischen Wortes an, dass die in den Grammatiken empfohlenen adverbialen Ausdrücke eher dazu beitragen, den natürlichen Sinn der Stelle zu verdrehen oder zu verdunkeln, als zu erhellen. Wenn Xenophon in der Anabasis I 1, 2 sagt: ὁ μὲν οὖν πρεσβύτερος παρὼν ἐτύγχανε, so möchte ich daraus nicht schliessen, dass er gewöhnlich nicht bei Hofe war, und nur damals „gerade" anwesend war, sondern am liebsten einfach übersetzen: der ältere war zugegen, den Cyrus aber musste er erst kommen lassen. Doch soll auf diese Ansicht, die sich nur durch eine Vergleichung mehrerer Stellen vollkommen rechtfertigen liesse, um so weniger hier ein Gewicht gelegt werden, als von eigentlichen Rechnungsresultaten hier ohnedies nicht die Rede wäre. Und warum sollte der Ausdruck nicht passen für eine derartige Bezeichnung: gerade Zahlen sind 2, 4, 6 u. s. w., ungerade 1, 3, 5 u. s. w. wobei es natürlich gleichgültig ist, welche aus der ganzen Reihe man gerade nimmt. Dadurch modificirt sich aber auch etwas die Auffassung des modalen Verhältnisses, welches

---

[1]) Dass Grösse hier nicht in dem besonderen Sinne genommen wird, wie dieses Wort neuere Mathematiker, z. B. Ohm in seinem Lehrbuch der niedern Analysis gebraucht, nämlich in dem Sinn von benannten Zahlen, ergibt sich von selbst.

nicht besagt, dass auf die jedesmalige Grösse der einzelnen Zahl keine Rücksicht genommen wird, sondern nur, dass jede beliebige Grösse in dieser Hinsicht in Betracht genommen werden kann. Freilich möchte man immerhin noch genauer über das Wesen und den Unterschied der beiden mathematischen Wissenschaften[1]) unterrichtet sein, als es durch die hier gegebene Definition geschieht. Natürlich trägt auch die fast gleichlautende Erklärung der λογιστική im Charmides nichts zu weiterer Belehrung bei. Wichtiger in dieser Hinsicht ist die Erörterung im siebenten Buch des Staates[2]). Hier lässt zunächst die Unterscheidung des wissenschaftlichen und praktischen Zweckes der λογιστική, welcher letztere ausdrücklich auf den Gebrauch bei Kauf und Verkauf und das Interesse der Kaufleute und Krämer bezogen wird, an den Unterschied der Rechnung mit benannten und unbenannten Zahlen denken und nöthigt uns letzterer um ihres philosophischen Werthes willen eine hohe Stufe wissenschaftlicher Ausbildung zuzutrauen[3]). Es wird also *mutatis mutandis* wohl

---

1) Friedlein bemerkt in seiner neuesten Schrift „Die Zahlzeichen und das elementare Rechnen der Griechen und Römer etc. Erlangen, Deichert, 1869." S. 73 f. „Zuerst ist zu erwähnen, dass das Rechnen mit den Zahlen bei den Griechen Logistik (λογιστική, nach Snidas auch λογισμός) hiess und von der theoretischen Betrachtung der Zahlen, der ἀριθμητική, unterschieden wurde . . . Wenn es bei Lucian κ. παραςίτον 27 heisst: ἀριθμητική μὲν μία ἐστὶ καὶ ἡ αὐτὴ καὶ δὶς δύο παρά τε ἡμῖν καὶ παρὰ Πέρσαις τέσσαρά ἐστι καὶ συμφωνεῖ ταῦτα καὶ παρὰ Ἕλλησι καὶ βαρβάροις, so zeigt sich, dass mit ἀριθμητική auch die Zahlenlehre überhaupt bezeichnet werden konnte, zu welcher die Logistik als ein Theil gehört."

2) 525 C: ἐπὶ λογιστικήν ἰέναι μὴ ἰδιωτικῶς, ἀλλ' ἕως ἂν ἐπὶ θέαν τῆς τῶν ἀριθμῶν φύσεως ἀφίκωνται τῇ νοήσει αὐτῇ, οὐκ ὠνῆς οὐδὲ πράσεως χάριν ὡς ἐμπόρους ἢ καπήλους μελετῶντες, ἀλλ' ἕνεκα . . . αὐτῆς τῆς ψυχῆς . . μεταστροφῆς ἀπὸ γενέσεως ἐπ' ἀλήθειάν τε καὶ οὐσίαν. Diese höhere Rechenkunst führt Aristoxenus (Stob. Ecl. ph. I p. 16) auf Pythagoras zurück.

3) Dieser Annahme, die freilich nicht mit dem Anspruch einer wissenschaftlichen Begründung hier auftreten kann, widerspricht entschieden die Ansicht neuerer Mathematiker. Ich erwähne die Abhandlung von Oberlehrer Dr. Tillich „Über Grundlagen und Ausbau unserer Algebra als Unterrichtsgegenstand" in dem Programm der Realschule zu Berlin v. J. 1869, welches mir durch die Güte des Herrn Director Ranke kurz nachdem ich obenstehende Bemerkung niedergeschrieben, zukam. T. sagt S. 6 der genannten Schrift: „Die Arithmetik der Griechen bezog sich bekanntlich nur auf benannte Zahlen und beschränkte

manches von dem, was die neuere Mathematik Calcul und Analysis, wohl auch Arithmetik nennt, in der λογιστική vorgekommen sein und dagegen die ἀριθμητική mehr Verwandschaft mit dem, was man heut zu Tage Elementar-, auch niedere und höhere Zahlenlehre zu nennen pflegt, gehabt haben. Die Scholien in Hermann's Ausgabe bieten wenig Auskunft; mehr möchte wohl in den von Albert Jahn herausgegebenen Scholien des Olympiodorus (Jahrbücher für classische Philologie Suppl. XIV 1), die mir gerade nicht zu Gebote stehen, zu finden sein. Das Fragment aus der ἀριθμητική ἱστορία des Eudemus, welches in Spengels Ausgabe [1]) der Fragmente dieses Peripatetikers enthalten ist, steht an Umfang und Reichhaltigkeit nicht bloss hinter dem ersten Abschnitt, welcher die φυσικά umfasst, sondern auch hinter dem aus der γεωμετρική ἱστορία mitgetheilten, das vielfach auf Platon und selbst auch auf die ἀριθμητικαί ἀρχαί Bezug nimmt, weit zurück. Am meisten Belehrung möchte man sich von Theon aus Smyrna[2]) versprechen, dessen Schrift zum Behufe der Erklärung Platons Gelder mit Recht den Vorzug gibt vor den von Ast herausgegebenen *Theologumena arithmeticae* und der damit verbundenen *Institutio arithmetica* des Nikomachus von Gerasa, welche noch mehr auf die Pythagorische Lehre Bezug nehmen, und auch vor Euklides. Merkwürdig ist jedoch, dass, obwohl Theon in dem ersten Abschnitt, der von dem Nutzen und der Nothwendigkeit der Mathematik für das Verständniss Platon's handelt, die Stelle aus dem siebenten Buche des Staates, wo die ἀριθμητική und λογιστική unterschieden werden, in ziemlicher Ausdehnung mittheilt, er doch von diesem Unterschiede weiter keinen Gebrauch zu machen scheint und darum auch gerade für die gegenseitige Abgrenzung beider Gebiete wenig Auskunft bietet. Doch verdie-

---

sich somit auf die vier Species, die Grundoperationen der Addition und Multiplication nebst deren Umkehrungen" u. s. w. Natürlich ist hier Arithmetik in dem jetzt üblichen Sinn des Wortes zu verstehen und gleich der griechischen λογιστική. Dass diese Ansicht übrigens doch nicht eine ganz allgemein anerkannte ist, kann man schon aus der oben erwähnten Schrift Cantors ersehen, z. B. S. 96 ff.

1) *Eudemi Rhodii Peripatetici fragmenta quae supersunt collegit Leonardus Spengel. Berolini apud S. Calvary ejusque socium, 1866.*

2) *Theonis Smyrnaei Platonici expositio eorum quae in arithmeticis ad Platonis lectionem utilia sunt. Bullialdi interpretationem Latinam, lectionis diversitatem suamque annotationem addidit F. J. de Gelder. Lugduni Batavorum 1827.*

nen die Ueberschriften der einzelnen Abschnitte mitgetheilt zu werden, da sie einen Begriff von den behandelten Gegenständen geben. Sie lauten nach dem bereits erwähnten ὅτι ἀναγκαῖα τὰ μαθήματα: περὶ ἀριθμητικῆς. περὶ ἑνὸς καὶ μονάδος. τίς ἀρχὴ ἀριθμῶν; περὶ ἀρτίου καὶ περιττοῦ. περὶ πρώτου καὶ ἀσυνθέτου. περὶ συνθέτου ἀριθμοῦ. περὶ τῆς τῶν ἀρτίων διαφορᾶς· περὶ ἀρτιάκις ἀρτίων. περὶ ἀρτιοπερίττων. περὶ περισσάκις ἀρτίων. περὶ ἰσάκις ἴσων. περὶ ἀνισάκις ἀνίσων. περὶ ἑτερομήκων. περὶ παραλληλογράμμων ἀριθμῶν. περὶ τετραγώνων ἀριθμῶν. ὅτι οἱ τετράγωνοι μέσους τοὺς ἑτερομήκεις λαμβάνουσιν. περὶ προμηκῶν ἀριθμῶν. περὶ ἐπιπέδων ἀριθμῶν. περὶ τριγώνων ἀριθμῶν πῶς γεννῶνται καὶ περὶ τῶν ἑξῆς πολυγώνων. περὶ τῶν ἑξῆς πολυγώνων. περὶ ἰσάκις ἴσων καὶ ἀνισάκις ἀνίσων. περὶ ὁμοίων ἀριθμῶν. περὶ τριγώνων ἀριθμῶν. περὶ κυκλοειδῶν καὶ σφαιροειδῶν καὶ ἀποκαταστατικῶν ἀριθμῶν. περὶ τετραγώνων ἀριθμῶν. περὶ πενταγώνων ἀριθμῶν. περὶ ἑξαγώνων ἀριθμῶν. ὅτι ἐκ δύο τριγώνων τὸ τετράγωνον. περὶ στερεῶν ἀριθμῶν. περὶ πυραμοειδῶν ἀριθμῶν. περὶ πλευρικῶν καὶ διαμετρικῶν ἀριθμῶν. περὶ τελείων καὶ ὑπερτελείων καὶ ἐλλειπῶν ἀριθμῶν. Mehrere dieser Ueberschriften erinnern an die mathematische Stelle im Theätet[1]), in welcher auch die Worte τῆς τε τρίποδος πέρι καὶ πεντέποδος ... καὶ οὕτω κατὰ μίαν ἑκάστην προαιρούμενος μέχρι τῆς ἑπτακαιδεκάποδος für die richtige Auffassung der Worte ὅσα ἂν τυγχάνῃ ὄντα im Gorgias verwendet werden können, da sie einerseits diesem Ausdruck entsprechen, andrerseits aber zeigen, dass die Grösse der einzelnen Positionen allerdings in Betracht kommt, wenn sie auch schliesslich für den gewonnenen Begriff gleichgültig ist. Ich möchte daher der von Kratz empfohlenen Streichung der Worte ὅσον ἐστί (453 E) vorläufig nicht beistimmen, ehe die Nothwendigkeit schlagender bewiesen ist.

453 C ὥσπερ ἂν εἰ ἐτύγχανόν σε ἐρωτῶν τίς ἐστι τῶν ζωγράφων Ζεῦξις, εἴ μοι εἶπες ὅτι ὁ τὰ ζῷα γράφων, ἆρ' οὐκ ἂν δικαίως σε ἠρόμην ὁ τὰ ποῖα τῶν ζώων γράφων καὶ ποῦ; Diese Worte gehören ebenso, wie die beiden eben besprochenen Stellen, derselben müssen Erörterung an, welche dazu bestimmt ist, den Begriff der Redekunst zu gewinnen, und bietet

---

[1] 147 D ff.

ebenfalls ihre beträchtlichen Schwierigkeiten. Um von früheren
Erklärungs- und Heilungsversuchen zu schweigen, so glaubte
Deuschle καὶ ποῦ in ἦ οὖ verwandeln. H. Schmidt im Wittenberger Osterprogramm 1860 dieselben ganz streichen, Stallbaum
in Uebereinstimmung mit J. A. C. van Heusde und A. Gennadios
καὶ ποῦ οὖ herstellen zu müssen. Keck in der Recension von
Deuschles Ausgabe[1]) versucht die Worte dadurch zu retten, dass
er sie mit verändertem Accent καί ποῦ zu der folgenden Antwort des Gorgias zieht. Gegen diese Massregel erklärt sich entschieden Kratz (Würtemb. Correspondenzblatt v. 1864 S. 8 f.),
weil sie eine unerträgliche Wörterverbindung zu Tage fördern,
und spricht sich eventuell für Streichung aus, falls ein dargebotener Erklärungsversuch nicht annehmbar erscheinen sollte.
Derselbe geht dahin καὶ ποῦ als stellvertretend für die Frage
nach dem τί; zu betrachten, was insofern weniger befremdlich
erscheine, als der Ort z. B. ein Tempel auch für die Bestimmung
eines Bildes, z. B. für den Götterdienst, und diese hinwiederum
für den Stil massgebend sei. Ein rechtes Vertrauen zu dieser
Erklärung hatte übrigens Kratz selbst nicht, und gab sie daher
in seiner Ausgabe des Gorgias (Anhang S. 100) gegen die von
Stallbaum nach Rouths Vorgang früher vorgeschlagene, aber von
demselben damals bereits wieder aufgegebene Aenderung in καὶ
πῶς wieder auf. Eine von mir ihm brieflich mitgetheilte und
später in Fleckeisen's Jahrbüchern abgedruckte Deutung der Worte
καὶ ποῦ, wornach die ganze zweitheilige Frage in dem Sinne
gefasst werden könnte, dass darauf zu antworten wäre: der Maler
der Helena in Kroton oder, wäre nach Polygnotos gefragt, der Maler
der Wandgemälde in der ποικίλη στοᾷ zu Athen u. a. d. A.,
weist derselbe auch nicht geradezu ab. Ob er sie auch jetzt noch
einigermassen annehmbar findet oder wieder entschieden verworfen hat, weiss ich nicht, da die Stelle nicht unter den neuerdings
(s. oben) besprochenen vorkommt. Ob von anderer Seite dieser
Deutung Zustimmung oder Widerlegung zu Theil geworden ist,
ist mir ebenfalls unbekannt. Vielleicht ist sie einer Erwägung
nicht unwerth. Das gegen dieselbe erhobene Bedenken, dass
Zeuxis eine Helena für Kroton, schwerlich aber in Kroton gemalt
habe, dürfte sich schon dadurch erledigen, dass es erstlich auf
Wandgemälde ohne dies keine Anwendung findet, aber auch für

---

1) Fleckeisens Jahrbb. 1861 S. 413 f.

Tafelgemälde, mit denen etwa Tempel oder andere öffentliche Gebäude ausgeschmückt wurden, wohl kaum von Belang ist, da vielmehr wahrscheinlich in den meisten Fällen der Künstler dort sein Bild malte, wo es seine bleibende Stätte finden sollte; was nun aber speciell das beregte Bild betrifft, so dürfte man auf Grund der bekannten Erzählung bei Cicero de Invent. II 1 das „schwerlich" getrost nicht bloss in ein „wahrscheinlich", sondern sogar in ein „sicherlich" verwandeln. Weiter kommt in Betracht das Particip ὁ.. γράφων. Ich sehe ganz ab von der anderen a. a. O. erwähnten Möglichkeit, auf die ich kein Gewicht legen möchte, und fasse es in demselben Sinne, wie die bekannten Ausdrücke ὁ γράφων, ὁ τιθείς νόμον d. h. der Antragsteller, der Gesetzgeber, oder, verbal ausgedrückt, der den Antrag gestellt, das Gesetz gegeben hat. So glaube ich allerdings auch jetzt noch, dass die von mir versuchte Deutung der überlieferten Lesart sprachlich und sachlich besser sich empfiehlt, als die von Kratz a. a. O. und anderen dargebotenen Erklärungen, deren Unzuträglichkeit ich a. a. O. bereits dargelegt[1]) habe. Nimmt ein aufmerksamer Leser auch nach diesem Versuch, die überlieferte Lesart zu rechtfertigen, noch Anstoss an der Stelle, so wird sich derselbe wohl nur auf die methodologische Seite des in Anwendung gebrachten Beispiels beziehen können. Ich will nicht verhehlen, dass ich in dieser Hinsicht auch nach dem a. a. O. bereits bemerkten nicht ganz frei von Bedenken bin. Ob dasselbe stark genug ist, um zu dem proponierten Radicalmittel zu nöthigen, ist die Frage.

453 E hält Stallbaum für nothwendig, nach Herstellung der bestbeglaubigten Lesart πάλιν δή den schlechtbeglaubigten Conjunctiv λέγωμεν aufzunehmen. Dass dieser ganz wohl am Platz wäre, ist keine Frage; wohl aber ob der Indicativ unzulässig erscheint in dem Sinn, wie wir etwa auch im Deutschen sagen könnten: wiederum denn nehmen wir die genannten Künste zum Beispiel.

454 D beanstandet Keck die überlieferte Lesart δῆλον γὰρ αὖ ὅτι οὐ ταὐτόν ἐστιν und will dafür δῆλόν γ' ἄρ' αὖ κτέ. geschrieben haben, da S. erst beweisen wolle, dass wissen und

---

1) Zu den dort erwähnten Deutungen füge ich noch die von van Stégeren (Mnemosyne III 4), der das μέν versteht in dem Sinne von 'worauf, auf welchem Grunde'.

glauben nicht dasselbe sei, das zu beweisende aber doch nicht in ein begründendes Verhältniss zu der Antwort des Gorgias treten könne. Es ist nicht zu verkennen, dass der geführte Beweis nahezu zwingend erscheint; findet derselbe nun doch keine Folge, so mag die besondere Natur der geführten Erörterung Ursache sein. In dieser Hinsicht ist nicht zu übersehen, dass die Aeusserung des Sokrates doch auch als eine wiederholte Bestätigung der schon früher von Gorgias gegebenen¹) und von Sokrates als richtig befundenen²) Antwort zu betrachten ist und dass die Weiterführung der Erörterung, welche Sokrates mit ἀλλὰ μὴν beginnt³), auch unmittelbar an die oben angeführten Wechselreden angeknüpft werden könnte, ohne dass die Untersuchung formell dadurch eine Lücke bekäme. Die mit γνώσει δὲ ἐνθένδε beginnende Auseinandersetzung dient daher nur zur nachträglichen Begründung und Bestätigung der bereits von Gorgias gegebenen richtigen Antwort, welche darin gefunden wird, dass der Glaube zwar ebensogut falsch wie wahr, das Verständniss dagegen nicht ebenso beide Eigenschaften haben kann; dadurch wird aber auch die lebhaftere Form der Zustimmung zu der entschiedenen Antwort des Gorgias, welche in οὐδαμῶς gegeben ist, motiviert, gleichsam: du hast Recht, dies so entschieden zu verneinen; denn auch diese Erörterung bestätigt wieder deine oben bereits ausgesprochene Behauptung, dass glauben und verstehen nicht dasselbe ist. Diese lebhafte Form der Entgegnung, die der griechischen Weise der Gesprächführung so geläufig ist, entspricht auch vollkommen dem inneren Verhältniss der Gedanken; denn wäre πίστις und ἐπιστήμη dasselbe, so könnte nicht von der letzteren das ausgeschlossen werden, was von der ersteren gilt. Damit möchte ich vor Keck die unveränderte Beibehaltung der überlieferten Lesart gerechtfertigt haben *).

456 D habe ich in dem kritischen Anhang m. Ausg. die bestbeglaubigte Lesart ὅπῃ, die nach Bekker's Vorgang durch das von wenigen sonst nicht massgebenden Handschriften dargebotene und von Heindorf bereits geforderte ὅποι in den neueren Aus-

---

1) Οἴομαι μὲν ἔγωγε, ὦ Σώκρατες, ἄλλο νάμlich εἶναι μεμαθηκέναι καὶ πεπιστευκέναι.

2) Καλῶς γὰρ οἴει.

3) Ἀλλὰ μὴν οἵ τέ γε μεμαθηκότες πεπεισμένοι εἰσὶ καὶ οἱ πεπιστευκότες.

gaben verdrängt worden war, wieder hergestellt. Ich bemerke dies hier, um noch hinzufügen, dass schon Dernhardy (w. Synt. S. 350) sich derselben mit Nachdruck angenommen hat. Stallbaums Widerspruch scheint mir unbegründet, und wendet sich auch mehr gegen Asts Erklärung*).

457 D: Οἶμαι, ὦ Γοργία, καὶ σὲ ἔμπειρον εἶναι πολλῶν λόγων καὶ καθεωρακέναι ἐν αὐτοῖς τὸ τοιόνδε, ὅτι οὐ ῥᾳδίως δύνανται περὶ ὧν ἂν ἐπιχειρήσωσι διαλέγεσθαι διορισάμενοι πρὸς ἀλλήλους καὶ μαθόντες καὶ διδάξαντες ἑαυτοὺς οὕτω διαλύεσθαι τὰς συνουσίας, ἀλλ' ἐὰν περί του ἀμφισβητήσωσι καὶ μὴ φῇ ὁ ἕτερος τὸν ἕτερον ὀρθῶς λέγειν ἢ μὴ σαφῶς, χαλεπαίνουσί τε καὶ κατὰ φθόνον οἴονται τὸν ἑαυτῶν λέγειν, φιλονεικοῦντας ἀλλ' οὐ ζητοῦντας τὸ προκείμενον ἐν τῷ λόγῳ· καὶ ἔνιοί γε τελευτῶντες αἴσχιστα ἀπαλλάττονται, λοιδορηθέντες τε καὶ εἰπόντες καὶ ἀκούσαντες περὶ σφῶν αὐτῶν τοιαῦτα, οἷα καὶ τοὺς παρόντας ἄχθεσθαι ὑπὲρ σφῶν αὐτῶν, ὅτι τοιούτων ἀνθρώπων ἠξίωσαν ἀκροαταὶ γενέσθαι. So lautet die überlieferte Lesart. Heindorf führt die Variante des Cod. Augustan. an φιλονεικοῦντες und ζητοῦντες, verwirft dieselbe aber als nicht im Einklang stehend mit der bald darauf folgenden Stelle 457 E: φοβοῦμαι οὖν διελέγχειν σε, μή με ὑπολάβῃς οὐ πρὸς τὸ πρᾶγμα φιλονεικοῦντα λέγειν τοῦ καταφανὲς γενέσθαι, ἀλλὰ πρὸς σέ. Hirschig dagegen, dem Deuschle folgte, nahm φιλονεικοῦντες und ζητοῦντες in den Text, während ich mit Hermann und Stallbaum ebenso wie Jahn und Kratz der überlieferten Lesart treu blieb, nicht jedoch ohne ausdrücklich zu bemerken, dass mir die Lesart des Augustan. noch besser dem Zusammenhang zu entsprechen schiene. Massgebend für diese Ansicht ist das zweite mit ἀλλά beginnende Glied, das gewiss natürlicher das Urtheil des Sokrates als den Vorwurf, den die streitenden sich einander machen, ausdrückt, während das erste Glied wohl ebenso gut in diesem wie in jenem Sinne gebraucht werden kann. Da nun aber das zweite Glied doch fast als der negative Parallelismus des ersten betrachtet werden kann und der Gedanke, dass solche Leute es sich eben gar nicht anders denken können, als dass der Gegner nur um Recht zu behalten, nicht um die Sache zu ergründen widerspricht (vgl. 515 B), so hatte die Autorität der Handschriften so viel Gewicht in meinen Augen, dass ich der Lesart einer, die eher als eine wohlgedachte Verbesserung von späterer Hand, als umgekehrt,

kann gedacht werden, doch nicht glaube den Vorzug geben zu dürfen. Diese Ansicht möchte ich auch jetzt noch fest halten, obwohl Kratz, der früher in seiner Ausgabe die Vulgata ohne Bemerkung belassen hatte, jetzt a. d. a. O. S. 34 dieselbe entschieden verwirft.

Die unmittelbar folgenden Worte in der oben ausgeschriebenen Stelle haben dem scharfsinnigen Holländer Naber Anlass zur Annahme eines Glossems gegeben. Er will nämlich die Worte λοιδορηθέντες τε καί ausscheiden. Es ist nicht zu leugnen, dass die Stelle ohne dieselben weder an Inhalt noch an Kraft des Ausdrucks etwas vermissen liesse, ja dass sie in unsern Augen an Leichtigkeit und Abrundung eher gewinnen als verlieren würde. Gleichwohl aber wird man gut thun, in solchen Fällen seinem Geschmacke nicht allzuviel zu trauen. Die Griechen waren nun einmal φιλομέτοχοι und Platon nicht am wenigsten unter ihnen; ihre Sprache hat eben die Fähigkeit, bei gehäuften Participien den Satz doch nicht ungelenk erscheinen zu lassen; und obwohl zuzugestehen ist, dass λοιδορηθέντες seiner Bedeutung nach sich ganz wohl eignete, als Erklärung von εἰπόντες καὶ ἀκούσαντες τοιαῦτα κτλ. zu gelten, so hat es doch auch für sich eine gute Bedeutung, indem es das αἰσχιστα ἀπαλλάττονται mit der folgenden Ausführung kräftig vermittelt, jenes erklärend und durch dieses selbst wieder - näher erklärt. Indessen möchte ich doch hier eher noch dem Urtheil Nabers beipflichten, als 452 A, wo Naber das Wort ὑγίεια aus dem Texte verstossen will. Er hat hier gewissermassen Heindorf zum Vorgänger, der mit seinem Sinn bemerkt: „*commode careas alterutro, ὑγίεια aut ὑγιείας, sed ferri utrumque potest in stilo familiarem sermonem imitato.*" Ich meinerseits möchte nun wohl einen Schritt weiter gehen in der Rechtfertigung des angefochtenen Delsatzes. Allerdings könnte ὑγίεια nach dem Ausdruck πῶς γὰρ οὔ, φαίη ἄν ἴσως, ὦ Σώκρατες, ganz wohl fehlen; dann würde aber wahrscheinlich die Fortsetzung τί γὰρ ἔστι μεῖζον ἀγαθὸν ἀνθρώποις ὑγιείας statt τί δ' ἐστὶ κτλ. lauten. — In beiden Fällen ist Hirschig, wenn ich nicht irre, mit Naber einverstanden. — Beiläufig mag nur noch bemerkt werden, dass, wenn man ersterem folgen wollte, 458 A durch die Schreibung εἴ τι μὴ ἀληθὲς λέγοιμι statt λέγω, um eine Uebereinstimmung mit dem folgenden εἴ τίς τι μὴ ἀληθὲς λέγοι herzustellen, eine feine Nüancierung des Ausdrucks, zu welcher die griechische Sprache durch ihren ausgebildeten Modusgebrauch so sehr befähigt ist, verwischt würde °).

Ein ähnlicher Fall liegt 458 C vor. Hermann hat auf Grund der besten Handschriften in den Text gesetzt: σκοπεῖν οὖν χρὴ καὶ τὸ τούτων, μή τινας αὐτῶν κατέχομεν βουλομένους τι καὶ ἄλλο πράττειν. Stallbaum behält auch in der dritten Auflage den Conjunctiv κατέχωμεν mit der Bemerkung: „Cujus usus ignoratio videtur peperisse κατέχομεν". Sehr unwahrscheinlich! Da vielmehr eher die Entstehung der anderen Lesart auf diese Weise erklärt werden könnte. Beide Modi unterscheiden sich eben durch eine verschiedene Schattierung des Ausdrucks; der Conjunctiv bezeichnet das, was man von vornherein verhüten will, der Indicativ aber das, was am Ende doch schon vorhanden ist; daher letzterer gern beim Perfect. Uebrigens hat gewiss Aken Recht, wenn er nichts von der Erklärung durch die Form der Frage wissen will. Diese ist jedenfalls unnöthig, würde aber bisweilen sogar den Sinn verdrehen.

459 C hat Hermann mit Recht geschrieben: ἐάν τι ἡμῖν πρὸς λόγον ᾖ statt πρὸς λόγου, welches allerdings die Autorität der Handschriften für sich, den Sprachgebrauch aber gegen sich hat. Darum folgten ihm auch die neueren Ausgaben, nicht aber Stallbaum, der in der dritten Auflage schreibt: „Non opus est πρὸς λόγον invitis libris nuper Platoni obtrusum, licet hac ipsa formula alibi usus sit philosophus, sicuti ostendimus ad Protagor. p. 343 D et Phileb. p. 33 B." An beiden Stellen aber führt Stallbaum in der zweiten und dritten Auflage des Protagoras und der Gothaner Ausgabe des Philebus nur Stellen für den Accusativ an.

460 B C. Die vielbesprochene und in ihrem überlieferten Wortlaut viel angefochtene Stelle unterzieht nach Schmidt und Keck neuerdings Wohlrab a. a. O. S. 9 ff. einer eingehenden und gründlichen Erörterung, deren Ergebniss ist, dass nicht bloss βούλεσθαι vor δίκαια πράττειν, welches schon Bekker in Uebereinstimmung mit Schleiermacher tilgt, sondern auch alle Wechselreden, welche der darauf folgenden Antwort des Gorgias folgen, also von dem ersten οὐδέποτε ἄρα an bis οὐ φαίνεταί γε, von späterer Hand beigefügt seien[1]). Ich konnte mich nicht

---

[1]) Sonderbar deucht mich, dass Wohlrab sogar die Auslassung der Worte τόν δὲ ῥητορικόν ... ὁ ῥητορικὸς ἀδικεῖν im Cod. Paris. A,

entschliessen, dieser Ansicht zu folgen, da die vom Sokratischen Standpunkte aus allerdings überflüssige Weiterführung dem Gorgias gegenüber, und zwar gerade hier, wo ihm ein Widerspruch nachgewiesen werden soll, doch von Bedeutung sein kann, um ihm nämlich jede Hinterthüre zu versperren, also auch die Ausrede abzuschneiden, dass der Redner, wenn er auch gleich als τὰ δίκαια μεμαθηκώς und somit δίκαιος gerecht handelt, doch auch wohl einmal, wenn er Lust dazu habe, seine Kunst in ungerechter Weise anwenden, also ungerecht handeln könne. Dieser Ausweg wird ihm so zu sagen ganz äusserlich wie mit einem Wall von Zugeständnissen verlegt und dadurch das φαίνεται . . οὐκ ἄν ποτε ἀδικήσας im voraus sicher gestellt. Freilich besteht noch die Instanz, welche aus Quintilians Citat entnommen wird. Dieser sagt nämlich ganz bestimmt: *Itaque disputatio illa contra Gorgiam ita clauditur:* οὐκοῦν ἀνάγκη τὸν ῥητορικὸν δίκαιον εἶναι, τὸν δὲ δίκαιον βούλεσθαι δίκαια πράττειν[1]). *Ad quod ille quidem conticescit, sed sermonem suscipit Polus e. q. s.* Dass aber dieses Citat nicht beweiskräftig ist, zeigt sich auf den ersten Blick; denn wollte man nach dieser Anführung den Platonischen Text constituiren, so müsste man offenbar nicht bloss die von Wohlrab verworfenen Worte mit dem vorangehenden φαίνεται γε, sondern auch das ganze folgende Capitel, d. h. die Worte von μέμνησαι οὖν λέγων an bis ὥστε ἱκανῶς διασκέψασθαι einfach streichen. Das will nun auch Wohlrab nicht, sondern hilft sich mit der Behauptung, dass mit den angeführten Worten die eigentliche Erörterung (*disputatio*) allerdings geschlossen sei, indem das 15. Capitel nur das Resultat der vorhergehenden Erörterung enthalte; und was namentlich das *conticescit* betreffe, so könne man diesen Ausdruck ganz gut von dem gebrauchen, der nicht mehr widerspricht, sondern alles zugibt, was der

---

„*qui est in optimis*" (?), zu Hülfe nimmt, da doch der Grund der Auslassung hier unverkennbar in einer Augenverirrung wegen des wiederholten Endwortes ἀδικεῖν liegt und das nach ἀνάγκη allerdings unbrauchbare οὐ φαίνεται γε ein deutlicher Beweis des Verderbnisses, nicht aber, wie Wohlrab will, mit in die Lücke hineinzuwerfen ist.

[1]) Wohlrab fügt in dem Citat καὶ vor πράττειν bei; auf welche Autorität, kann ich weder aus Gernhard noch Bonnell noch Halm ersehen. Das πράσσειν des ersteren, welches die *lectio B* bei Halm für sich hat, könnte wohl dem lat. Rhetor zugeschrieben werden, wenn nicht die *lectio A* für die andere Form spräche.

andere behauptet. Merkwürdig, dass Wohlrab nicht wahrnimmt, dass er mit dieser Zurechtlegung den ganzen aus der Anführung bei Quintilian entlehnten Beweisgrund entwaffnet; denn wenn Gorgias in dem von Wohlrab als echt anerkannten letzten Theil des Gespräches zwischen Sokrates und Gorgias allerdings nur solche Antworten gibt, wie ἐρρήθη, φαίνεται, ναί, so lauten die in dem von Wohlrab verworfenen Abschnitt ἀνάγκη, ναί, οὐ φαίνεταί γε; also das *conticescit* Quintilians spricht auch nicht gegen diesen Theil, ja es könnte schon für alle die Antworten gelten, die Gorgias von den Worten des Sokrates ἔχε δή ... παρὰ σοῦ an gibt. Diese werden nun von Quintilians *conticescit* nicht betroffen, zeigen aber, dass man dieses Wort nicht in dem Sinn verstehen darf, wie es Wohlrab deuten will, sondern vielmehr, dass man auf die ganze Anführung, die vielleicht aus dem Gedächtnis oder einem oberflächlichen Einblick entnommen war, keine grossen Schlüsse bauen darf. Das gleiche gilt von dem *clauditur*. Quintilian legt mit Recht auf die ausgeschriebenen Worte alles Gewicht, da sie am kürzesten und entschiedensten den Gedanken ausdrücken, um den es dem Rhetor zu thun ist. Die eigentliche Absicht Platons eignet er sich nicht an; er geht nur darauf aus, die Ansicht derjenigen zu widerlegen, die aus dem Platonischen Dialog Waffen gegen die Rhetorik entnehmen; dazu dient vortrefflich die angeführte Aeusserung des Sokrates und die angenommene schweigende Zustimmung des Gorgias; dass das weitere Gespräch der beiden zu diesem Zweck unnöthig ist, — wer wollte das verkennen? Ja sogar störend für diese Absicht wäre der Inhalt des letzten Abschnittes bis zu dem Punkt, auf welchen das *conticescit* des Rhetors vollständig und ohne weitere Deutung passen würde; darum lässt er diesen unberücksichtigt; dass aber die „*disputatio Socratis contra Gorgiam*" im Sinne Platons mit den oben erwähnten Worten geschlossen sei, möchte ich nicht behaupten; dies ist offenbar erst der Fall, nachdem Sokrates den Rhetor zu dem Zugeständniss gedrängt hat, dass seine Aeusserungen über die Kunst, die er treibt und lehrt und empfiehlt, sich direct widersprechen und er also selbst nicht weiss, was er will und vermag: ein Zugeständniss, das derselbe schweigend gibt — und verweigert; denn man könnte wohl fast mit den Worten Wohlrabs sagen: *pugnat alter cum altero non dicendo sed tacendo*. Gründlicher belehrt muss er erst noch werden in und mit seinem Schüler Polos. Begreiflich ist aber auch, um auf Quintilian zurückzukommen und dem

Einwand, den man möglicher Weise gegen diese Auseinandersetzung noch erheben könnte, gleich im voraus zu begegnen, warum der Rhetor nicht doch die letzten Worte des 14. Capitels, die ja auch dem oben erwähnten Zwecke entsprächen, gewählt hat. Denn offenbar musste ihm der positive Ausdruck willkommener sein als der negative. Glaube ich somit Wohlrabs Begründung seiner grösseren Athetese als unhaltbar und unzulänglich dargethan zu haben, so bleibt nun noch die Frage wegen des βούλεσθαι in dem von Quintilian citirten Worten übrig. Dass diejenigen, welche dem Citat des Rhetors für die Verwerfung des besprochenen Abschnittes so grosses Gewicht beilegen, demselben auch hier einige Geltung einräumen müssten, ist ebenso unverkennbar, wie dass die oben versuchte Entkräftung dieses Beweisgrundes nicht hindert, ihm hier den gebührenden Anspruch zu wahren. Etwas misslicher freilich steht es um die Rechtfertigung der überlieferten Lesart, wenn man auf die inneren Gründe sieht. Ich meine dabei nicht die Herbeiziehung des Begriffes selbst, die, wie oben gezeigt worden, ganz gerechtfertigt ist, sondern nur die Form des Ausdruckes, die man gerade in einer solchen Beweisführung strenger wünschte. Man könnte also wohl geneigt sein, in der überlieferten Lesart eine kleine über Quintilians Zeit zurückreichende Störung anzunehmen, die aber nicht so fast durch eine Ausscheidung des fraglichen Wortes, als vielmehr durch eine Ergänzung der vermissten Uebergänge zu heilen wäre. Auf diesen Gedanken kam schon Stallbaum und sein Heilungsversuch ist auch nicht gar zu gewaltthätig, freilich auch nicht ganz befriedigend, da der Zusammenhang eigentlich diese Gedankenfolge erheischte: Οὐκοῦν ἀνάγκη τὸν ῥητορικὸν δίκαιον εἶναι, ὄντα δὲ δίκαιον δίκαια πράττειν; Ναί. Τὸν δὲ δίκαια πράττοντα βούλεσθαι δίκαια πράττειν. Da nun aber zu einer solchen Umgestaltung niemand sich herbeilassen wird, so bleibt wohl nichts übrig, als, will man zu dem Radicalmittel des kleineren und grösseren Ausschnittes nicht schreiten, anzunehmen, dass der voraristotelische Philosoph und Künstler lieber etwas von technischer Strenge des Ausdrucks opferte, um dafür etwas ich möchte sagen von naturalistischer Frische und Leichtigkeit zu wahren, bei der doch nichts von dem, was für den vorliegenden Zweck nothwendig ist, preisgegeben wird.

Ganz übergehen darf ich bei dieser Besprechung auch nicht Deuschles Behandlung der Stelle; denn obwohl sich bereits

Keck und Wohlrab darüber ausgesprochen haben, so stellte sich doch letzterer natürlich auf seinen Standpunkt, den ich nicht als richtig anerkenne, und ersterer, mit dem ich zwar in der Hauptsache übereinstimme, hat nach meiner Meinung den Punkt, auf den es dabei besonders ankommt, nicht vollständig erledigt. Ich sehe hier ganz ab von der Constituierung des Textes in Deuschles Ausgabe, in solcher derselbe Hermann folgt, also die Worte von οὐδέποτε ἄρα βουλήσεται an bis Ναί ausscheidet; denn da Deuschle in dem ersten Theil seiner Erörterung in den Jahrbüchern diese Stelle übergeht, dagegen in der angehängten Besprechung von Hirschigs *Exploratio argumentationum Socraticarum* sich in anderem Sinne ausspricht, so ist damit jene Athetese ausdrücklich zurückgenommen, wogegen nun die Worte 'Τὸν δὲ ῥητορικὸν ἀνάγκη ἐκ τοῦ λόγου δίκαιον εἶναι. Ναί.' gestrichen werden. Keck schützt sie mit der Bemerkung, dass diese Worte eben eine Erinnerung an das bereits von Gorgias zugestandene enthalten; er hätte noch einen Schritt weiter gehen können und zeigen, dass wenn Deuschle nach Zurücknahme seiner früheren grösseren Athetese nicht eine kleinere angenommen hätte, er damit für seine logische Analyse neben dem Schluss nach *modus barbara* einen zweiten nach *m. celarent* erhalten hätte. Dieser lautete: Kein gerechter will Unrecht thun. Der Redner ist gerecht. Kein Redner will Unrecht thun. Daraus erhellt, dass der von Deuschle athetirte im Ausdruck unanfechtbare, ja entschieden das Gepräge der Echtheit an sich tragende Satz auch für die Schlussfolgerung seinen Werth als *minor* hat und sein Scherflein dazu beitragen kann, diejenigen zu beruhigen, die den oben erwähnten Mangel an technischer Strenge des Ausdrucks, der aber der Sache doch keinen Eintrag thut, gar zu schwer nehmen.

461 B. *Τί δέ, ὦ Σώκρατες; οὕτω καὶ σὺ περὶ τῆς ῥητορικῆς δοξάζεις ὥσπερ νῦν λέγεις; ἢ οἴει, ὅτι Γοργίας ᾐσχύνθη σοι μὴ προσομολογῆσαι τὸν ῥητορικὸν ἄνδρα μὴ οὐχὶ καὶ τὰ δίκαια εἰδέναι καὶ τὰ καλὰ καὶ τὰ ἀγαθά, καὶ ἐὰν μὴ ἔλθῃ ταῦτα εἰδὼς παρ' αὐτόν, αὐτὸς διδάξειν, ἔπειτα ἐκ ταύτης ἴσως τῆς ὁμολογίας ἐναντίον τι συνέβη ἐν τοῖς λόγοις, τοῦτ' δὴ ἀγαπᾷς, αὐτὸς ἀγαγὼν ἐπὶ τοιαῦτα ἐρωτήματα — ἐπεὶ τίνα οἴει ἀπαρνήσεσθαι μὴ οὐχὶ καὶ αὐτὸν ἐπίστασθαι τὰ δίκαια καὶ ἄλλους διδάξειν; ἀλλ' εἰς τὰ τοιαῦτα ἄγειν πολλὴ ἀγροικία ἐστὶ τοὺς λόγους.* So lautet die nach Kecks Ansicht

„vielleicht schwierigste Stelle im Gorgias" in der überlieferten Lesart, der er, da sie bisher noch von keinem Herausgeber richtig verstanden und erklärt worden sei, dadurch zu ihrem Recht verhelfen will, dass er nach Γοργίας ein Fragezeichen setzt und aus dem vorhergehenden δοξάζεις δοξάζει ergänzt. Wahrlich ein einfaches Mittel, dem nach bisher üblicher Auffassung etwas turbulenten Ausdruck zu grammatischer Klarheit und Ordnung zu verhelfen. Wie kommt es nun, dass der gute Rath noch von niemand befolgt worden ist? Das mag nun erstens Geschmackssache sein; zweitens wird es auch nicht jeder glauben, dass „der rhetorisch geschulte Polos nicht anakoluthisch sprechen darf; drittens wird es sich doch mancher nicht ausreden lassen, dass die Rede des Polos den Charakter der Leidenschaftlichkeit trägt. Der erste Grund ist, wie man sieht, eigentlich nicht disputabel, wird aber doch vielleicht bei der Erörterung der beiden anderen, die eng zusammenhängen, zu seinem Recht kommen. Wir gehen billig von dem zuletzt erwähnten Momente aus, weil es auf der vorgestellten Situation beruht. Allerdings nimmt Polos dem Gorgias nicht das Wort weg; denn Gorgias schweigt von selbst; sondern er nimmt nur das Wort; ob aber „in keineswegs leidenschaftlicher Weise"! d. h. ob der Schriftsteller wirklich keinen Ausdruck leidenschaftlicher Erregung in seine Worte legen wollte? Man bedenke, dass der Meister „verlegen schweigt". Sollte das den Jünger, und noch dazu einen solchen, wie ihn der Schriftsteller auch sonst schildert — Kratz erinnert mit Recht an das νέος καὶ ὀξύς 463 E, wozu die Bemerkung in m. Ausg. zu vergl. — nicht ärgern? und lässt er seinen Aerger nicht deutlich genug an Sokrates aus, dessen Methode, andere in Widersprüche zu verwickeln, er ziemlich unverblümt eine fiegelhafte nennt? Natürlich ist diese Aeusserung nur dazu bestimmt, den Charakter des redenden selbst zu kennzeichnen. Dass aber die Grobheit es nicht gar zu genau mit der grammatischen Richtigkeit nimmt, wer möchte das bezweifeln? Eine gewisse Entrüstung könnte man am Ende auch in dem von Keck hergestellten Asyndeton ausgedrückt finden. Keck freilich will nur von „verlegen hastigen Worten" etwas wissen, um möglichst weit von der Anakoluthie abzulenken, die nun einmal sämmtlichen Rednern versagt, und nur dem Sokrates als auszeichnendes Privilegium zugestanden wird. Da ich diese Unterscheidung in diesem Extreme principiell nicht anerkenne, der Dialektiker vielmehr ebenso wie der Redner auf Strenge der Form ausgeht, diese aber wohl auch einmal sei es selbst vom Gefühl übermannt oder um eine andere Wirkung zu erreichen opfert, und man am allerwenigsten die Intentionen eines mimischen Künstlers, wie Platon ist, in die spanischen Stiefel einer solchen Regel einschnüren darf: so halte ich mich auch nicht für verpflichtet, zur Controle der Behauptung Kecks, dass weder in des Polos noch in des Gorgias noch in des Kallikles Worten sonst eine Anakoluthie im ganzen Dialog vorkommt, alle Reden auf diesen Gesichtspunkt hin zu durchmustern, da ich, selbst wenn sich jene Behauptung bestätigte, schon um der jedenfalls noch allgemeiner gültigen Regel willen, dass keine Regel ohne Ausnahme ist, die Nichtigkeit des auf den vorliegenden Fall angewandten Schlusses bestreiten würde. Ich begnüge mich daher zu erwähnen, was mir gerade in die Augen springt, dass Deuschle, ohne von Keck zurechtgewiesen zu werden, in der Rede des Kallikles 486 D C eine Anakoluthie annimmt, gewiss auch mit vollem Recht. Und so ganz über alles Maass hinausgehend ist ja doch auch in der vorliegenden Stelle die Anakoluthie nicht. Keck selbst würde es begreiflich finden, dass sich der Begründungssatz mit ἐπεί so lebhaft vordränge, „wenn sich überhaupt jener angeblich weggefallene Nachsatz irgendwie vernünftig ergänzen liesse". Dies hat nun Kratz versucht, und damit ist denn auch die Behauptung hinfällig geworden, dass dies niemand versucht habe. Man könnte die Ergänzung auf ein psychologisches Moment zurückführen. Der Redekünstler weiss doch nichts anderes und will nichts anderes, als Recht zu behalten und über seinen Gegner zu triumphieren; darum will er die Niederlage des Gorgias, mit dem er sich in der Hauptsache eins weiss[1]), nicht gelten lassen; der Widerspruch, in den er sich verwickelt hat, ist ja eine Kleinigkeit und kommt noch überdies auf Rechnung des Sokrates und seiner verwünschten Dialektik, der aber doch nicht der Sieg eingeräumt wird. Dies ist die Situation, wie sie sich aus den vorhergehenden Reden im Zusammenhalt mit dem Charakter und der Stimmung der Personen ergibt, und zugleich auch der Ton, in welchem man das ἢ οὔ τι gesprochen denken mag; dem dürfte eben doch die empfohlene Ergänzung zu ὅτι Γοργίας, nämlich δοξάζει, nicht so gut ent-

---

1) Vgl. unten 463 A: φῄς γὰρ δήπου καὶ σὺ ἐπίστασθαι ἅπερ Γοργίας· ἢ οὔ; Ἔγωγε.

sprechen, als der oben angegebene Gedanke. Ebenso widerstrebt es meinem Gefühl, die Worte von ᾐσχύνθη und besonders von ἔπειτα an als Hauptsatz zu denken, während sie in der Form eines causalen Nebensatzes zu dem Ausdruck der Entrüstung vortrefflich passen. Damit bin ich aber doch in den oben erwähnten nicht disputabeln Bereich gerathen, in den ich mich nicht zu tief einlassen will. Ich bemerke daher nur noch, dass ich mich mit Schmidts Erklärung, der in Uebereinstimmung mit Heindorf ὅτι in der Bedeutung 'dass' nimmt, nicht befreunden kann. Auch Keck bekämpft dieselbe.

462 E. hat Hermann die überlieferte Lesart Ταὐτὸν δ' ἐστὶν ὀψοποιία καὶ ῥητορική;, an deren Stelle Dekker u. a. Herausgeber aus einer der geringeren Handschriften ἆρ' ἐστὶν aufnahmen, wiederhergestellt. Ihm folgten Stallbaum in der 3. Aufl. und Kratz, während ich vorzog δή zu schreiben, wofür sich schon Heindorf ausgesprochen hatte. Kratz tadelt dies a. a. O. lebhaft und vertheidigt, wie vor ihm Hermann und Stallbaum, das δέ mit Geschick. Gleichwohl aber kann ich nicht verhehlen, dass mir δή auch jetzt noch besser zu dem Ton der ganzen Stelle zu passen scheint. In der Art, wie Polus seine Fragen stellt und die Antworten des Gegners aufnimmt und unüberlegte Schlüsse daran knüpft, zeigt sich mehr dünkelhafte Leichtfertigkeit als lebhafte Empfindung, wie sie dem Ausdruck des Unwillens und der Ueberraschung entspricht. Dies sei bemerkt, um wenigstens den Grund anzugeben, warum ich δή vorzog. Dass beide Partikeln auch in den besten Handschriften verwechselt werden, ist bekannt. Ein augenfälliges Beispiel, wo δέ an die Stelle von δή getreten ist, findet sich 518 D. Was Kratz weiter bemerkt über die richtige Auffassung der folgenden Antwort des Sokrates, verdient alle Beachtung gegenüber der weniger genauen Wiedergabe des Ausdrucks, wie sie in Uebersetzungen vorliegt.

462 E: ὀκνῶ Γοργίου ἕνεκα λέγειν. So lautet die Ueberlieferung in den meisten und besten Handschriften, von der durch Einfügung von γάρ nach ὀκνῶ abzuweichen um so weniger Grund ist, als das Asyndeton hier durchaus angemessen erscheint.

464 D nahm Heindorf auf Grund guter Handschriften die Lesart ἀντίστροφον μὲν τῇ γυμναστικῇ statt der früher üblichen ἀντὶ μὲν τῆς γ. mit vollem Recht auf; ob ihm aber mit gleichem Recht die Herausgeber nach Dekker folgten, dürfte

doch eine Frage sein, da die massgebenden Handschriften die alte Vulgata schützen und die innere Möglichkeit dieses Ausdrucks nicht gerade bestritten werden kann.

464 C: τεττάρων δὴ τούτων οὐσῶν καὶ ἀεὶ πρὸς τὸ βέλτιστον θεραπευουσῶν τῶν μὲν τὸ σῶμα τῶν δὲ τὴν ψυχήν, ἡ κολακευτικὴ αἰσθομένη, οὐ γνοῦσα λέγω, ἀλλὰ στοχασαμένη, τέτραχα ἑαυτὴν διανείμασα, ὑποδῦσα ὑπὸ ἕκαστον τῶν μορίων, προσποιεῖται εἶναι τοῦτο ὅπερ ὑπέδυ κτἑ. Richter a. a. O. S. 234 will λόγον statt λέγω schreiben, ohne zu sagen, warum λέγω zu verwerfen sei. Er muss also den aus dem Tausch hervorgehenden Gewinn für so augenscheinlich halten, dass er eine Begründung seiner Vermuthung nicht für nöthig hält; denn als eine solche kann die blosse Anführung von Ausdrücken wie οὐκ ἔχει λόγον οὐδένα und ἄλογον πρᾶγμα 465 A und ἀλόγως 501 A und ψυχῆς στοχαστικῆς 463 A nebst der Vergleichung mit ψυχῆς δοξαστικῆς bei Isokrates doch nicht wohl gelten. Mir dagegen scheinen mehr die Nachtheile, die durch diese Aenderung erwachsen, in die Augen zu springen, als irgend ein Vortheil. Denn dass γνοῦσα ohne den ausdrücklich beigefügten Accusativ nicht bestehen könne, wird wohl Richter selbst nicht behaupten wollen. Dagegen würde der Wechsel des Objects den Parallelismus der Glieder αἰσθομένη — οὐ γνοῦσα nur stören, wogegen das λέγω sehr wirksam beigefügt ist. Ich glaube daher, dass es bei der überlieferten Lesart wohl sein Bewenden haben wird.

465 D wird die der γυμναστική entsprechende Schmeichelkunst, die κομμωτική, bezeichnet als κακοῦργός τε οὖσα καὶ ἀπατηλὴ καὶ ἀγεννὴς καὶ ἀνελεύθερος, σχήμασι καὶ χρώμασι καὶ λειότητι καὶ αἰσθήσει ἀπατῶσα, ὥστε ποιεῖν ἀλλότριον κάλλος ἐφελκομένους τοῦ οἰκείου τοῦ διὰ τῆς γυμναστικῆς ἀμελεῖν. So lautet die Stelle nach der bestbeglaubigten Ueberlieferung; doch bot das Wort αἰσθήσει Anstoss. Bekker nahm dafür das von einer Handschrift dargebotene und vorher schon von Canterus empfohlene ἐσθῆσιν in den Text auf. Hermann nach Vorgang der Zürcher Ausgabe das von Koraes an die Hand gegebene ἐσθήσει. Letztere Form empfiehlt sich durch den engeren Anschluss an die Ueberlieferung der besseren Handschriften und widerspricht nicht dem Sprachgebrauch. Gegen den ersten Vorschlag erklärte sich bereits Heindorf mit der Bemerkung, dass der Begriff der Kleidung schon in σχήμασι καὶ

χρώμασι mitenthalten sei und dass nach der Bezugnahme auf Gesichts- und Tastsinn nun auch durch αἰσθήσει die übrigen Sinne zusammengefasst würden. Dieser Ansicht schliesst sich neuerdings auch Kratz an mit dem Bemerken, dass zu dieser Auffassung recht wohl die Verbindung durch καί passe, welchem den Theilen das ganze hinzufüge. Mit beiden Kritikern stimmt II. Schmidt überein in der Ablehnung des auf die Kleidung bezüglichen Ausdrucks, hält aber die Bezugnahme auf einen bestimmten Sinn für angemessener als die auf das sinnliche Empfindungsvermögen überhaupt; und da sei es wohl kaum eine Frage, dass man die Einwirkung auf den Geruchssinn fast nicht entbehren könne. Wie ansprechend dieser Gedanke ist, wird sich wohl keinem verbergen, der weiss, welche Rolle in Gesellschaften, in denen der Putz zur Sache gehört, insbesondere auf Bällen, Blumenduft und sonstige Parfümerie spielt; und dass diese Seite der Verschönerung nicht bloss der modernen Gesellschaft eigen ist, dies zeigt unter andern das anmuthige Gespräch in Xenophons Gastmahl, wo von der Verschiedenheit des Wohlgeruchs, der sich für Männer und Weiber ziemt, die Rede ist. Unter diesen Umständen bedauert man beinahe, auch gegen diese feine Vermuthung ein Bedenken hegen zu müssen. Es bezieht sich dies auf den Ausdruck. Sollte statt dessen nicht ὀσμή oder εὐωδία erforderlich sein, wofür etwa auch μύρα eintreten könnte? Ob Schmidt Beispiele für einen gleichsam stellvertretenden Gebrauch des Wortes ὄσφρησις in der Bedeutung von ὀσμή beigebracht hat, weiss ich nicht, da mir leider die betreffende Schrift selbst eben nicht zur Hand ist. Ich möchte es fast bezweifeln, eben wegen der dem Sprachgebrauch zu Gebote stehenden Ausdrücke. Das gleiche Bedenken, welches gegen Schmidts Vermuthung spricht, könnte auch gegen das überlieferte αἰσθήσει erhoben werden, obwohl diesem freilich die urkundliche Beglaubigung zu Statten kommt und auch der Umstand sich wohl geltend machen liesse, dass hier eher ein Mangel der Sprache selbst angenommen werden könnte¹). Wird man also wohl gut thun,

---

1) Vielleicht darf hier auf die Stelle im Theätet (156 B) hingewiesen werden, wo von der Correlation der αἰσθήσεις und des αἰσθητόν die Rede ist. Dort heisst es: αἳ μὲν οὖν αἰσθήσεις τὰ τοιάδε ἡμῖν ἔχουσιν ὀνόματα, ὄψεις τε καὶ ἀκοαὶ καὶ ὀσφρήσεις καὶ ψύξεις τε καὶ καύσεις καὶ ἡδοναί γε δὴ καὶ λῦπαι καὶ ἐπιθυμίαι καὶ φόβοι κεκλημέναι καὶ ἄλλαι, ἀπέραντοι μὲν αἱ ἀνώνυμοι, παμπληθεῖς δὲ αἱ ὠνο-

nicht zu entscheiden in der Verwerfung der überlieferten Lesart zu sein, so kann doch auch nicht verhehlt werden, dass mit dieser vorsichtigen Zurückhaltung noch nicht alle Bedenken gehoben sind und dass eben damit die Vermuthung des gelehrten Griechen, zu welcher diesen schon die vaterländische Aussprache und der heimische Ton leitete, an Gewicht etwas gewinnt. Heindorfs Einwand dagegen möchte ich nicht zu hoch anschlagen, denn wenn es auch wahr ist, dass σχῆμα oft auch von der Tracht und Kleidung gebraucht wird, so ist dies doch nicht die erste und eigentliche Bedeutung; und dass für die körperliche Darstellung dieses Wort und der entsprechende Begriff auch ganz abgesehen von der Bekleidung seine wohlbegründete Bedeutung hat, wer möchte das in Abrede stellen, der auch nur an die knidische und medicëische Venus denkt, oder, wenn man alle momentanen Beweggründe ausschliessen will, an die Zierereien und sonstige Reizmittel koketter Weiber, die wohl kaum angemessener durch ein anderes Wort als σχήματα zu bezeichnen sein möchten. Aus diesen Gründen halte ich auch jetzt noch die Aufnahme des Wortes ἰσθήσει an der Stelle von αἰσθήσει für gerechtfertigt.

465 C erklärt sich Stallbaum in der 3. Aufl. für die Schreibung ἄπερ μέντοι λέγω statt ὅπερ κτέ. — wohl ohne dringenden Grund! Auch hat er meines Wissens keinen Nachfolger gefunden, wie andererseits auch die von Schleiermacher und Bekker ausgeschiedenen Worte σοφισταί καὶ ῥήτορες neuerdings allgemein wieder hergestellt worden sind. Eher möchte man fast flüchtig beistimmen, wenn er unten (D) in der Stelle 'ὁμοῦ ἂν πάντα χρήματα ἐφύρετο ἐν τῷ αὐτῷ' die letzten Worte als ein aus der eben erwähnten Stelle (ἅτε δ' ἐγγὺς ὄντων φύρονται ἐν τῷ αὐτῷ καὶ περὶ ταὐτὰ σοφισταί καὶ ῥήτορες) entnommenes Glossem von ὁμοῦ betrachtet. Die ganze Stelle wird auch von Schmidt eingehend erörtert*).

466 B wird seit Heindorf in allen Ausgaben geschrieben 'Ἀλλὰ μὲν δὴ λέγω γε. Bemerkenswerth ist aber doch, dass

---

μακρίναι· τὸ δ' αὖ αἰσθητὸν γένος τούτων ἑκάσταις ὁρόγονον, ὄψει μὲν χρώματα παντοδαπαῖς παντοδαπά, ἀκοαῖς δὲ ὡσαύτως φωναί, καὶ ταῖς ἄλλαις αἰσθήσεσι τὰ ἄλλα αἰσθητὰ ξυγγενῆ γιγνόμενα. Diese Stelle möchte doch beweisen, dass in einer Reihe mit χρώματα weder ὄσφρησις noch αἴσθησις Platz haben.

die Handschriften sämmtlich μήν bieten; und da fragt es sich doch, ob der Kanon so ganz begründet ist, dass die Ueberlieferung ihm gegenüber gar kein Recht hat. Die Unterscheidung von μήν und μέν ist gar oft etwas heikel!

467 A lautet die überlieferte Lesart: ἡ δὲ δύναμις ... ἀγαθόν, wofür Heindorf aus Ficinus und Stobäus εἰ δὴ δ. ἀ. einsehen. Ihm folgten Bekker, Stallbaum, die Zürcher, Hermann, Jahn, Deuschle, obwohl schon Buttmann und der Holländer Sybrand die Nichtigkeit der überlieferten Lesart vertheidigt hatten. Diese ist neuerdings, nachdem sie an H. Schmidt ihren Vertreter gefunden hat, in ihr Recht wieder eingesetzt worden und wird hoffentlich auch nicht mehr daraus verdrängt werden.

468 D pflichtet Stallbaum auch in der 3. Aufl. der Ansicht Matthiäs und Buttmanns. (ausf. Sprchl. 107 A. 36, I. S. 520 N. d. 2. Aufl.) bei, dass ὅταν τιν' ἀποκτιννύμεν statt εἴ τιν' ἀποκτίννυμεν zu lesen sei. Man muss sich darüber billig wundern, da die überlieferte Lesart vollkommen correct ist und ein aufmerksamer Leser, der auch für die individuelle Auffassung einer Stelle Sinn hat, recht wohl einsehen kann, warum gerade in dem Munde des Sokrates — ich betone den Namen — der Ausdruck hier eine andere Form annimmt als oben bei dem Beispiel ὅταν βαδίζωμεν. Stallbaum beruft sich auf den Sprachgebrauch, der aber so unzweifelhaft beide Formen des hypothetischen Satzes zulässt, dass man versucht ist zu glauben, es liege dem Widerstreben gegen diesen Wechsel vielmehr eine unrichtige Auffassung dieser modalen Verhältnisse zu Grunde. Ueberdies würde dieselbe Forderung gleich darauf (D) wiederkehren, wo sie Stallbaum aber inconsequenter Weise trotz der Lesart einiger Handschriften, die ἀποκτείνῃ und ἐμβάλλῃ und ἀφαιρῆται bieten, und der alten Ausgaben, die ᾖν an die Stelle von εἰ setzen, abweist.

468 C schloss Deuschle die Worte τί οὐκ ἀποκρίνει (𝔄 ἀποκρίνῃ), die unten D wiederkehren, als durch einen Abschreiberirrthum verfrüht, mit Beistimmung Stallbaums, der erst in der dritten Auflage, doch ohne Deuschle zu nennen, die gleiche Vermuthung ausspricht, hier in Klammern. Ich glaubte sie daraus wieder befreien zu müssen, da die Wiederholung einer Mahnung öfter vorkommt und sich eben auf eine wiederholte Zögerung im antworten bezieht, wofür sich auch hier ein guter Grund denken lässt, wie ich das in der Bemerkung zu der Stelle

dargelegt habe. Eine nützliche Vergleichung scheint mir die Stelle aus dem Protagoras 360 C D zu bieten, wo die diegematische Form noch deutlicher die Stufenfolge des Widerstrebens zu bezeichnen erlaubte. Kratz, der in seiner Ausgabe die Worte unbeanstandet liess, erklärt sich jetzt a. a. O. S. 92 f. für die Auswelsung, da es hier „offenbar" noch in keiner Weise motiviert sei, dass Polos mit der Antwort nicht herausrücken will. Ich denke aber, dass die ausführliche Erklärung des Sokrates, die mit den Worten beginnt 'οὐκ ἄρα σφάττειν βουλόμεθα', allerdings schon dazu angethan ist, dem Polos einiges Bedenken zu erregen, das er allerdings wieder unterdrückt, weil er das entscheidende Wort noch nicht zu sprechen braucht, aber doch einigermassen muss bemerklich gemacht haben, — ich spreche der Kürze wegen, als wäre die fingierte Handlung wirklich — weil sonst nach dem ermunternden ἦ γάρ; die noch ausdrücklich beigefügte Frage ἀληθῆ σοι δοκῶ λέγειν, ὦ Πῶλε, ἢ οὔ; gar nicht nöthig gewesen wäre. Diese gelindere Form der Mahnung mag man nun wohl auch für hinreichend erachten, eine Ansicht, deren Berechtigung ich ausdrücklich anerkannt habe.

469 B möchte, was Stallbaum zu Gunsten der Lesart καὶ ἐλεεινόν γε πρός bemerkt, doch einige Berücksichtigung verdienen. Die Verwechselung von δέ und γέ kommt auch sonst in den Handschriften vor.

469 B nimmt Keck an der überlieferten Lesart Anstoss, welche lautet: ΠΩΛ. Ἦ που ὅ γε ἀποθνῄσκων ἀδίκως ἐλεεινός τε καὶ ἄθλιός ἐστιν. ΣΩ. Ἧττον ἢ ὁ ἀποκτιννύς, ὦ Πῶλε, καὶ ἥττον ἢ ὁ δικαίως ἀποθνῄσκων. Keck will nun die Worte ἧττον ἢ ὁ ἀποκτιννύς der vorhergehenden Aeusserung des P. angereiht und dafür dem S. die Worte πάνυ μὲν οὖν vor ὦ Πῶλε zugetheilt haben, und zwar soll diese Lesart auch urkundlich am besten beglaubigt sein. Das letztere ist nun vor allem zu prüfen, da die handschriftliche Ueberlieferung doch der Boden ist, auf dem der Text beruht. Keck behauptet nun, die Vulgata stütze sich nicht auf die besten Handschriften. In erster Linie kommt der Clarkianus in Betracht. Dieser hat nach Gainfords Angabe die Worte πάνυ μὲν οὖν zwischen den Zeilen von späterer Hand beigefügt und nach Bekker schliessen sich dieser Lesart noch drei Handschriften an, die nicht zu den maassgebenden gerechnet zu werden pflegen, darunter eine ebenfalls durch spätere Correctur; dazu kommen noch die drei von Heindorf be-

rücksichtigten, die II. übrigens selbst wegen ihrer durchgängigen Uebereinstimmung nur als eine gelten lässt; unter ihnen ist der werthvolle Augustanus. Diesem steht nun in dem vorliegenden Falle als mindestens ebenbürtig der Vaticanus Δ gegenüber, und es gesellen sich ihm eine Anzahl anderer Handschriften bei, die wohl geeignet sind, die oben erwähnten aufzuwiegen. So bleiben denn nun die ältere und die spätere Hand des Clarkianus übrig, deren gegenseitiges Verhältniss nicht von allen Kritikern in gleicher Weise beurtheilt wird. Die Frage bedürfte nach allem, was bereits theils direct theils beiläufig darüber verhandelt worden ist, einer eingehenden Erörterung, wobei die sorgfältigen Angaben Gaisfords über die verschiedenen Arten der Berichtigungen den Wunsch einer autoptischen Prüfung, die sich auch noch in anderer Hinsicht empfähle, nicht ausschliessen. So viel ist jedenfalls zu bemerken, dass die erste Hand nicht unbedingt den Vorzug verdient, auch nicht die Aenderungen von früherer Hand vor denen von späterer. Was Vömel über eine manus correctrix in dem Cod. Σ des Demosthenes bemerkt, wird mutatis mutandis wahrscheinlich auch vom Clarkianus gelten, wie denn eine überraschende Aehnlichkeit beider Handschriften bereits von Dobree bemerkt und neuerdings von Rehdantz anerkannt worden ist. So sind namentlich auch im Gorgias nicht wenige der Correcturen von späterer Hand unzweifelhaft richtig, besonders wo sie sich auf derlei unrichtige Schreibweisen beziehen, wie ἀποκτεινύς, ἀποκτείννυσι u. a. Man kann also allerdings auch der oben erwähnten Beifügung von späterer Hand nicht unbedingt allen diplomatischen Werth absprechen, doch aber auch nicht eine entscheidende Autorität der ersten Hand gegenüber zuschreiben. Man wird also sich wieder zu den inneren Gründen wenden müssen. Da sagt nun Keck von dem Wortlaut der Vulgata: „Das kann nicht richtig sein; denn nehmen wir den dem Polos zugeschriebenen Satz affirmativ, so enthält ἢ τοῦ einen Widerspruch in sich selber ... fassen wir dagegen den Satz als Frage, so ist diese von zu unbestimmter Form für das, was Polos meint." Schon der letzte Theil dieser Bemerkung ist anfechtbar. Warum sollte eine solche Frage, die zugleich eine Vermuthung ausspricht, hier gar nicht am Platze sein? Dabei ist nicht zu vergessen, dass doch auch in der Frage die ursprüngliche Bedeutung des Wörtchens nicht ganz erloschen ist. In der Frage klänge der Ausdruck der Ueberzeugung des fragenden durch, was dem Sinn der gewechselten Reden wohl entspräche. Noch misslicher aber steht es mit dem ersten Theil der Behauptung Kecks. Denn was sollte mit all den Beispielen geschehen, die von dieser Verbindung in den griechischen Schriftstellern von Homer an vorkommen, von denen eine Anzahl Bäumlein in seinem Partikelwerk verzeichnet. Bemerkenswerth ist, dass dessen Erklärung der von ihm in ihrem Recht anerkannten Verbindung nicht eben weit sich entfernt von den Worten, mit denen Keck die Unverträglichkeit derselben zur Anschauung bringen will. Ist doch auch im Deutschen die Verbindung 'sicherlich wohl' nicht unerhört. Indessen könnte sich doch die andere Textgestaltung besser empfehlen durch das ἦθος, welches auf diese Weise in den Ausdruck kommt. Vgl. 473 B u. a. St. „Polos", sagt Keck, „will den Sokrates ad absurdum führen, indem er mit höhnender Sicherheit ruft: 'am Ende ist wohl der mit Unrecht sterbende weniger bedauernswerth und unglücklich als der tödtende?' Er erwartet ein 'nein' und glaubt den Sokrates abgefertigt zu haben; als dieser aber mit vollem kräftigen Ernst erwidert: 'ja ganz gewiss, Polos, und weniger als der mit Recht sterbende', da ist er selbst aus der Fassung gebracht und fragt verdutzt πῶς δῆτα, ὦ Σώκρατες;" Ich konnte mirs nicht versagen, die ganze Erklärung, wie sie Keck gibt, herzusetzen, weil sie Zeugniss gibt von der lebhaften und sinnigen Auffassung des Verfassers. Nur geht er zu weit in dem Gefühle der Sicherheit, mit dem er, wie oben „das kann nicht richtig sein", so hier „das ist unzweifelhaft richtig, da ist Platon wieder zu erkennen" ausruft. Bedenkt man, dass der ebenfalls feinsinnige Heindorf den von Keck so feurig belobten Ausdruck verwirft „vel propter istud ἧττον incommode admodum et languide collocatum", so sieht man, dass es sich eben wieder um eine Geschmackssache handelt. Betrachtet man nun die fragliche Aeusserung des Polos in dem Zusammenhang der künstlerischen Darstellung, so tritt dieselbe in Beziehung zu der Frage, welche Polos an Sokrates in Form einer aus dessen früheren Behauptungen gezogenen Consequenz richtet, ob er den für unglücklich und beklagenswerth halte, der einen anderen gerechter Weise zum Tode bringt. Polos wird damit dargestellt als ein Mensch, der, nachdem er sich der zwingenden Kraft der Sokratischen Dialektik einige Zeit gefügt hatte, dem vollständigen Zugeständniss sich theils durch Verdrehungen, wie hier durch Beifügung des δικαίως vor ἀποκτιννύς, theils durch Geltendmachung solcher Sätze, die nach seiner Meinung unbestreitbar sind, aber in unversöhnlichem Widerspruch mit der Sokratischen Ansicht stehen. Ein solcher ist der fragliche, dem noch einige andere derselben Art folgen. In solchem Sinne aufgefasst entspricht die überlieferte Lesart vollkommen dem künstlerischen Zweck des Schriftstellers und kann daher nicht als unrichtig bezeichnet werden, wie freilich auch die von Keck bevorzugte und urkundlich ebenfalls gut beglaubigte Lesart weder in sprachlicher noch in sachlicher Hinsicht mit triftigen Gründen möchte angefochten werden können. Was die Interpunktion betrifft, so ist die Entscheidung auch nicht so ganz einfach. Polos spricht eine Ansicht aus, deren Richtigkeit er für unbestreitbar hält; er richtet sie aber doch in fragendem Ton an Sokrates, weil er dessen Zustimmung erwartet. In solchen Fällen ist eben die Praxis, wie auch hier, schwankend.

469 E las man vor Hermann: *ἐπεὶ κἂν ἐμπρησθείη οἰκία τούτῳ τῷ τρόπῳ ἥντιν' ἄν σοι δοκῇ*. Hermann dagegen schrieb mit Ast *ἥντινά σοι δοκοῖ* auf Grund der Ueberlieferung des Clarkianus, der jedoch mit dem Vaticanus *Δ* u. s. *ἥντιν' ἄν σοι δοκοῖ* bietet. Die Hermannsche Lesart gieng mit Ausnahme der 3. Aufl. Stallbaums, der die frühere Vulgata beibehält, in die folgenden Ausgaben über, auch die von Kratz, der jedoch a. a. O. S. 93 in stillschweigender Uebereinstimmung mit mir, wie aus dem kritischen Anhang zu meiner Ausgabe zu ersehen ist, die Ueberlieferung der besten Handschriften, da sie dem Sprachgebrauch nicht widerstrebe, hergestellt haben will. Diese Forderung ist gewiss wohl begründet, obgleich die Theorie keineswegs über diese Frage so ganz im reinen ist. Dies erhellt schon aus der Bemerkung Hermanns und ist aus der verschiedenen Behandlung einzelner Stellen in verschiedenen Ausgaben, z. B. von Xen. Mem. I 5, 1, des weiteren zu ersehen. Diese Verschiedenheit der Textgestaltung hat freilich eben so oft in einer verschiedenen Auffassung des Sinnes, wie in einer abweichenden Ansicht über den Sprachgebrauch, häufig in beiden zugleich ihren Grund. Letzteres ist hier der Fall. Hermann nimmt den relativen Ausdruck in dem Sinn eines hypothetischen Nebensatzes und verlangt dieselbe modale Gestaltung, wie in *εἰ ... δοκοῖ, ... ἐμπρησθείη ἄν*. Indessen verbietet die Theorie auch *εἰ ... ἄν δοκοῖ* nicht, wie der Kürze wegen durch Verweisung auf die Schulgrammatik von Aken als eines der neuesten und gründlichsten Lehrbücher bewiesen sein mag, obschon es

auch hier nicht ohne grosse Schwankung in der Praxis abgeht, wie man am besten aus der von Aken angeführten Stelle ersehen mag. Es ist dies Protagoras 329 D. Diese lautet noch bei Hermann: καὶ ἐγώ εἴπερ ἄλλῳ τῳ ἀνθρώπων πειθοίμην ἄν, καὶ σοὶ πείθομαι, und ihm folgen Jahn und Wildauer, während Sauppe, dem Deuschle folgt, diese Verbindung für unrichtig erklärend, nach der von Heindorf aufgestellten, aber von diesem selbst wieder aufgegebenen Vermuthung schreibt: καὶ ἐγώ, εἴπερ ἄλλῳ τῳ ἀνθρώπων, πειθοίμην ἄν καὶ σοί, wogegen Kroschel, den Indicativ im Hauptsatz für unentbehrlich haltend, in seinen Studien z. Protagoras empfiehlt und in der 3. Aufl. der Stallbaumschen Ausgabe setzt: καὶ ἐγώ, εἴπερ ἄλλῳ τῳ ἀνθρώπων, καὶ σοὶ πείθομαι. Derartige Wahrnehmungen mögen denn auch mit Ursache gewesen sein, dass Curtius in seiner Schulgrammatik — mir liegt die 6. Aufl. vor — diesen Gebrauch als einen bei Attikern äusserst seltenen erklärt, während er in Relativsätzen den Optativ mit ἄν im Sinn eines potentialis unbedingt zulässt. Ob diese Auffassung aber die allein und für alle Fälle gültige ist, oder ob auch in Relativsätzen verschiedene Fälle zu unterscheiden sind, darüber herrschen noch von einander abweichende Ansichten, die weiter zu erörtern hier um so weniger nöthig ist, als für den vorliegenden Fall dieser Auffassung kaum ein Bedenken entgegensteht. Doch mag nicht verhehlt werden, dass der Conjunctiv, der dem Sinn und Sprachgebrauch am besten entspräche, nur der urkundlich besser beglaubigten Ueberlieferung weichen musste, und dass diese wegen des Itacismus, der nicht selten offenbare Fehler veranlasste, etwas an Gewicht verliert. Der von Stallbaum zu 480 C ausgesprochenen Ansicht wird man kaum beistimmen können °.

471 D lautet die alte Vulgata τὸν ἀδελφόν, τὸν γνήσιον τοῦ Περδίκκου υἱόν, wofür Bekker und Stallbaum auf Grund der meisten und besten Handschriften τὸν ἀδελφὸν τὸν γνήσιον, τὸν Περδίκκου υἱόν schrieben. Die Zürcher Herausgeber und Hermann kehrten jedoch zur alten Vulgata zurück, der auch Jahn und Kratz folgten und auch ich in dem Texte meiner Ausgabe treu blieb, während ich in dem kritischen Anhang die Lesart der besten Handschriften mit dem Bemerken anführe: „Vielleicht ist τοῦ (τὸν) Περδίκκου υἱόν Glossem". Diese Bemerkung hat offenbar den Sinn, dass die diplomatisch bestbeglaubigte Lesart auf die ältere Vulgata einen Verdacht fallen lässt, gleichwohl aber

selbst einem gegründeten Bedenken unterliegt. Dieses finde ich nun nicht in der Verbindung von γνήσιος mit ἀδελφός, die zwar seltener ist als der in dem Rechtsverhältniss vorherrschend begründete Gebrauch von den Kindern und der Gattin, doch aber auch vorkommt, wahrscheinlich nur im Gegensatz von ausserehelichen oder unebenbürtigen, nicht auch von ebenbürtigen Halbgeschwistern. Sagt man in dem ersteren Sinne ὁ γνήσιος ἀδελφός, so hat man eigentlich eine ziemlich natürliche Verkürzung, indem der Bruder, welcher der rechtmässige Sohn ist, im Gegensatz gegen den νόθος υἱός bezeichnet wird. Insofern erwartet man dann die Augabe des Vaters gar nicht. Kratz a. a. O. S. 93 unternimmt nun die Rechtfertigung der Lesart der besten Handschriften, indem er zuerst die Angemessenheit der Verbindung des γνήσιος mit ἀδελφός hervorhebt, die ich ebenfalls durch meine Bemerkung anerkenne, dann aber den Beisatz τὸν Π. υἱόν als einen solchen erklärt, der „allerdings nicht nothwendig, aber darum doch nicht unangenehm überflüssig" ist, „sofern der Gedanke, dass Archelaus in dem Bruder auch den legitimen Thronerben und seinen rechtmässigen Herrn getödtet, durch Nennung des königlichen Vaters noch näher gelegt wird". Wie soll aber dieses alles in der blossen Beifügung des Namens des Vaters liegen, dessen Sohn ja Archelaos selbst eben so gut war! Diese Wirkung würde nur entstehen, wenn Archelaos nicht der Sohn des Perdikkas gewesen wäre, wird aber vollständig erreicht durch die Vulgata, welche das Verbrechen des Archelaos erstens als Mord eines Verwandten, und zweitens als Mord des allein berechtigten Thronerben erscheinen lässt. Wird aber τὸν γνήσιον zu ἀδελφόν gezogen, so erscheint der Beisatz nicht bloss überflüssig, sondern fast schief, da man eher τὸν Κλεοπάτρας υἱόν erwarten müsste, wogegen aber auch entschiedene Gründe sprechen. So erscheint mir auch jetzt noch der ohnedies leise ausgedrückte Verdacht wohl begründet.

472 A II lautet die herkömmliche Lesart μαρτυρήσουσί σοι Νικίας ὁ Ν. καὶ οἱ ἀδελφοὶ μετ' αὐτοῦ .. ἐὰν δὲ βούλῃ ἡ Περικλέους ὅλη οἰκία ἢ ἄλλη συγγένεια, ἥντινα ἂν βούλῃ τῶν ἐνθένδε ἐκλέξασθαι. Bekker schrieb mit den meisten Handschriften, unter denen aber nach Gaisford nicht der Clarkianus ist, ἐνθάδε. Ich kehrte mit der Zürcher Ausgabe und Hermann zu der früheren Vulgata zurück, sowohl weil sie durch das Gewicht der besten Handschrift gestützt als auch dem grie-

chischen Sprachgebrauch nicht zu widersprechen schien. Kratz bezweifelte ersteres, wie mir scheint ohne genügenden Grund; wenigstens hätte sein Bedenken sich nicht gegen meine, sondern gegen Galsfords Angabe oder vielmehr Schweigen richten müssen. Er hat seitdem auf Grund von Privatmittheilungen seinen Zweifel zurückgenommen, wird aber wohl um so mehr seine Behauptung aufrecht erhalten, dass, selbst wenn der Clarkianus ἐνθένδε böte, es verworfen werden müsste, da ἐκλέξασθαι keinen derartigen Begriff enthalte, „welcher eine solche Vertauschung vermittelst Attraction irgendwie rechtfertigen könnte". Ueber diese Ansicht wundere ich mich; denn scheint nicht schon die Zusammensetzung mit ἐξ anzudeuten, dass man müsse sagen können ἐκλέξασθαί τινα ἐκ τοῦ πλήθους, ἐκ πάντων u. dgl. also auch ἐξ Ἀθηνῶν oder Ἀθήνηθεν. Das lässt nun Kratz nicht gelten. Er bemerkt nämlich: „Die Auswahl geschieht freilich aus mehreren, aber davon wird nur der partitive Genitiv[1]) τῶν berührt, während ἐνθάδε selbst hiemit nicht das geringste zu schaffen hat". Diese Behauptung an und für sich betrachtet wäre nun freilich eine petitio principii, da es sich ja eben darum handelt, ob der Verbalbegriff über den Artikel hinweg Einfluss auf den substantivierten Ausdruck übt, und das ist es ja eben, was man Attraktion nennt. Es fragt sich also nur, ob diese hier zulässig erscheint. Darauf antwortet Kratz nun mit einem entschiedenen Nein! „denn sowohl der Auswählende als die Auszuwählenden sind und bleiben in Athen, es handelt sich also nicht davon, die letzteren von dort wegzubringen". Diese Forderung trägt Kratz in dem Ton eines selbstverständlichen Axioms vor, an dessen Richtigkeit niemand zweifelt und zweifeln kann. Dass diese Ansicht jedoch nicht so unbedingt gilt, zeigt schon Krügers Bemerkung § 50, 8, 17, welche so lautet: „Auffallender werden ἐξ und ἀπό, so wie die entsprechenden Adverbia, mit dem Artikel gebraucht, wo blos eine Beziehung auf einen anderweitigen Standpunkt vorschwebt"[2]). Unter den Bei-

---

[1]) Ob dieser gerade bei ἐκλέγειν zu statuieren ist, möchte fraglich sein, da in der Regel die Präposition gesetzt wird; man muss also wohl den Genitiv an die vorhergehenden Nominalbegriffe, zunächst an ἡμέτερα anschliessen.

[2]) Auch Bernhardy W. S. d. Gr. Spr. S. 205 f. dürfte wohl in Betracht kommen. Der wahre Grund dieser für unser Sprachgefühl bisweilen auffallenden Erscheinung liegt wohl überhaupt in der Nei-

spielen, die Krüger aufführt, ist auch die Stelle aus Laches 181 A: ἦν δὲ γέλως καὶ κρότος ὑπὸ τῶν ἐκ τῆς ὁλκάδος ἐπί τε τῷ σχήματι αὐτοῦ, καὶ ἐπειδὴ βαλόντος τινὸς λίθῳ παρὰ τοὺς πόδας αὐτοῦ ἐπὶ τὸ κατάστρωμα ἀφίεται τοῦ δόρατος, τότ' ἤδη καὶ οἱ ἐκ τῆς τριήρους οὐκέτι οἷοί τ' ἦσαν τὸν γέλωτα κατέχειν, ὁρῶντες αἰωρούμενον ἐκ τῆς ὁλκάδος τὸ δορυδρέπανον ἐκεῖνο. Hier findet weder bei denen auf dem Lastschiff noch bei denen auf dem Kriegschiff eine Ortsveränderung statt; sie bleiben beide wo sie sind; das Gelächter mag von dem einen Schiff auf das andere herübertönen, obwohl auch dieses nicht eben markiert ist, wenigstens nicht bei dem zweiten Ausdruck. Ich füge zu den von Krüger hier und § 68. 17, 9 angeführten Beispielen noch Xen. Hell. VI 2, 17 κατιδόντες δὲ ἀπὸ τῶν πύργων οἱ ἐκ τῆς πόλεως τάς τε φυλακὰς χείρον ἢ πρόσθεν φυλαττομένας κτέ., wo man natürlich auf den später gemachten Ausfall kein Gewicht legen kann; ferner ebendas. 5, 28: τῶν δ' ἐκ τῆς πόλεως αἱ μὲν γυναῖκες οὐδὲ τὸν καπνὸν ὁρῶσαι ἠνείχοντο, ἅτε οὐδέποτε ἰδοῦσαι πολεμίους· οἱ δὲ Σπαρτιᾶται ἀτείχιστον ἔχοντες τὴν πόλιν, ἄλλος ἄλλῃ διαταχθείς, μάλα ὀλίγοι καὶ ὄντες καὶ φαινόμενοι ἐφύλαττον. Beide, Männer und Weiber, sind und bleiben in der Stadt. Schon diese Beispiele zeigen, dass Kratz seinen Ausdruck jedenfalls dahin berichtigen müsste, dass er auch die Beziehung verschiedener Standpunkte auf einander als Grund der Attraktion gelten liesse. Mit diesem Zugeständniss könnte man aber vielleicht auch den in Frage kommenden Ausdruck rechtfertigen, da Sokrates zu einem Ausländer spricht, der als Ausländer einen Standpunkt ausserhalb der Bürgerschaft hat, aus der er eine beliebige Auswahl treffen soll. Zieht man indessen auch die Fälle in Erwägung, in denen von einem örtlichen Verhältniss überhaupt nicht die Rede ist, z. B. Xen. Hell. VI 2, 31: καὶ γὰρ τὰ περὶ τοῦ Μνασίππου αὐτόπτου μὲν οὐδενὸς ἠκηκόει, wo τὰ περὶ Μνάσιππον angezeigt gewesen wäre, aber das ἠκηκόει seinen

---

gung der alten Sprachen den Ausdruck zu beleben, wodurch sich auch wohl die überwiegende Anwendung des *terminus a quo* erklärt, z. B. in Stellen wie II. υ 61. Ἔδεισεν δ' ὑπένερθεν ἄναξ ἐνέρων Ἀιδωνεύς und dem entsprechend οἱ ἔνερθε die in der Unterwelt, womit wohl auch ἔδεισεν verbunden werden könnte ohne allen Nebenbegriff einer Ortsveränderung. Vgl. auch II. ξ 256 f. Die Wirkung in der entgegengesetzten Richtung kommt zwar auch vor, aber doch weit seltener.

Einfluss geübt hat, so wird man wohl geneigt sein; die von Kratz geltend gemachte Beschränkung ganz fallen zu lassen, die nach meiner Meinung überhaupt einen fremdartigen Gesichtspunkt in den Begriff der Attraktion einmischt. Bei der vorliegenden Stelle scheint auch das zu beachten, dass die Aenderung in ἐνθάδε jedenfalls leichter als die in ἐνθένδε durch Fälschung zu erklären ist, glaube also sagen zu können, dass ich recht that, diese Lesart zu behalten, selbst wenn eine neue Vergleichung des Clarkianus ergeben sollte, dass Galsford hier gegen seine Gewohnheit etwas übersehen hat. Vorläufig betrachte ich diesen Fall als einen solchen, der einerseits die besondere Güte des Clarkianus erkennen, andrerseits auch für die Entstehung der Vulgata die Mitwirkung einer guten Ueberlieferung vermuthen lässt.

473 A sagt Polos: Ἄτοπά γε, ὦ Σώκρατες, ἐπιχειρεῖς λέγειν. Sokrates antwortet: Πειράσομαί δί γε καὶ σὲ ποιῆσαι, ὦ ἑταῖρε, ταὐτά ἐμοὶ λέγειν· φίλον γάρ σε ἡγοῦμαι. Ich habe hier die Bemerkung Deuschles unverändert beibehalten, weil sie mir nichts eigentlich unrichtiges zu enthalten schien, wünschte ihr aber nun doch eine etwas andere Fassung gegeben zu haben, weil sie, wie ich nun sehe, einem Missverständniss ausgesetzt ist. Kratz a. a. O. S. 94 erklärt eine Zustimmung aus blosser Freundschaft als durchaus unsokratisch. Diese wollte aber höchst wahrscheinlich Deuschle und gewiss ich nicht ausdrücken mit der Bemerkung, dass ταὐτά λέγειν (καὶ φρονεῖν) als Zeichen der Freundschaft, wie das διαφέρεσθαι als Zeichen der Feindschaft gelte. Die historische Richtigkeit dieser Bemerkung wird wohl auch Kratz nicht beanstanden, also nur die Anwendung an dieser Stelle. Damit sollte nach meiner Meinung nur gesagt sein, dass bei der (mit ironischer Höflichkeit, die an die Formen des englischen Parlaments erinnert) angenommenen Freundschaft es gar nicht fehlen kann, dass sie auch noch darüber sich einigen werden. Die Hauptsache aber ist die feine Erwiderung der etwas grob gefärbten Rede des Polos, die zu dem ganzen Ton der zwischen diesem und Sokrates gewechselten Reden wohl passt. Die gleiche Bewandniss, denke ich, hat es mit der Stelle 465 D, über die Kratz sich hier gelegentlich auch ausspricht. Dass Sokrates dem Polos mit den Worten σὺ γὰρ τούτων ἔμπειρος ein „wenn auch ironisch gefärbtes" Compliment machen wollte, erkennt ja auch Deuschle an; zu leugnen aber ist nicht, dass diese Worte durch

die Stellung zwischen τὸ τοῦ Ἀναξαγόρου ἂν πολὺ ἦν, ὦ φίλε Πῶλε und ὁμοῦ ἂν πάντα χρήματα ἐφύρετο ἐν τῷ αὐτῷ noch eine Nebenwirkung äussern, die dann wohl auch eine beabsichtigte war. Kratz nennt das „eine Plumpheit erster Sorte", die man dem feinen Sokrates nicht antrauen dürfe. Nun, auch feine Leute gehen bisweilen einem derben Witz oder einer groben Anspielung, wenn sie sich so gleichsam von selbst darbieten, nicht aus dem Weg, wie das wohl öfter in alter und neuer Zeit vorgekommen ist. Platon hätte sich nur auch damit als trefflicher Mimiker bewährt*.

473 C erklärt sich Wohlrab a. a. O. S. 14 für Aufnahme des von den meisten und besten Handschriften dargebotenen Superlativs εὐδαιμονέστατος, will denselben aber nicht so erklärt haben, wie ihn Stallbaum zu rechtfertigen sucht, nämlich als eine freiere Redeweise, sondern fasst das folgende ἢ καί als das zweite Glied einer disjunctiven Frage, deren erstes Glied ohne Fragewort erscheint. Die Möglichkeit dieser Auffassung, die sich durch die Bewahrung der bestbeglaubigten Lesart empfiehlt, ist natürlich zuzugeben; gleichwohl trage ich auch jetzt noch Bedenken, sie mir anzueignen. Mir scheint nämlich der Zusammenhang der gewechselten Reden mehr für den Comparativ als für den Superlativ zu sprechen. Die Aeusserung des Polos, in welcher das fragliche Wort vorkommt, bezieht sich nämlich unverkennbar auf die vorhergehende Aeusserung des Sokrates, welche lautet: Ἐγὼ δὲ αὐτοὺς ἀθλιωτάτους φημί, τοὺς δὲ διδόντας δίκην ἧττον. Es ist nun ganz der Natur des Polos entsprechend, diesen statt ἧττον ἄθλιος nach einem ziemlich gewöhnlichen, aber auch ziemlich anfechtbaren Sprachgebrauch εὐδαιμονέστερος sagen zu lassen, wodurch seine Aeusserung auch sprachlich in einen fast directen Gegensatz zu der des Sokrates tritt¹), auf welche die angeführten Worte zurückweisen, und sich deutlich als eine Verdrehung derselben kund gibt. Wenn man nun gleichwohl den Superlativ wegen seines urkundlichen Vorzuges vertheidigen wollte, so müsste man etwa behaupten, ἧττον sei 473 D nicht so fast durch ἀθλίους als durch ἀθλιωτάτους zu ergän-

---

1) 472 E: Κατὰ δέ γε τὴν ἐμὴν δόξαν, ὦ Πῶλε, ὁ ἀδικῶν τε καὶ ὁ ἄδικος πάντως μὲν ἄθλιος, ἀθλιώτερος μέντοι, ἐὰν μὴ διδῷ δίκην μηδὲ τυγχάνῃ τιμωρίας ἀδικῶν, ἧττον δὲ ἄθλιος, ἐὰν διδῷ δίκην καὶ τυγχάνῃ δίκης ὑπὸ θεῶν τε καὶ ἀνθρώπων.

zen, so dass Sokrates dieses Prädicat auch für die διδόντας δίκην festhielte, was freilich mit Rücksicht auf 472 E nicht geboten scheint, und ebenso Polos sein eigenes ἀθλιώτατος oben 472 D gewissermaassen travestierte. Doch scheint mir eine solche Deutung zu gesucht und nicht durch den Ton der ganzen Stelle gerechtfertigt.

474 A will Naher die Worte καὶ οὐκ ἠπιστάμην ἐπιψηφίζειν ungeachtet des allerdings nicht wörtlich genauen Citats bei Athenäus als Glossem gestrichen wissen. Es ist nicht zu leugnen, dass die mehrfache Wiederholung dieses Ausdruckes, der hier am ehesten entbehrt werden könnte, auffallend ist; aber vielleicht sollte sie es eben gerade sein. Das ist wohl auch Hirschigs Ansicht, der die Worte wegen der ironischen Färbung für nothwendig hält. Natürlich würde auch die Streichung des Infinitivs genügen, wenn man an dessen Wiederholung durchaus Anstoss nehmen wollte, obwohl auch dieser durch Athenäus hinreichend geschützt ist.

474 E bemerkt Stallbaum zu den Worten ἢ ὠφέλιμα εἶναι ἢ ἡδέα ἢ ἀμφότερα, Hermann habe mit einigen alten Kritikern an τοῦ vor ἢ solchen Anstoss genommen, dass er es ausgestossen habe. H. schied aber das Wort aus, weil es der Clarkianus, dem sich der Vatic. Δ und einige andere Handschriften anschliessen, nicht hat und erklärt vielmehr τοῦ als ein *interpolamentum*, „quo structuram grammaticus clariorem reddere voluit." Es ist also nur die Frage, ob dieso auch ohne τοῦ bestehen kann, was Hermann behauptet und Stallbaum wohl ohne genügenden Grund bestreitet. Wenigstens reicht dazu seine Bemerkung ganz und gar nicht aus. Ueber die *species facti* lässt auch die kritische Bemerkung Stallbaums den Leser ziemlich im unklaren*.

475 A möchte das nach dem Vorgang Dekkers von den Zürchern und Hermann ebenso wie von Stallbaum verdrängte καὶ vor τὸ αἰσχρόν als Lesart des Clarkianus wiederherzustellen sein. Man muss eben die Beziehung auf die unmittelbar vorhergehende Antwort des P. im Auge behalten.

477 D zeigt die Ueberlieferung mancherlei Verderbnis. Man ist in der Hauptsache bei dem Heilungsversuch Dekkers stehen geblieben, der die Vulgata als Grundlage beibehält, die handschriftliche Ueberlieferung aber in besonnener Weise zur Berichtigung derselben verwendet. Dadurch ist folgende ebenso wohl

— 124 —

dem Zusammenhang als der Platonischen Redeweise, die eine gewisse ungekünstelte Freiheit verlangt, entsprechende Form gewonnen worden: Οὐκοῦν ἢ ἀνιαρότατόν ἐστι καὶ ἀνίᾳ ὑπερβάλλον αἴσχιστον τούτων ἐστὶν ἢ βλάβῃ ἢ ἀμφότερα; Stallbaum glaubte noch einen Schritt weiter gehen zu müssen durch Ausscheidung des ἐστίν nach τούτων, wodurch aber der Ausdruck an Richtigkeit eher verlieren als gewinnen würde; denn wollte man durchaus eine strengere Fügung und Uebereinstimmung herstellen, so müsste man das erste ἐστί entfernen oder richtiger durch ὅν ersetzen, was ja nach dem ἀνιαρότατον sich leichtlich anböte, aber kaum dazu beitrüge, den geforderten Gedanken in einer angemessneren oder ansprechenderen Form hervortreten zu lassen.

Zu einem anderen. Ergebniss kommt Wohlrab a. a. O. S. 15 ff. Er hält die Tilgung des ἢ vor ἀνιαρότατον für nothwendig und glaubt, dass damit eine Form des Ausdrucks gewonnen werde, die man dem Schriftsteller zutrauen könne. Er geht dabei von der Ansicht aus, dass das fragliche ἢ von Bekker stamme und nicht in dem Clarkianus stehe. Letzteres ist insofern richtig, als dieser in Uebereinstimmung mit acht Handschriften Bekkers und einigen anderen ἥ: (Bekker schreibt ἥ) bietet. Dass aber ἢ von Bekker herrühre, ist unrichtig, da dies die Lesart bei Stephanus ist, der merkwürdiger Weise ἥ in den dem dritten Bande beigefügten Anmerkungen wie eine eigene Vermuthung hinstellt, deren Bewährung durch Handschriften er vielleicht schon gewiss war. Mag man nun auch mit dem Verf. annehmen, dass die Lesart ἥ ihre Entstehung dem freilich nicht mit Erfolg gekrönten Bestreben, eine dem Sinn entsprechende Form zu gewinnen, verdanke, so folgt doch daraus nicht, dass die ältere Urkunde, aus der jene Handschriften hervorgegangen wären, jenes ἢ nicht gehabt hätten; vielmehr würde ja eben das Beispiel des französischen Herausgebers beweisen, dass ἥ recht wohl durch eine vermeintliche Verbesserung von ἢ entstanden sein könnte. Denn dass man an diesem ἢ leicht Anstoss nehmen konnte, dies zeigt nicht bloss Stephanus, sondern auch Wohlrab selbst. Ob man aber auch mit Recht daran Anstoss nimmt, das ist oben die Frage. W. findet, dasselbe habe kein Correlat; denn καί könne es seiner Natur nach nicht sein und auch die beiden ἢ vor βλάβῃ und ἀμφότερα nicht, da diese ihre Beziehung in ἀνίᾳ ὑπερβάλλον hätten. Das letztere ist nun freilich richtig.

ebenso richtig aber auch, dass ἀνίᾳ ὑπερβάλλον nur eine durch καί angeknüpfte Epexegese von ἀνιαρότατον ist, die ihr Ebenbild in der von W. selbst angeführten Stelle 475 D hat, welche vollständig lautet: Οὐκοῦν εἴπερ αἴσχιον τὸ ἀδικεῖν τοῦ ἀδικεῖσθαι, ἤτοι λυπηρότερόν ἐστι καὶ λύπῃ ὑπερβάλλον αἴσχιον ἂν εἴη ἢ κακῷ ἢ ἀμφοτέροις. Diese Stelle, die Wohlrab keiner Aenderung bedürftig zu halten scheint, zeigt aber deutlich, dass das ἤτοι oder ἢ über das καί hinüber seine Beziehung auf zwei folgende ἢ erstreckt und dass die folgenden beiden Glieder nicht mit dem ersten dem ἢ näher stehenden Ausdruck des ersten Gliedes, sondern mit der durch καί angefügten Epexegese übereinstimmend gebildet sind. Dadurch erledigt sich aber das oben erwähnte Bedenken Wohlrabs vollständig, zugleich aber rechtfertigt sich dadurch auch die auf die vorhergehende Aeusserung des Sokrates zurückgehende, streng genommen nicht nothwendige Wiederholung, die in den Worten αἴσχιστον τούτων ἐστίν enthalten ist und dem Ausdruck etwas pleonastisches und freieres oder, wie Stallbaum in Rücksicht auf die oben erwähnte Unebenheit sagt, etwas anakoluthisches gibt. Diesen Charakter der Rede will W. nicht anerkennen[1]), indem er die Construction so ordnet: οὐκοῦν ἀνιαρότατόν ἐστιν καὶ αἴσχιστον τούτων ἐστίν, ὑπερβάλλον ἀνίᾳ ἢ βλάβῃ ἢ ἀμφότερα. Diese Anordnung ist aber gewiss unrichtig und bedarf nach dem oben gesagten kaum einer Widerlegung. Die freiere Fassung des Satzes tritt auch in τούτων hervor, welches vermittelt durch das Wort πονηρία in der vorhergehenden Aeusserung des Sokrates auf das kurz vorher gesetzte τούτων τῶν πονηρῶν zurückweist. Wohlrab scheint übrigens nach dem Wortlaut seiner Anführung der Stelle mit Stallbaum das ἐστίν nach τούτων zu tilgen, mit Unrecht! Denn weder äussere noch innere Gründe sprechen dafür, da es in allen Handschriften steht und durch das ἂν εἴη in der angeführten Parallelstelle hinreichend gerechtfertigt ist und auch eher zur Abrundung und Verdeut-

---

1) Mit Unrecht tadelt auch W. die Uebersetzung, welche Ast in seinem Commentar gibt; sie hätte eben vollständig, d. h. mit Ergänzung des beigefügten cet. mitgetheilt werden müssen, oder besser so, wie sie in dem ersten Bande zur Seite des Textes lautet: *Nonne igitur haec vel acerbissima et propterea quod dolore superat turpissima est, vel propter damnum vel propter utrumque?* Hier sieht man deutlich, worin das erste vel sein Correlat hat.

lichung der Stelle dient, als eine Störung verursacht. Der wunde Fleck in der urkundlichen Ueberlieferung ist offenbar in dem ᾖ statt ἤ [1]) und der Auslassung des καί vor ἀνίᾳ und in der Beifügung von ἢ λύπῃ vor oder nach ἢ βλάβῃ, letzteren im Clarkianus, ersteren in den Handschriften Bekkers. Dieses dreifache Verderbniss scheint auf einen und denselben Grund zurückzugehen. Mit der Veränderung des ἤ in ᾖ, die ihre eigenthümliche Illustration durch die Vermuthung von H. Stephanus erhält und die dreigliedrige Disjunktion aufhob, war die Ergänzung durch das eingefügte ἢ λύπῃ, das schon durch die Unsicherheit der Stellung seine Unächtheit bewährt, gleichsam gefordert. Die dadurch herbeigeführte Störung der Construction und Erschwerung des Verständnisses mag dann auch die Auslassung des καί, die wenn sie nicht, wie z. B. die Auslassung des οὖν 478 D, reines Versehen ist, allerdings am unerklärlichsten erscheint, veranlasst haben. Ueber Hirschigs Zurechtrückung, der τούτων beseitigt und ἀμφότερα in ἀμφοτέρως verwandelt, hat bereits Deuschle in den Jahrbüchern (a. a. O. S. 502 f.) das nöthige bemerkt. Man wird also besser thun, von weiteren Aenderungen abzusehen, so lange dafür keine festere Grundlage als der luftige Bereich der Möglichkeiten gewonnen ist.

478 D: ΣΩ. *Χρηματιστικῆς μὲν ἄρα πενίας ἀπαλλάττει, ἰατρικὴ δὲ νόσου, δίκη δὲ ἀκολασίας καὶ ἀδικίας.* ΠΩΛ *Φαίνεται.* ΣΩ. *Τί οὖν τούτων κάλλιστόν ἐστιν;* ΠΩΛ. *Τίνων λέγεις;* ΣΩ. *Χρηματιστικῆς, ἰατρικῆς, δίκης.* ΠΩΛ. *Πολὺ διαφέρει, ὦ Σώκρατες, ἡ δίκη.* So stellte Bekker die Rede her, die freilich dadurch keine streng urkundliche Form gewonnen hat. Vulgata und Handschriften fügen nach *κάλλιστόν ἐστιν* bei *ὧν λέγεις,* woraus Findeisen, dem Stallbaum beipflichtet, nach den Spuren einer nicht eben massgebenden Handschrift mit Berücksichtigung der vorhergehenden Erörterung *ὧν λέγω* gemacht hat. Viel Wahrscheinlichkeit hat diese Aenderung freilich nicht, am allerwenigsten den Grad der Gewissheit, den ihm

---

1) Das handschriftliche ᾖ liesse sich höchstens halten, wenn man ἢ vor demselben einschaltete. Diese Lesart, die man aus der Uebersetzung von Ficinus herausliest, legte Schleiermacher seiner Uebersetzung zu Grunde, in der er auch das in den Hdschr. fehlende καί geschickt zu umgehen weiss. Es ist nicht zu leugnen, dass diese Constituierung des Textes wegen der theilweisen Uebereinstimmung mit der urkundlich bestbeglaubigten Lesart etwas für sich hat.

Stallbaum beantragt durch die Behauptung, dass diese Worte gefordert seien durch das folgende τίνων λέγεις. Nimmt man aber einmal zur Ausscheidung seine Zuflucht, so gewinnt allerdings die Annahme eines weiterreichenden Verderbnisses an Wahrscheinlichkeit. Kratz (a. a. O. S. 124) glaubt nämlich der Stelle am besten durch Ausscheidung aller Worte von ὃν λέγεις an bis δίκης geholfen und weiss die Annahme einer Dittographie so plausibel zu machen, dass man ihm wohl beistimmen möchte. Nur scheint er mir ebenfalls etwas zu weit zu gehen in der Selbstgewissheit, wenn er meint, jedenfalls werde Platon durch diese umfassende Ausscheidung „ein Liebesdienst erwiesen". Denn am Ende könnte doch die „kindisch-gedankenlose Frage τίνων λέγεις (nebst der Antwort darauf)" zu der gleichen Art von Charakteristik gehören, wie oben das εἰ μὴ οὕτως εὐπορεῖς und andere Aeusserungen an anderen Stellen, die eben das Widerstreben, mit dem Polos seine Zugeständnisse macht, kennzeichnen sollen. Oder will der Verf. sein Kraftwort in dem Sinn eines *indignor quandoque bonus dormitat Homerus* verstanden wissen?

478 E scheint mir Kecks Vermuthung, dass δεύτερος δέ που zu lesen sei, Berücksichtigung zu verdienen. Deuschle und Stallbaum bleiben bei der vulgata, die δὲ δήπου bietet, während das δέ die meisten und besten Hdschr. weglassen.

Eine der nächsten Aeusserungen des S. lautete nach der überlieferten Lesart: Κάκιστα ἄρα ζῇ ὁ ἔχων ἀδικίαν καὶ μὴ ἀπαλλαττόμενος. Es ist eine feine Bemerkung Dobrees, dass statt ἀδικίαν eigentlich κακίαν zu erwarten sei. Ob aber der Tausch geradezu geboten ist, bleibt doch fraglich. Ueberblickt man nämlich die vorhergehende Erörterung von 477 A an, so sieht man zwar, dass Sokrates die Ausdrücke κακία und πονηρία als die Gattungsbegriffe für jede Art der Schlechtigkeit, sei es der Seele oder des Leibes oder des Vermögens, bei jener also für alle Arten von Untugend, wie ἀδικία, ἀμαθία, δειλία gebraucht, doch aber auch πονηρία und ἀδικία wie Synonyma verbindet [1]. Es mag daher auch an der fraglichen Stelle nicht als ein eigentlicher dialektischer Fehler — ein προαρπάζειν τὸν λόγον — zu betrachten sein, wenn Sokrates, seinem Ziele näher rückend, statt

---

[1] So 478 A: τίς δὲ πονηρίας καὶ ἀδικίας, wo nach Analogie der vorhergehenden Beispiele eigentlich nur ἀδικίας zu erwarten war.

der πονηρία oder κακία hier gleich die ἀδικία setzt, die ihm nach dem ganzen Gang der Untersuchung von 474 A an nicht bloss als die vornehmste Art, sondern als der wahre Inbegriff der Schlechtigkeit der Seele gilt.

480 A setzt Deuschle statt des überlieferten ὥσπερ παρὰ τὸν ἰατρόν ὡς παρὰ τ. ι. mit Beistimmung Krcks. Ob aber die aufgestellte Theorie über den Unterschied der beiden Ausdrücke wirklich im Sprachgebrauch begründet ist, erscheint doch nicht so ausgemacht und bedürfte noch einer ausführlicheren Begründung, da sie keinesfalls zu allgemeiner Anerkennung gelangt ist. Krüger § 68, 8 führt neben dem Beispiel aus Platon παρ' ἡμᾶς φοῖτα ὡς παρὰ φίλους aus Isäus an: ὡς βασιλέα πλέομεν ὥσπερ πρὸς δεσπότην. Das πέρ könnte eben doch, wie in andern Zusammensetzungen z. B. mit εἰ, seine ursprüngliche Bedeutung einer nachdrucksamen Betonung bewahren. Wenn der, der ein Unrecht begangen hat, aus eigenem Antrieb zu dem Richter geht, um Strafe zu erleiden, so betrachtet er ihn geradeso, wie einen Arzt.

480 B möchte ich nunmehr lieber die Lesart πῶς λέγομεν, der auch Stallbaum den Vorzug gibt, statt der urkundlich allerdings besser beglaubigten πῶς λέγωμεν herstellen. Der Unterschied dieser Frage des Sokrates von der folgenden des Polos τί γὰρ δὴ φῶμεν darf nicht wohl verwischt werden, kann aber eben nur durch die Verschiedenheit des Modus zum Ausdruck kommen.

480 C erneuert Naber die schon früher von Dergk aufgestellte Vermuthung, dass statt μύσαντα zu lesen sei μὴ μύσαντα. Dagegen macht Hirschig mit Recht auf die Unzukömmlichkeit aufmerksam, die durch die Beifügung der Negation in dem zweiten Glied mit ἀλλά nach μή ἀποδειλιᾶν entstünde, die freilich nicht so gross ist, als Hirschig meint, da μή sich an eine Nebenbestimmung anschlösse, doch aber auch in Betracht kommt neben den Gründen, die ohnehin für Beibehaltung der überlieferten Lesart sprechen und in den neueren Ausgaben zu gebührender Anerkennung gebracht sind*.

482 D konnte ich mich trotz der gewichtigen Befürwortung Bernhardys und der lebhaften Vertheidigung Winckelmanns nicht entschliessen, die urkundlich bestempfohlene Lesart καί σου καταγελᾶν aufzunehmen, da hier der Gegensatz zu den von ἔφη

abhängigen Infinitiven die Form der directen Aussage unabweislich zu verlangen schien.

483 A: φύσει μὲν γὰρ πᾶν αἴσχιόν ἐστιν ἅπερ καὶ κάκιον, τὸ ἀδικεῖσθαι, νόμῳ δὲ τὸ ἀδικεῖν. So lautet die überlieferte Lesart, an der man vielfach Anstoss genommen und Heilungsversuche vorgenommen hat. Die einen wollten οἷον vor τὸ ἀδικεῖσθαι einschalten, andere πᾶν in πᾶσιν oder πάντως verwandeln oder gar streichen. Wohlrab ist mit keiner dieser Aenderungen einverstanden, nimmt aber doch auch seinerseits ein altes Verderbniss an, das ihm, wie anderen, in dem Worte πᾶν zu liegen scheint; nur will er keine von πᾶς abgeleitete Form, sondern τοῦτο (τοῦτ') dafür gesetzt wissen. Dass, wäre dieses überliefert, niemand einen Anstoss finden würde, ist gewiss; ob aber auch die Entstehung des Verderbnisses auf diese Weise sich mit mehr Wahrscheinlichkeit erklären lässt, als auf eine andere, möchte doch fraglich sein; und am Ende trennt sich doch vielleicht mancher ungern von dem verfehmten πᾶν, das der Aeusserung des Kallikles einen kräftigen Anstrich gibt und möglicher Weise dazu dient, die erregte Gemüthsstimmung durchblicken zu lassen, mit der Kallikles in das Gespräch eintritt und die sich namentlich nach der längeren Antwort des Sokrates in den ersten Worten seiner Entgegnung[1]) deutlich genug ausdrückt. Dieser längeren Auslassung aber gehören auch die fraglichen Worte an, die ganz darnach aussehen, als nehme der sprechende anfangs den Mund recht voll in dem verallgemeinernden πᾶν, bleibe aber schliesslich doch bei dem stehen, was er von Anfang an allein im Sinne hatte. So kann man sich wenigstens die Schwierigkeit erklären, die in der Kluft zwischen πᾶν und τὸ ἀδικεῖσθαι liegt: durch die Einsetzung des τοῦτο an der Stelle von πᾶν würde dieselbe freilich verschwinden, aber wie durch ein gleichgültiges Füllsel, das den Reiz nicht eben erhöht[2]).

Eine eingehende Behandlung erfährt die oben genannte Stelle in Zusammenhang mit der ganzen Erörterung von 481 C an in der zur Ernennung des Directors Stier geschriebenen Gratulationsschrift von Hermann Schmidt, welche betitelt ist: *De quatuor Gorgiae Platonici locis disputatio*. Vitebergae 1862. Schmidt

---

[1] 482 C: Ὦ Σώκρατες, δοκεῖς νεανιεύεσθαι ἐν τοῖς λόγοις ὡς ἀληθῶς δημηγόρος ὤν κτλ.

[2] Die gleiche Ansicht äussert Kratz in einer Bemerkung im Anhang zu seiner Ausgabe.

thut zunächst die gänzliche Grundlosigkeit und Unhaltbarkeit der von Ast nach Sybrands Vorgang vorgenommenen Aenderung dar — derselbe wollte die den oben angeführten vorhergehenden Worte Πώλου τὸ κατὰ νόμον αἴσχιον λέγοντος, σὺ τὸν νόμον ἰδιώκαθες κατὰ φύσιν so umgestaltet: Πώλου τὸ κατὰ φύσιν αἴσχιον λέγοντος σὺ τὸν νόμον ἰδιώκαθες — zeigt dann, dass bereits Heindorf den Sinn der Worte richtig aufgefasst habe[1]), ohne jedoch auch den Zusammenhang der Gedanken zu erläutern; das letztere habe Deuschle, dessen Verdienste um die Erklärung der Platonischen Schriften mit Wärme gewürdigt werden, unternommen, sei aber dabei nicht ganz im Einklang mit dem Sinn der Platonischen Worte geblieben[2]). Diese Bemerkung bezieht sich zunächst auf folgende Auslassung Deuschles: „Sokrates habe das Zugeständnis des Polos behandelt — darnach seine Schlüsse gezogen — als ob darin zugestanden sei, dass das Unrechttun nach der Natur, d. i. an sich hässlicher sei als das Unrechtleiden. Denn, so schliesst sich das folgende hier so, das von Natur Hässliche falle mit dem Schlechten zusammen — das sei aber gerade das Unrechtleiden, daraus dürfe aber nicht der umgekehrte Schluss auf das durch das Gesetz für hässlicher erklärte gezogen werden, dass es auch das grössere Uebel sei". Dazu bemerkt Schmidt: „*Primum enim, quod negari vult Deuschlius a Callicle, quae turpitudinis et mali communio natura cadat in injuriam illatam, eandem lege cadere in acceptam, id revera tamen ab illo dici, indicant verba νόμῳ δὲ ἄδικεῖν, quae quid aliud significare possint, equidem non video*". Diese Worte Schmidts gestehe ich nicht zu verstehen, wie ich denn auch den gegen Deuschles Erklärung erhobenen Einwand für unbegründet halte. Der Sinn der Platonischen Worte kann eben doch kein anderer sein als der: Polos habe zugestanden, dass unrechttun hässlicher sei als unrechtleiden; dies gelte aber nur nach dem Gesetz, während nach der Natur unrechtleiden ebenso, wie das schlimmere, auch das hässlichere sei; denn von Natur sei alles hässlicher, was schlimmer sei, also unrechtleiden; Sokrates aber habe fälschlicher

---

1) Schmidt bemerkt dabei, dass Stallbaum mit Unrecht sich das Verdienst anschreibe, zuerst das richtige Verständnis der Stelle erschlossen zu haben. Diese allerdings unberechtigte Aeusserung hat Stallbaum übrigens bereits selbst in der 3. Aufl. zurückgenommen.

2) *Ipsum autem in his nonnulla, quae parum constare videantur cum Platonis verbis.*

Weise den allgemeinen Satz, dass alles hässlicher sei, was schlimmer ist, auf das dem Gesetz nach hässlichere übertragen¹) und daraus geschlossen, dass dasselbe auch schlimmer sei, damit aber nur seinen Gegner übertölpelt — was freilich nach der sittlichen Theorie des Kallikles Lob verdiente, hier aber mit Tadel belegt wird —, da die Identität des hässlichen und schlimmen sich nur auf das natürliche Verhältniss beider Begriffe beziehe. Ich weiss nicht, ob Schmidt in dieser Auseinandersetzung den Sinn der Platonischen Worte richtig erkannt findet, da dieselbe im wesentlichen mit der Erklärung Deuschles übereinstimmt, in der er einen Widerspruch oder wenigstens Mangel an Uebereinstimmung mit den Platonischen Worten findet²).

483 E ist eine Stelle, in welcher die Kritik wohl schwerlich zu einem endgültigen Entscheid kommen wird. Es ist wohl kaum zu bezweifeln, dass, wenn nur innere Gründe massgebend wären, zunächst also bloss der Zusammenhang in Betracht käme, der Zusatz τὴν τοῦ δικαίου nach κατὰ φύσιν wegfallen würde. Da indessen alle Handschriften die Worte haben und die Aeusserung

---

1) οὐ τὸν νόμον ἰδιώτης κατὰ φύσιν.

2) Schmidt selbst gibt folgende Erklärung: „Etenim Callicles posuit, Polum in altero, quod Socrati interroganti concesserit: injuriam facere turpius esse quam accipere, speciatim legem seu opinionem hominum, in altero: injuriam accipere pejus esse quam facere, ipsius rei naturam. Quod etsi effugere non potuerit Socratem, rationem tamen eum ex priori illa conversatione conclusisse, quam si bona fide disputare voluisset, a posteriori disputandi principium repetere debuisset, quod si fecisset, longe aliud quid inde consequuturum fuisse: natura (φύσει γάρ) injuriam accipere ut sit pejus ita esse etiam turpius, lege autem injuriam facere; non enim viri esse pati sibi injuriam inferri, sed servi. Posteriori igitur γάρ (οὐδὲ γάρ) affertur causa, cur turpius sit injuriam accipere; nam αἴσχιον est praedicatum, ὅπερ καὶ κάκιον subjectum; priori autem quod a γάρ particula orditur enunciato (φύσει γάρ) patet non minus quam posteriori ipsam jam Socratis de hac re sententiam in examen vocari." Die letzteren Worte sind gegen Deuschles Bemerkung zu S. 96, 4 (S. 109, 3 der 2. Aufl.) gerichtet; aber, wie mir scheint, mit Unrecht; denn wenn der mit φύσει γάρ anfangende Satz auch recht den Angelpunkt der ganzen Lebensansicht des Kallikles enthält, und somit auch der Sokratischen Ethik entgegengesetzt ist, so steht er hier doch im engsten Zusammenhang mit dem Bestreben, die Trüglichkeit der Sokratischen Beweisführung darzuthun. Was nun die Auseinandersetzung Schmidts über den Gang der Erörterung des Kallikles betrifft, so scheint mir dieselbe mehr auf das Gespräch des Sokrates mit Polos begründet als unmittelbar aus der Ausführung des Kallikles entnommen zu sein".

des Kallikles oben D ἡ ὅ γε οἶμαι φύσις κτί. allerdings einigen Anhalt bietet, in dem Gegensatz κατὰ φύσιν τὴν τοῦ δικαίου und κατὰ νόμον γε τὸν τῆς φύσεως ein beabsichtigtes Wortspiel zu sehen, so wird man wohl Anstand nehmen, die von Schleiermacher und anderen verurtheilten Worte geradezu auszuscheiden, selbst wenn man nicht so unbedingt dem Urtheile Kecks beipflichten kann, der behauptet, dass durch die Athetese der fraglichen Worte eine offenbare Schönheit des Schriftstellers zerstört würde. Noch weniger kann ich der Wiederherstellung des von Hermann ausgeschiedenen τιθέμεθα das Wort reden. Das Asyndeton, mag man nun mit Stallbaum vor πλάττοντες oder mit Keck — denn darin ist Stallbaum nicht sein Vorgänger, wie er fälschlich annimmt — vor ἐκ νέων ein Kolon setzen, hat immer etwas unnatürliches und reist in letzterem Falle zusammengehöriges aus einander. Die Beifügung eines so gewöhnlichen Verbums zur Erklärung ist bei den gehäuften Participien nicht eben auffallend.

484 A will Naber διαφυγών ausgeschieden, wogegen Hirschig mit Recht Einsprache erhebt; denn derselbe Grund, der für die Weglassung des von den meisten und besten Handschriften nicht dargebotenen καί vor καταπατήσας spricht, spricht auch für die Beibehaltung des urkundlich gesicherten διαφυγών. Erwähnenswerth, aber doch nicht anzunehmen ist die scharfsinnig ausgedachte Vermuthung Valckenärs, dass statt γράμματα' περιάμματα zu setzen sei, wofür sich Naber und Hirschig mit voller Entschiedenheit erklären.

485 A B: ἔγωγε ὁμοιότατον πάσχω πρὸς τοὺς φιλοσοφοῦντας ὥσπερ πρὸς τοὺς ψελλιζομένους καὶ παίζοντας. ὅταν μὲν γὰρ παιδίον ἴδω, ᾧ ἔτι προσήκει διαλέγεσθαι οὕτω, ψελλιζόμενον καὶ παῖζον, χαίρω καὶ χαρίεν μοι φαίνεται καὶ ἐλευθέριον καὶ πρέπον τῇ τοῦ παιδίου ἡλικίᾳ κτί. So lautet die überlieferte Lesart. Deuschle scheidet mit Hirschig die Worte ᾧ ἔτι προσήκει διαλέγεσθαι οὕτω als Glossem aus. Keck in seiner Recension unserer Ausgabe (Jahrbb. 1861 S. 421) nennt diese Athetese Hirschigs bodenlos. Ich betrachtete sie als nicht absolut nöthig, und da ich glaubte, dass die beanstandeten Worte weder dem Sprachgebrauch widerstrebten noch den geforderten Sinn beeinträchtigten, so behielt ich sie im Text, wenn ich auch nicht verkannte, dass die rhetorische Form des Satzes durch die Entfernung dieses Gliedes gewinnen würde. Allein es

schien mir besser, dem Lehrer, der diese Ansicht hegt, die Initiative zu lassen und dadurch den Text von den immerhin lästigen Klammern zu befreien, als einem anderen, der, wie Keck urtheilt, Veranlassung zu einer ähnlichen Expectoration zu geben. Ich glaubte dies um so unbedenklicher thun zu können, als eine eingehende Besprechung mehrerer Stellen zugleich als Ergänzung der Schulausgabe ohnedies in meiner Absicht lag. Inzwischen hat sich die *species facti* bedeutend verändert, nachdem Kratz, der in seiner Ausgabe die fraglichen Worte ohne ein Zeichen der Unechtheit oder eine Aeusserung des Bedenkens in dem Text belassen hatte, a. d. a. O. S. 30 ff. den Beweis der Unechtheit angetreten hat. Drei Punkte sind es, auf die sich der geführte Beweis stützt: 1) sie greifen einer anderen unzweifelhaft echten Aeusserung vor; 2) sie machen den Ausdruck unnatürlich und 3) sie widerstreiten dem Sprachgebrauch und enthalten eine *contradictio in adjecto*. Offenbar ist der letzte Beschwerdepunkt der bedenklichste. Hat es mit diesem seine volle Richtigkeit, so braucht man die beiden anderen gar nicht ins Auge zu fassen: er allein reicht aus, um die Ausscheidung der Worte zu rechtfertigen und zu erheischen.

Wir fragen also: worin liegt die Unmöglichkeit des Ausdrucks? Kratz antwortet: In der Verbindung von $\psi ελλιζόμενον$ — das liegt nämlich in οὕτω — $διαλέγεσθαι$; denn $διαλέγεσθαι$ bedeutet, mag man seinen Begriff auch noch so sehr abstumpfen, doch zum allermindesten ein fertiges, articulirtes Sprechen; dem widerstreitet aber $\psi ελλίζεσθαι$, das lallen, stammeln, überhaupt unfertig reden oder, wie die Glosse des Hesychius lautet, $ἀσήμως λαλεῖν$ bedeutet. Indessen glaube ich doch nicht, dass Kallikles völlig unarticulierte Laute, $ἄσημα κνυζήματα$, wie Herodot an einer bekannten Stelle sagt, meinte, sondern vielmehr das Stadium des Redens bezeichnen wollte, worin sich eben die kindliche Sprache noch zu erkennen gibt. Von einem solchen drei- oder vierjährigen Kind kann man im Gegensatz gegen ein ein- oder zweijähriges wohl sagen, es spricht oder redet schon ganz deutlich oder geläufig; und hinwiederum in Vergleich mit einem erwachsenen, der über einen grösseren Kreis von Worten und Begriffen verfügt, es redet als und wie ein Kind, oder es ist noch ein lallendes, unmündiges Kind. Wer sollte nicht schon Kinder kennen gelernt haben, ich will sagen von fünf Jahren, deren Redefähigkeit mit ihrer Redelust in solchem Einklang steht, dass man wohl einmal versucht ist zu sagen: du bist ein ganzer Redner; und darüber doch nicht übersieht, dass es, nach dem Maassstab eines ausgebildeten Mannes gemessen, eben doch noch in der ganzen Art der Sprache ein Kind und nur ein Kind ist. Sollte man von einem solchen Kind, was frei und ungehindert mit anderen — Kindern und erwachsenen — spricht, nicht das Wort διαλέγεσθαι in seinem einfachsten und natürlichsten Sinn — den technischen Gebrauch urgiert ja auch Kratz nicht — etwa wie Platon den Alkibiades im Gastmahl sagen lässt: ᾤμην αὐτίκα διαλέξεσθαι αὐτόν μοι ἅπερ ἂν ἐραστὴς παιδικοῖς ἐν ἐρημίᾳ διαλεχθείη, gebrauchen können? Ich sollte doch wohl meinen und glaube, dass damit die angebliche Interpolation wenigstens von dem Vorwurf der logischen und sprachlichen Unrichtigkeit befreit ist.

Weniger günstig steht es nun allerdings mit der anderen, der rhetorisch-stilistischen Seite. Zunächst ist nicht zu leugnen, dass durch den dazwischengeschobenen Relativsatz, der sich offenbar nur auf das erste der folgenden Participien beziehen kann, die Verbindung der beiden mit ἴδω erschwert wird; und dass Heindorfs Vermuthung, es sei παίζειν statt παίζον zu lesen, auch keine wesentliche Verbesserung enthält, sondern eher einen neuen Missstand herbeiführt, ist auch richtig. Indessen, sieht man die ganze Periode an, wie sie ist, auch wenn der angefochtene Relativsatz hinwegfällt, so wird man nicht verkennen, dass auch dann nicht allen Forderungen genügt ist, die man an die stilistische Gestaltung der Periode stellen könnte. So vermisst Schleiermacher in dem Satz ὅταν δὲ σαφῶς διαλεγομένου παιδαρίου ἀκούσω ein dem παίζον oben entsprechendes Glied. Man könnte nun zwar gegenüber der Behauptung, dass der Gegensatz zu παίζον nur in der negativen Fassung μὴ παίζον denkbar wäre, einfach auf 481 B σπουδάζει ταῦτα Σωκράτης ἢ παίζει; verweisen. Doch wäre allerdings auch der hieraus zu entnehmende Ausdruck ohne einen Beisatz mit dem Begriff der ununterbrochenen Fortdauer nicht eben „zweckmässig". Man muss also gestehen, dass Kratz das Bedenken Schleiermachers mit Geschick beseitigt, indem er zeigt, dass „die kleine Unterlassungssünde, wenn je von einer solchen hier die Rede sein kann", einen anderen Vortheil gewährt. Könnte nicht ebenso hier der lästige Zusatz doch auch einen Werth haben? Dass in der ganzen Vergleichung das ψελλίζεσθαι die Hauptrolle spielt, ist unverkennbar und in dem eben erwähnten Satz von Kratz selbst zur Anerkennung gebracht. Dadurch liesse es sich rechtfertigen, dass die Nebenbemerkung nur dem einen Begriff ausdrücklich beigefügt, bei dem andern aber beliebiger Ergänzung überlassen wird. Freilich greift dieselbe einer folgenden Bemerkung etwas vor; aber eben das Vordringen einer Aeusserung, die dem Redner besonders in Gedanken liegt, ist ja der griechischen Sprache von Homer an recht eigentümlich; es entspricht der Lebhaftigkeit des denkens und fühlens, die eben in dem Naturell des Griechen liegt, und tritt natürlich um so mehr hervor, je stärker die Empfindung angeregt ist. Ganz gleichbedeutend sind übrigens die beiden Ausdrücke προσήκει und πρέπον φαίνεται auch nicht; ersteres drückt aus, dass das stammeln dem Kind noch zukommt, ihm also nicht übel genommen werden darf, während letzteres es sogar schön nennt und angenehm zu hören. Von einer Unnatürlichkeit des Ausdrucks kann man somit eigentlich nicht reden; ja es fragt sich sogar, ob man nicht in dem grammatisch und stilistisch etwas ungefügen Nebensatz vielmehr auch eines der Mittel zu erkennen hat, durch welche es Platon mit unnachahmlicher Kunst versteht, der Rede den Reiz ungeschminkter Natürlichkeit zu verleihen. Diesen Maassstab der Beurtheilung wird man auch bei dem Worte ἐλευθέριον anwenden müssen, von dem Kratz zeigt, dass, wenn man recht streng mit ihm ins Gericht geht, sich auch eine gewisse Unzuträglichkeit ergibt, die derselbe damit beseitigt, dass er diesen Begriff vorzugsweise auf das spielen des Kindes, nicht auf das sprechen bezieht. Bequemt man sich aber hier zu einer solchen lässlicheren Auffassung, wie sie dem ganzen Charakter der Auslassung des Kallikles wohl angemessen ist, so kommt dieselbe auch den angefochtenen Worten zu gute, denen gegenüber dann auch die strenge Entschiedenheit der Verwerfung nicht mehr am Platz ist.

485 E vertheidigt Wohlrab die überlieferte Lesart ἐλεύθερον δὲ καὶ μέγα καὶ ἱκανὸν μηδέποτε φθέγξασθαι gegen die mit vielseitigem Beifall aufgenommene Conjectur Heindorfs, der νεανικόν statt ἱκανόν empfahl, obwohl nicht in den Text nahm. Man wird sich immerhin etwas schwer von dem bei Platon und Euripides ziemlich beliebten Worte, das mit dem Homerischen ὑπερφίαλος einige Verwandtschaft im guten und schlimmen zu haben scheint, lossagen, da sein Begriff doch gar gut in den Zusammenhang der Rede und zu dem Charakter des sprechenden

zu passen scheint. Freilich ist dies noch kein hinreichender Grund, das überlieferte *ίκανόν* zu verdrängen, wenn seine Bedeutung dem Sinn und Zusammenhang nicht widerstrebt. Ob diesem gerade am besten die Uebersetzung Wohlrabs [1]) mit der aufgenommenen *gradatio ad minus* entspricht, möchte doch sehr die Frage sein, da sie schon die Gleichmässigkeit der Verbindung, wie sie im Original erscheint, aufhebt. Eher könnte man sich mit der von Ast und Vögelin aufgestellten Bedeutung „etwas tüchtiges" befreunden; sogar 'etwas zureichendes' würde wohl passen, wenn man dabei die praktische Wirksamkeit neben der äusseren Erscheinung und dem inneren Grunde, d. h. also verschiedene Seiten der Bethätigung ins Auge fasste, ohne dabei an eine Stufenfolge sei es im Sinne Hermanns oder Wohlrabs zu denken. Die gleiche Ansicht vertritt auch Kratz.

485 E: *καὶ φύσιν ψυχῆς ὧδε γενναίαν μειρακιώδει τινὶ διακρίκεις μορφάσματι.* So lautet die Stelle nach der Ueberlieferung der Handschriften, in der man leicht den dichterischen Grundton erkennt. - Dass *μειρακιώδει* eine dem Zweck des sprechenden angepasste Umbildung aus *γυναικομίμῳ* ist, dafür fehlt es nicht an ausdrücklicher Bezeugung. Mehr Schwierigkeit bietet das Wort *διακρίκεις*, das in seinem intransitiven Gebrauch aus dem Anfang der ersten olympischen Ode Pindars hinlänglich bekannt ist, um so mehr aber hier durch die Verbindung mit dem Accusativ Anstoss erregt. Die Aenderung in *διατρίκεις* oder *διαστρέφεις*, welche letztere dem Sinne besser entspräche, bot sich leicht an, vermochte aber doch nicht durchzudringen, da die überlieferte Lesart zu deutlich ihr echt dichterisches Gepräge an sich trägt und namentlich in dieser ironischen Bedeutung durch eine Stelle in der Alcestis [2]) gerade für Euripides gesichert erscheint. Ob daher *αἰσχρῶς*, das man aus der Anführung des Philostratus entnimmt, dem Dichter wirklich gehört, könnte immerhin zweifelhaft erscheinen. Was aber das Verbum betrifft, so bliebe natürlich auch noch die Möglichkeit, an die, wenn ich nicht irre, auch schon gedacht worden ist, dass dasselbe zwar dem Dichter angehörte, aber doch in den Platonischen Text sich nur aus einer Randbemerkung verirrt und das Wort verdrängt hätte,

---

1) Sie lautet: „er wird kein grosses und freies, kein auch nur genügendes Wort sprechen", wobei die Aenderung der Ordnung in den beiden ersten Ausdrücken unbeabsichtigt zu sein scheint.
2) *ἡ τάρα πάντων διακρίκησις ἀφυγίᾳ κτἑ.*

das der Schriftsteller nach seinen künstlerischen Zwecken an die Stelle des dichterischen Ausdrucks gesetzt hätte. Bei dieser Annahme wäre dann freilich die Aehnlichkeit mit dem Dichterwort gar nicht so erforderlich; es könnte ebenso gut διαφθείρειν wie διαστρέφειν oder διατρέπειν heissen; denn auch das letzte Wort, so nahe es den Buchstaben nach der überlieferten Lesart kommt, enthält doch immerhin eine starke Veränderung dadurch, dass die transitive Bedeutung an die Stelle der intransitiven tritt. Ast glaubt nun gegen Heindorf und Valckenär selbst für διαφρίκειν die transitive Bedeutung, und zwar eben auch aus Philostratus rechtfertigen zu können und damit ebensowohl für den Dichter als für den Prosaiker sicher zu stellen. Dieser Ansicht folgten mit mehr oder weniger Zuversicht Deuschle, Jahn und Kratz und auch Ich nahm weder in dem Text noch in der erläuternden Bemerkung Deuschles eine Aenderung vor, da dieselbe eben doch nothwendiger Weise einen Eingriff in die Ueberlieferung zur Folge gehabt hätte, wofür denn doch zu wenig Anhaltspunkte gegeben sind. Indessen zu sicher möchte ich auf die Richtigkeit der Ast-schen Annahme auch nicht bauen; Bedenken flösst mir eben die Stelle in der Alcestis ein, welche die Uebereinstimmung mit dem Pindarischen Gebrauch darthut und mit unserm Fragment doch manches gemeinsam hat. Freilich zu der Auffassung, welche Stallbaum in Uebereinstimmung mit H. Stephanus empfiehlt[1]), den Accusativ so zu sagen adverbialiter zu nehmen, möchte ich mich in keinem Falle bekennen. Eher wäre ich geneigt anzunehmen, dass die ganze Schwierigkeit auf einer Auslassungssünde des Archetypus unserer Platonischen Handschriften beruhe und das ἔχον, welches N a u c k in seiner Textconstituierung dem Dichter zutheilt, oder etwas ähnliches, z. B. λαχών, das sich vielleicht nach beiden Seiten (vgl. Theset. 210 C) empfähle, auch dem Prosaiker zukomme.

Auch der weitere Verlauf der Rede des Kallikles mit ihren Beziehungen auf die Tragödie des Euripides bietet noch hie und da Zweifeln

---

1) „*Neque Heindorfio verbum vitio carere visum est, qui illud usquam activo sensu usurpari negavit. In quo postremo esse verum perspexit. Nec tamen inde consequitur quod voluit, quam διαφρίκειν ac hic quidem active accipiendum sit. Est enim sententia haec: Et ad indolem animi adeo generosam puerili conspicuus es decore.*" Dieses „ad" soll wohl nichts anderes ausdrücken, als was Stephanus im Thesaurus mit der bekannten Ergänzung von κατά meint.

Raum. Allgemein folgten die neueren Ausgaben der bestbeglaubigten Ueberlieferung durch Aufnahme der Lesart προσθεῖ' ἄν statt der vulgata προθεῖ' ἄν, obwohl die letztere nach Sinn und Sprachgebrauch sich fast besser empfähle, wobei es zweifelhaft bleibt, ob das ἄν vor δίκης βουλαῖσι beizubehalten oder in ἐν zu verwandeln ist. Allgemeine Anerkennung hat die glänzende Coujectur von Bonitz, der das überlieferte λάβοις durch das poetische λάποις ersetzt, gefunden und wird sich wohl fortan im Platonischen Text behaupten, freilich zugleich mit dem Anspruch auf Herstellung in dem Texte des Dichters. Ob dann nicht auch die Aufnahme des von den meisten und besten Handschriften dargebotenen doppelten ἄν sowohl nach εἰκός als nach πιθανόν, wo es die vulgata halte, gerechtfertigt erscheint, ist vorläufig die Frage; keine Frage dagegen wohl, dass es in keiner Weise geboten ist, an Stelle der bestbeglaubigten Lesart ὑπὲρ ἄλλου sei es die freilich auch nicht ganz aller handschriftlichen Autorität entbehrende ὑπὲρ ἄλλων oder gar dem poetischen Rhythmus zu Lieb ἄλλων ὑπὲρ zu setzen. Die rhythmische Constituierung scheint übrigens noch nicht zum Abschluss gediehen zu sein und wird wohl, wenn nicht neue Quellen sich erschliessen, wegen der Unvollständigkeit der Ueberlieferung schwerlich dazu gelangen.

486 B scheint die von Kratz S. 124 versuchte Erklärung des jedenfalls etwas lose angefügten Ausdrucks ὑπὸ δὲ τῶν ἐχθρῶν περιουλᾶσθαι πᾶσαν τὴν οὐσίαν, ἀτεχνῶς δὲ ἕτερον ζῆν ἐν τῇ πόλει durch Zurückgehen auf den Hauptsatz πῶς σοφὸν τοῦτό ἐστιν immerhin beachtenswerth, obwohl das folgende τὸν δὲ τοιοῦτον doch mehr auf das ἔθηκε χείρονα zurückweist und somit auf den mit εἴ τις beginnenden Nebensatz, dem das fragliche Satzglied auch dem Gedanken nach mehr angehört. Ich möchte daher eher glauben, dass hier ein Fall vorliegt, wie der 471 D ἐκήνυσα κτἑ. und 520 D (200, 10) und Apolog. 38 B (98, 4 d. 4. Aufl.) besprochene, dass also aus dem negativen Begriff μὴ δυνάμενον ein entsprechender positiver zu entnehmen ist. Demgemäss würde sich auch das folgende τὸν τοιοῦτον ... ἔξεστιν κτἑ. in ganz augemessener Weise anschliessen.

486 D möchte doch die Lesart der besten Handschriften, οὐδέν με δεῖ ἄλλης βασάνου statt der vulg. μοι einige Beachtung verdienen, wenn diese Construction, wie aus Kr. 48, 7, 2 zu entnehmen, bei Euripides und Aristoteles vorkommt.

486 E: Εὖ οἶδ' ὅτι ἄν μοι σὺ ὁμολογήσῃς περὶ ὧν ἡ

μὴ ψυχῇ δοξάζει, ταῦτ' ἤδη ἐστὶν αὐτὰ τἀληθῆ. Diese Lesart fast aller Handschriften, darunter der besten, behalte ich mit Deuschle bei, obwohl die neueren Herausgeber sämmtlich mit ausdrücklicher Deistimmung Sauppes zu Protagoras 352 C das von Dekker empfohlene ἄν an die Stelle von ἂν gesetzt haben. Vermisst kann das Object zu ὁμολογήσῃς nicht werden, da dieses Verbum auch sonst (z. B. 482 B) absolute gebraucht wird und gerade der Wechsel des Accusativs mit περί c. gen. sehr gewöhnlich ist. Aber auch das ταῦτα verlangt nicht unbedingt ein vorhergehendes ἅ, da es sein Correlat auch in περὶ ὧν finden kann und die etwas freiere, obwohl keineswegs lose Verbindung ebenso natürlich, als durch das kräftig eintretende ἂν wirksam scheint. Beachtenswerth ist auch die Form des Ausdrucks in dem unten (487 E) wiederkehrenden Gedanken, die auch mehr zu dem ἂν stimmt. Dieselbe Bewandtniss hat es 487 D mit ταῦτα, wofür Deuschle und Kratz mit Heindorf unter Billigung Kecks ταὐτά schreiben. Die Aenderung liegt nahe, ist aber nicht nöthig. Vgl. unten 488 A, wo alle Herausgeber ταῦτα beibehalten, ungeachtet dass Α Δ ταὐτά bieten.

488 B (123, 10) möchte ich mit Stallbaum und Aken (Zeitschrift f. d. Gymnasialwesen XXI 4 S. 260) schon nach εἶναι das Fragezeichen setzen, wie es Apolog. 25 A nach νεωτέρους gesetzt ist, natürlich mit Beibehaltung desselben nach μέμνημαι.

489 E schreiben Ast und Stallbaum Οὐ μὰ τὸν Ζῆθον, ὦ Καλλίκλεις κτί. um dem Sprachgebrauch zu genügen, der μά ohne vorhergehende oder nachfolgende sel es ausdrücklich gesetzte oder doch unausgesprochen in dem Ausdruck liegende Negation nicht zulässt. An Stelle der handschriftlichen Beglaubigung, die allerdings sehr schwach für das beigefügte οὐ ist, da nur eine der nicht maassgebenden Handschriften das οὐ am Rande hat, tritt das Citat des Hermogenes in der Schrift περὶ μεθόδου δεινότητος c. 20 (Rhett. Gr. ed. Speng. II 442), das um so weniger zu verachten ist, weil der Rhetor sich in den Platonischen Handschriften erfahren zeigt. Ein nicht unbedeutendes Gegengewicht bilden nun freilich die uns zu Gebote stehenden Handschriften. Dazu kommt, dass das folgende ἀλλ' ἴθι εἰπέ doch auch einigermassen für das vorhergehende Glied die Wirkung eines negativen Ausdruckes hervorbringt. Die Aeusserung des Kallikles Εἰρωνεύει, ὦ Σώκρατες hat ja ohnedies die Geltung einer Ablehnung, gegen welche das beschwörende μὰ τὸν

Ζῆθον gerichtet ist: beim Zethos, weigere dich nicht zu antworten, sondern sage u. s. w. Das häufige Vorkommen des μὰ Δί' ἀλλά bei Aristophanes lässt auf einen sehr gewöhnlichen Gebrauch im gemeinen Leben schliessen; und da könnte es wohl sein, dass es dann auch ohne ausdrücklich gesetzte oder in einer der sonst üblichen Weisen angedeutete Negation diese negative Bedeutung gewonnen hätte, etwa wie unser deutsches Bei Leibe! In solcher Rücksicht mag es gerechtfertigt sein, die handschriftliche Ueberlieferung nicht zu verlassen.

490 A καὶ οὐ ῥῆμά τι θηρεύω. So schrieb Deuschle mit Beistimmung Kecks, und ich behielt in der 2. Aufl. diese Lesart bei, da sie sich am engsten an die beste Ueberlieferung, welche ῥήματι bietet, anschliesst. Dass diese trotz Winckelmanns eifriger Vertheidigung und der Zustimmung Hermanns und Jahns nicht wohl haltbar ist, hat Kratz genügend dargethan; er selbst zieht mit Stallbaum die handschriftlich schwach beglaubigte Vulgata ῥήματα vor, weil er das Indefinitum für störend erachtet. Vielleicht ist es aber doch hier nicht so ganz unangemessen, wo Sokrates darauf ausgeht den Kallikles, der bisher mit den Worten κρείττων βελτίων ἀμείνων ein Spiel getrieben — daher Sokrates mit Bezug auf den ihm oben gemachten Vorwurf (οὐκ αἰσχύνει ὀνόματα θηρεύων;) sagt: ὁρᾷς ὅτι σὺ αὐτὸς ὀνόματα λέγεις; — zu einer bestimmten Formulierung zu nöthigen, die Sokrates in die Worte kleidet: πολλάκις ἆρα εἷς φρονῶν μυρίων μὴ φρονούντων κρείττων ἐστί und nach weiterer Ausführung, die darauf berechnet ist, die Meinung des Kallikles vollständig auszudrücken, unter Voraussendung der fraglichen Worte kurzgefasst wiederholt mit der Frage: εἷ ὁ εἷς τῶν μυρίων κρείττων; Darin könnte also wohl Kallikles ein Jagd machen auf einen gewissen Ausdruck, eine bestimmte Redensart, eine Formel erkennen.

490 D E billigt Kratz die Beibehaltung des urkundlich allein beglaubigten Comparativs φρονιμώτερον, wofür nach Heindorfs Vorgang in den neueren Ausgaben φρονιμώτατον geschrieben wurde, hält es aber dann für nöthig, das folgende καὶ βέλτιστον mit σκυτοτόμον in der Weise zu verbinden, dass der Artikel vor βέλτιστον gesetzt wird. Man wird den Ausdruck ὁ βέλτιστος σκυτοτόμος in dem Sinne, wie oben τὸν ὑφαντικώτατον gesagt ist, also statt ὁ σκυτοτομικώτατος oder βέλτιστος εἰς σκυτοτομίαν, nicht gerade verwerfen können, da ja auch ἀγα-

δὸς αὐλητής oder διδάσκαλος u. s. dgl. gesagt wird. Ob indessen, wenn einmal eine Aenderung nöthig befunden wird, nicht doch die Annahme des Superlativs φρονιμώτατον, da ja auch sonst die Verwechselung beider Gradusformen vorkommt, räthlicher erscheint, dürfte wohl die Frage sein. Das Asyndeton, an dem Kratz ebenfalls Anstoss nimmt, wie ich glaube, ohne Grund, würde dann freilich bestehen bleiben.

491 B sagt Kallikles: κρείττους .. λέγω .. οἳ ἂν εἰς τὰ τῆς πόλεως πράγματα φρόνιμοι ὦσι ... καὶ μὴ ἀποκάμνωσι διὰ μαλακίαν τῆς ψυχῆς. Einige Handschriften, unter denen der Augustanus ist, lassen den Artikel vor ψυχῆς weg. Ihnen folgt Stallbaum „*certas quasdam ob causas*", wie er sich ausdrückt, und erhält die Beistimmung Asts, der sich auch mit Verweisung auf einige Bemerkungen zu Protagoras begnügt, ohne der Stelle eine individuelle Würdigung angedeihen zu lassen. Die *certae quaedam causae* Stallbaums werden nun wohl sich auf die Beobachtung beschränken, über die Krüger § 50, 2, 13 und im wesentlichen übereinstimmend die übrigen Grammatiken handeln. Dass aber mit dieser Beobachtung der Sprachgebrauch nicht erschöpft ist, sondern zahlreiche Fälle vorhanden sind, in welchen der Artikel bei den fraglichen Worten steht, erkennen ebensogut alle Grammatiker an. Es wird sich also fragen, ob der Artikel, den ausser dem Clarkianus die meisten Handschriften Bekkers, darunter der Vat. *d*, haben, hier nicht doch wohl am Platz ist. Offenbar drückt τῆς ψυχῆς eine deutlichere Beziehung auf das Subject des Satzes aus, als das unmittelbar an μαλακία sich anschliessende verallgemeinernde ψυχῆς. Jene bestimmtere, so zu sagen persönliche Fassung stimmt doch recht gut zu der etwas erregten und ärgerlichen Stimmung, die sich in dieser ganzen Aeusserung des Kallikles zu erkennen gibt und Ihren Grund hat in den seiner mit Leidenschaft festgehaltenen Lebensansicht durch die Sokratische Dialektik oder, wie er sagt, Wortfuchserei bereiteten Schwierigkeiten. Der Unterschied beider Lesarten mag sich im Deutschen etwa so wiedergeben lassen, dass das eine bedeutet: 'aus Weichlichkeit' oder 'Weichlichkeits halber', das andere: 'wegen ihrer Weichlichkeit', womit übrigens nicht gesagt sein soll, dass ich nicht μαλακία lieber durch 'Schwäche' übersetzen würde.

491 D lautet die vielbesprochene und mit einer ganzen Geschichte von Vermuthungen und Heilungsversuchen versehene Stelle

bei Stephanus: τί δὲ αὐτῶν, ὦ ἑταῖρε; ἢ τί ἄρχοντας, ἢ ἀρχομένους; Heindorf setzte nach τί δέ ein Fragezeichen und schrieb αὑτῶν statt αὐτῶν. Letztere Aenderung wurde, wie manche Vermuthungen dieses scharfsinnigen und sorgfältigen Kritikers, durch die Lesart des Clarkianus bestätigt; im übrigen behielt er, nur mit Tilgung des Kommas nach ἄρχοντας, die Stephanische Lesart bei, obwohl er durch Beachtung des Scholions auf die Vermuthung eines grösseren Verderbnisses gebracht wurde. Bekker, einer zwar nicht zu verachtenden, aber doch auch nicht gerade maassgebenden Handschrift, dem Paris. V folgend, hat die nach ἑταῖρε stehenden Worte getilgt, worin ihm Schleiermacher und die Zürcher Herausgeber gefolgt sind. Ast, mit Berücksichtigung der Uebersetzung des Ficinus, schlägt vor zu schreiben: τί δὲ αὐτῶν; ἄρχοντας ἢ τί ἀρχομένους, wahrscheinlich ohne die Worte ὦ ἑταῖρε auswerfen zu wollen. Stallbaum, weder Bekker noch Ast beistimmend, schrieb mit Berücksichtigung der handschriftlichen Ueberlieferung, die freilich selbst unter einander sehr abweichende Lesarten darbietet, in der zweiten Auflage: τί δέ; αὐτῶν, ὦ ἑταῖρε, τί [ἢ τί] ἄρχοντας ἢ ἀρχομένους, in der dritten Auflage dagegen: τί δὲ αὐτῶν, ὦ ἑταῖρε; τί ἢ τί ἄρχοντας ἢ ἀρχομένους; Er wollte mit dieser Schreibweise offenbar der Ueberlieferung möglichst treu bleiben, verzichtet aber in der Anmerkung darauf, die im Text gegebene Lesart zu erklären, schlägt vielmehr auf Grund der Erklärung des Olympiodorus vor zu schreiben: ΣΩ. Τί δὲ αὐτῶν, ὦ ἑταῖρε; ΚΑΛ. Τί δή; ΣΩ. Τί ἄρχοντας ἢ ἀρχομένους; ΚΑΛ. Πῶς λέγεις; mit der beigefügten Erklärung, dass τί in dem Sinn von κατὰ τί und der Genetiv αὐτῶν davon abhängig zu verstehen sei. Zwischen die zweite und dritte Auflage Stallbaums fällt die Ausgabe Hermanns, der nach eigener Vermuthung, wenn auch nicht ohne Berücksichtigung der handschriftlichen Ueberlieferung, schrieb: τί δὲ αὐτῶν, ὦ ἑταῖρε; τί οἴει; ἄρχοντας ἢ ἀρχομένους; ihm folgte Deuschle, während Jahn, ebenfalls nach eigener Vermuthung, schrieb: τί δέ; αὐτῶν, ὦ ἑταῖρε, ἄρχοντας ἢ ἀρχομένους; Keck will von keiner von beiden Conjecturen etwas wissen, sondern glaubt, dass das, „was übereinstimmend die besten Handschriften geben", auch „einzig in den Zusammenhang passend" sei, nämlich: τί δέ; αὐτῶν, ὦ ἑταῖρε; ἢ τί ἄρχοντας ἢ ἀρχομένους; Zunächst ist nun freilich zu bemerken, dass sich Keck etwas zu sehr in Bausch und Bogen ausdrückt, indem das, was er unter der Firma der besten Handschriften empfiehlt, doch genau genommen nichts anderes als die Heindorfsche Lesart ist, von der bessere oder geringere Handschriften mehr oder weniger abweichen. Die anerkannt beste Handschrift, der Clarkianus, bietet von erster Hand τί δὲ αὑτῶν, ὦ ἑταῖρε; ἢ τί ἀρχομένους; Der dem Clarkianus zunächst stehende Vat. Δ weicht von ersterem nur insoweit ab, dass er τί ἢ statt ἢ τί schreibt; die Mehrzahl der Handschriften bietet statt dieser zwei Worte τί ἢ τί und fügt, wie auch der Vindob. Φ, der aber τί allein hat, vor ἀρχομένους noch ἄρχοντας ἢ bei, welche beiden Worte auch der Clarkianus von späterer Hand am Rande beigeschrieben hat[1]). Man sieht, die handschriftliche Ueberlieferung ist hier ein unsicherer Boden. Die Lesart der besten Handschrift lässt sich in ihrer ursprünglichen Form nicht aufrecht erhalten, da sie einen passenden Anschluss an das vorhergehende, was doch bei der elliptischen Form des Ausdrucks nothwendig ist, nicht verstattet. Man könnte αὑτῶν, da diesen Genitiv doch wohl niemand in der von Stallbaum empfohlenen Weise wird erklären wollen, nur von dem aus dem Zusammenhang zu entnehmenden ἀλλον ἔχειν abhängig denken, was aber weder mit dem Inhalt der folgenden Erörterung übereinstimmen noch mit den unmittelbar folgenden Worten sich vertragen würde. Man würde also zu der Randergänzung des Clarkianus seine Zuflucht nehmen müssen, was wohl nicht von vornherein abzuweisen wäre, da die Lesart zweiter Hand[2]) im Clarkianus oft das richtige enthält. Hier führt sie nun zu der Stephanischen Lesart, die, abgesehen von der falschen Schreibung αὑτῶν, durch diese Uebereinstimmung allerdings etwas an Gewicht gewinnt. Zunächst ist nun zu fragen, ob sie auch dem Sinn und Zusammenhang entspricht. Keck antwortet, wie schon oben bemerkt wurde, mit einem entschiedenen Ja und glaubt nur von Jahn das Fragezeichen nach τί δέ annehmen zu müssen. Er übersetzt: 'wie so? meinst du mit den herrschenden sich selbst beherrschende? oder in welchem Bereich herrschende oder zu beherrschende?' Allein fürs erste muthet hier Keck dem Leser mehr hinzuzudenken zu, als das einfache Wort αὑτῶν

---

[1]) Gaisford bemerkt: „*supplevit recentior et inelegans manus in margine.*"

[2]) Eine genauere Unterscheidung der verschiedenen Arten von Correctur, die in der Handschrift vorkommen, wäre freilich zur Bestimmung ihres relativen Werthes nöthig, würde aber doch wohl eine auf Autopsie gestützte Untersuchung erfordern.

verträgt, besonders im Anschluss an die Worte τοὺς ἄρχοντας τῶν ἀρχομένων u. πλέον ἔχειν; zweitens ist die Deutung der Worte τί ἀρχ. κτέ. doch eine sehr gezwungene. Man mag diese Verkürzung des Inhaltsaccusativs statt τίνα ἀρχὴν ἄρχοντας und ἀρχομένους zugeben, wenn sich auch vielleicht kein zweites Beispiel gerade bei diesem Wort wird aufbringen lassen; jedenfalls aber ist die Bedeutung keine andere als: welches ist die Herrschaft, die sie ausüben oder die an ihnen ausgeübt wird? eine Bedeutung, die nicht ganz klar in der von Keck gegebenen Uebersetzung hervortritt. Liesse man diese aber auch zu Recht bestehen, so würde die so formulierte Aeusserung des Sokrates eben doch nicht in den Zusammenhang passen. Nachdem im vorhergehenden Kallikles erklärt hat, dass die, welche in den Staatsangelegenheiten Einsicht und Muth haben, über die Städte herrschen sollen, und dass die herrschenden über die beherrschten etwas voraus haben sollen, kann Sokrates unmöglich fragen, ob er damit sich selbst beherrschende meine; vielmehr kündigt er mit τί δέ unverkennbar einen neuen, von ihm erst aufgeworfenen Gesichtspunkt an. Schwierig bleibt zunächst die Erklärung des Genetivs αὐτῶν. An die vorhergehenden Participien kann es sich nicht anschliessen wegen des Artikels; man ist also zunächst auf πλέον ἔχειν zurückgewiesen; damit scheint aber das folgende nicht recht übereinzustimmen. Schleiermacher meint nun, dass das, was Sokrates wollte, nur nicht recht herauskomme, weil Kallikles das Selbstbeherrschen gleich angreife. Das kann nun natürlich nur so gemeint sein, dass der Schriftsteller auf diese Weise den weiteren Fortgang des Gespräches, wie er in seiner Absicht lag, künstlerisch motivierte. In diesem Falle wären die von Bekker ausgeschiedenen Worte, wie Schleiermacher bemerkt, ein unrichtiges Glossem; obwohl er selbst nicht das Bedenken verhehlt, das gegen diese Annahme spricht. Dasselbe hat seinen Grund in dem erhaltenen Scholion, das auf mehr hindeute, als in dem Bekkerschen Text zu lesen ist. Von den Worten des Scholiasten geht auch Wohlrab (a. a. O. S. 18 ff.) aus, um zur richtigen Textgestaltung zu gelangen. Derselbe will die Worte, welche nach der Frage des Sokrates τί δέ; αὐτῶν, ὦ ἑταῖρε; in der überlieferten Lesart folgen, nämlich ἢ τί ἄρχοντας ἢ ἀρχομένους; nebst dem Verwunderung ausdrückenden πῶς λέγεις; dem Kallikles zugetheilt wissen. Ich vermuthe, dass die beiden letzten Worte nach Wohlrabs Meinung vor die mit ἤ beginnende

Frage gesetzt werden sollen, obwohl es nicht deutlich ausgesprochen ist, glaube aber, dass weder in dem einen noch in dem anderen Fall seine Ansicht Beistimmung finden wird, da sie weder die Worte des Scholiasten, namentlich das merkwürdige τί ἢ τί, das Lemma, woran der Scholiast seine Erläuterung knüpft, das auch in einer grossen Anzahl von Handschriften erscheint, hinlänglich zum Ausdruck bringt, noch auch dem, was der Zusammenhang der Platonischen Stelle an sich erwarten lässt, namentlich auch in der Form des Ausdrucks, recht entspricht. Besser zum Ziel scheint der Weg zu führen, den schon Stallbaum eingeschlagen hat und neuerdings auch Kratz, der in seiner Ausgabe die Vulgata, natürlich mit der schon von Heindorf vorgenommenen Aenderung, beibehielt, a. a. O. S. 120 f. betritt. Stallbaum glaubte nämlich aus der von ihm mitgetheilten Erläuterung des Olympiodorus folgern zu können, dass Kallikles durch eine doppelte Frage, zwischen welche wieder eine Aeusserung des Sokrates fallen müsste, sein nichtverstehen ausdrücke. Stallbaum lässt nun nach ἑταῖρε als Frage des Kallikles folgen τί δή; und lässt dann den Sokrates sagen: τί ἄρχοντας ἢ ἀρχομένους; worauf die zweite Frage des Kallikles folgt mit den Worten πῶς λέγεις; Ich habe in meiner Ausgabe zwar nicht den Text nach dieser Vermuthung gestaltet, dieselbe aber in der Anmerkung als eine beachtenswerthe erwähnt, mit Beanstandung jedoch des τί vor ἄρχοντας, welches auch Kratz beseitigt, zugleich aber statt τί δή als dem Sinne angemessener und dem Wortlaut bei Olympiodorus mehr entsprechend τί τοῦτο; vorzieht. Man kann wohl sagen, dass, selbst wenn einem auch das τί τοῦτο; nicht ganz zusagen sollte, diese Vermuthung einen hohen Grad von Wahrscheinlichkeit für sich hat, vorausgesetzt, dass Olympiodorus einen noch unverfälschten Text vor sich hatte. Ob dies anzunehmen ist, kann hier nicht untersucht werden. Das von dem Scholiasten commentierte und in vielen Handschriften überlieferte τί ἢ τί, das ebenso, wie das ὅτι ἤ des Olympiodorus an das bei Aristophanes so beliebte τιή etwa mit folgendem δή gemahnt, könnte wohl auf ein älteres Verderbniss hinweisen. Misslich ist auch der Umstand, dass Olympiodorus, auch wenn er Worte mit φησί oder λέγει ὅτι einleitet[1]), diese doch mehr oder weniger

---

1) Eine solche Anführung lautet bei Stallbaum: ἀλλὰ πρότερον λέγει αὐτῷ ὅτι Τὸν ἄρχοντα τίνος δεῖ πρότερον, ἑαυτοῦ ἄρ-

verändert, wie ja auch hier niemand sein ὅτι ἢ τοῦτο, das er durch τί λέγεις erläutert, als unverfälscht gelten lassen wird. Kann somit auch Olympiodorus kein unbedingtes Vertrauen in Anspruch nehmen, und versucht man aus der freilich unsicheren und verworrenen handschriftlichen Ueberlieferung das zu entnehmen, was dem Sinn und Zusammenhang am besten zu entsprechen scheint, so möchte man vor allem festhalten, dass durch die Frage mit τί δέ von Sokrates dem Kallikles ein neuer, dessen Anschauung fremder Begriff, der der Selbstbeherrschung entgegengehalten wird. Dann müsste man freilich annehmen, dass der Genetiv αὐτῶν im Sinne des Sokrates nicht an den Begriff πλέον ἔχειν sich anschliesst, sondern an ἄρχειν, das aber in dieser Form ferner gerückt ist und darum durch die näher stehenden Participia in der Vorstellung verdrängt wird; da aber diese doch nicht einfach so, wie sie lauten, mit dem Artikel, verstanden werden können, so sind sie in der Form, wie sie sich ᾠongemäss anschliessen können, erläuternd beigefügt; mit dem überlieferten τί wäre dann freilich nichts anzufangen. Zweifelhaft mag es scheinen, ob αὐτῶν sich zunächst an die einleitende Frage anschliesst, oder mit den folgenden Participien, von denen es dem Begriffe nach abhängig zu denken ist, auch syntaktisch zu verbinden ist. Der letzteren Annahme huldigt, wie schon oben angegeben wurde, E. Jahn, und Deuschle hat durch die in seinem Handexemplar vorgenommene Aenderung seine Beistimmung zu erkennen gegeben; ich möchte der anderen Form, die ich in meiner Ausgabe zum Ausdruck gebracht habe, treu bleiben, da sie mir natürlicher scheint und der immerhin etwas schwierige Uebergang zu dem prädicativen Participium[1]) dadurch eher etwas erleichtert zu werden scheint. Die Verbindung des Genetivs mit τί δέ empfiehlt sich um so mehr, da dieser Casus sehr gewöhnlich bei dieser elliptischen Frageform erscheint, auch wo er nicht,

---

ἔχειν, ἢ οὔ; wofür wohl richtiger zu schreiben ist: Τὸν ἄρχοντά τινος δεῖ πρότερον ἑαυτοῦ ἄρχειν, ἢ οὔ; A. Jahns Ausgabe ist mir nicht zur Hand.

1) Jahn ergänzt zu ἀρχόντων den Begriff von πλέον ἔχειν und natürlich zu ἀρχομένους von πλέον ἔχειν oder πλεονοῦσθαι, wie ich glaube nicht zum Vortheil sowohl des Gedankens als der Form; in beider Hinsicht möchte es sich mehr empfehlen, ein einfaches εἶναι zu denken; dass zu ἀρχομένους ὑφ' αὐτῶν aus αὐτῶν zu verstehen ist, verursacht wohl kein Bedenken.

wie hier, durch Beziehung auf einen bestimmten Begriff erklärt werden kann, wie unten 509 D; das dort in der erläuternden Bemerkung beigefügte Beispiel aus Phädon zeigt ebenfalls eine Vervollständigung durch eine elliptische Frage*.

491 E schrieb ich in meiner Ausgabe: τοὺς ἠλιθίους λέγεις, τοὺς σώφρονας, wie Deuschle in seinem Aufsatz in Fleckeisens Jahrbüchern bereits verlangte, während in den anderen Ausgaben das Komma nach λέγεις fehlt. Ich halte es für unbedingt nothwendig. Die andere Form des Satzes wäre entsprechend, wenn im vorhergehenden die Frage nach dem Begriff der σώφρονες zur Erörterung gekommen wäre; das ist aber nicht der Fall, sondern was sich Sokrates unter den αὐτοὶ αὑτῶν ἄρχοντες denkt, das war die Frage. Kallikles ersieht nun aus der Erklärung des Sokrates, dass dieser die σώφρονες meint, kann aber, indem er dieses zu erkennen gibt, dieselben nicht erwähnen, ohne sie gleich im voraus mit einem solchen ehrenden Prädicat zu bedenken. Die folgende Antwort des Sokrates lautet nach der Ueberlieferung der besten Handschriften: Πῶς γὰρ οὔ, οὐδείς ὅστις οὐκ ἂν γνοίη, ὅτι οὕτω λέγω. Bekker theilte die drei ersten Worte in Uebereinstimmung mit den drei kritischen Ausgaben vor Stephanus noch der vorhergehenden Aeusserung des Kallikles zu, während die Zürcher und Hermann und mit ihnen Jahn und Kratz Πῶς γάρ; schreiben und mit Bekker die Vulgata οὐ τοῦτο statt οὕτω beibehalten. Kratz erklärt diese Aenderung der überlieferten Lesart für nothwendig, weil sonst πάνυ γε σφόδρα in der folgenden Antwort des Kallikles nicht zu Recht bestünde; diese kräftige Bejahung müsse ein Beharren desselben auf seiner Meinung gegenüber einer Verneinung des Sokrates bedeuten; denn er finde für nöthig, seine entgegengesetzte Meinung durch ἐπεὶ πῶς κτλ. zu motiviren, was unnöthig wäre, wenn Sokrates Worte zustimmend lauteten. Aber als eine Zustimmung zu der Bezeichnung τοὺς ἠλιθίους wird die Aeusserung des Sokrates auch in ihrer überlieferten Form wohl niemand ansehen; und dies ist es ja gerade, worauf Kallikles besteht, dass sie Narren sind, dass bei ihnen von Glück gar nicht die Rede sein kann u. s. w. Diese Auffassung ergibt sich freilich nur dann ganz natürlich, wenn man die oben erwähnte Interpunktion annimmt. Uebrigens irrt Kratz, wenn er die Tilgung des οὐ nach ὅτι als eine durch keine Autorität beglaubigte nennt; denn gerade die zwei besten Handschriften, Clark. und Vat. Δ, stimmen darin überein. Dass Deuschle

τοῦτο statt οὕτω beibehielt, entbehrt vielleicht eines triftigen Grundes, da, wenn man von der besten Ueberlieferung abweichen wollte, eher τούτους sich empföhle; doch mag οὕτω der etwas ironisch gehaltenen Antwort des Sokrates gerade gut entsprechen. Diese Auffassung wird nun aber von Keck aufs entschiedenste bekämpft. Ausgehend von der Behauptung, dass die Worte οὐδεὶς ὅστις οὐκ ἂν γνοίη κτέ. unmöglich dem Sokrates zukommen könnten, glaubt er folgende Vertheilung der Wechselreden empfehlen zu müssen: ΚΑΛ. ὡς ἡδὺς εἶ· τοὺς ἠλιθίους λέγεις. ΣΩ. τοὺς σώφρονας; ΚΑΛ. πῶς γὰρ οὔ; οὐδεὶς ὅστις οὐκ ἂν γνοίη. ΣΩ. ὅτι οὐ τοῦτο λέγω. ΚΑΛ. πάνυ γε σφόδρα κτέ. Warum aber sollen obige Worte sich nicht für Sokrates schicken? Keck erwidert: „wer da sagt οὐδεὶς ὅστις οὐκ ἂν γνοίη, sieht sich rathlos oder triumphierend um und appellliert an die anwesenden". Das sei aber nicht die Manier des Sokrates, der vielmehr den Mitunterredner so fein zu bedeuten wisse, dass es ihm nur auf seine überzeugte Zustimmung ankomme, dagegen alle Autoritäten ihm nichts gelten. So wahr dies alles auch ist, so wenig passt es jedoch hieher. Von einer Berufung auf die anwesenden zum Zweck der Widerlegung des Gegners ist hier gar keine Rede, sondern nur eine kräftige Versicherung, dass er — wir könnten sagen, wie dies ja jedes Kind verstehen müsse — unter den αὐτοὶ αὐτῶν ἄρχοντες keine andere als die σώφρονες verstehe. Das ist aber gewiss nicht unsokratisch und hier nach der deutlichen Erklärung, welche mit οὐδὲν ποικίλον beginnt, gewiss am Platz als Erwiderung auf die erstaunte und geringschätzige Aeusserung des Kallikles. Steht somit die Voraussetzung Kecks ganz in der Luft, so werden wohl auch die Consequenzen von selbst zusammenfallen. In der That, wenn Keck auch jetzt noch an seiner Ansicht festhalten sollte, was ich fast kaum glaube, so wird er wohl wenig Beistimmung finden. Mit dieser unsokratischen Wendung möchte ich mir für jetzt die Mühe weiterer Widerlegung ersparen".

492 D will nun auch Kratz nach den Handschriften geschrieben haben: τί τῇ ἀληθείᾳ αἴσχιον καὶ κάκιον εἴη σωφροσύνης; Die Frage über diesen Gebrauch des Optativs ohne ἄν bei Attikern kann jedenfalls noch nicht als entschieden angesehen werden und wird sich nur durch eine alle Fälle umfassende und mit Berücksichtigung der di-

plomatischen Verhältnisse abwägende Behandlung erledigen lassen¹).

492 E ὥς γε σὺ λέγεις. Dadham s Conjectur, ὧν statt ὥς zu schreiben, kann wohl auf sich beruhen.

492 E καὶ ἡμεῖς τῷ ὄντι ἴσως τέθναμεν· ἤδη του ἔγωγε καὶ ἤκουσα τῶν σοφῶν, ὡς νῦν ἡμεῖς τέθναμεν κτἑ. So lautet die urkundliche Ueberlieferung; die alte Vulgata hatte vor ἤδη noch ὅπερ, das aber in den meisten und besten Handschriften fehlt. Hermann und Dadham glaubten die fehlende Verbindung durch Verwandlung des ἤδη in ᾗ δή ersetzen zu können; dass aber gegen diese in den neueren Ausgaben aufgenommene Lesart gewichtige Bedenken sich erheben, hat Kratz nach Stallbaum, der ὅπερ beibehält, mit vollem Recht bemerkt. Die Härte des Asyndetons, das durch Beibehaltung der urkundlich bestbeglaubigten Lesart entsteht, wird man wohl besser sich gefallen lassen als durch Einfügung eines δέ beseitigen. Der Sinn würde eher καὶ ἤδη oder καὶ δή verlangen, wogegen aber auch das folgende καί vor ἤκουσα spricht. Liesse sich im attischen Sprachgebrauch die öfter bei Homer vorkommende Verbindung ᾗ δή nachweisen, so wäre darin eine dem Sinn und Zusammenhang sehr wohl entsprechende Milderung und zugleich die leichteste Aenderung der überlieferten Lesart gegeben. Möglich wäre es wohl, dass das Verschwinden dieser Verbindung eben in der nahe liegenden Corruption in ἤδη seinen Grund hätte.

Unmittelbar an die oben angeführten Worte schliessen sich folgende (493 A B) an: καὶ τὸ μὲν σῶμά ἐστιν ἡμῖν σῆμα, τῆς δὲ ψυχῆς τοῦτο, ἐν ᾧ ἐπιθυμίαι εἰσί, τυγχάνει ὂν οἷον ἀναπείθεσθαι καὶ μεταπίπτειν ἄνω κάτω. καὶ τοῦτο ἄρα τις μυθολογῶν κομψὸς ἀνήρ, ἴσως Σικελός τις ἢ Ἰταλικός, παράγων τῷ ὀνόματι διὰ τὸ πιθανόν τε καὶ πιστικὸν ὠνόμασε

1) Nachträglich erwähne ich, dass diese Frage neuerdings in der von Leopold Schmidt abgefassten Gratulationsschrift zu dem Jubiläum der Bonner Universität (de omissa apud optatiuum et conjunctiuum ἄν particula commentatio e Marburgensi indice lectionum hibernarum suorum expressa. Marburgi 1868) eingehend behandelt ist, und dass der Recensent dieser Schrift in N. J. des philol. Anzeigers von E. v. Leutsch, II. 8., die Erklärung Schmidts durch die fervidior ratio des Gorgias nicht gelten lässt, sondern dem herrschenden Sprachgebrauch gemäss auch in solchen Fragen verneinenden Sinnes ἄν verlangt, dieses also wohl nach dem Vorgang Deuschles hier nach νόμος, vielleicht auch vor αἴσχιον wird eingeschaltet wissen wollen.

πίθον, τοὺς δὲ ἀνοήτους ἀμυήτους· τῶν δ' ἀμυήτων τοῦτο
τῆς ψυχῆς, οὗ αἱ ἐπιθυμίαι εἰσί, τὸ ἀκόλαστον αὐτοῦ καὶ
οὐ στεγανὸν ὡς τετρημένος εἴη πίθος, διὰ τὴν ἀπληστίαν
ἀπεικάσας. So lautet die in manchen Beziehungen schwierige
Stelle bei Hermann. Ein kritisches Bedenken erhebt sich zunächst
gegen πιστικόν, das Hermann gegen die Autorität des seiner
Recension zu Grunde liegenden Clarkianus und einiger anderer
Handschriften, unter denen auch Vat. Δ, in Uebereinstimmung
mit Heindorf hergestellt hat, wogegen Bekker und Stallbaum
πιστικόν wahren. Die Entscheidung, bei der die handschriftliche
Ueberlieferung wegen des möglichen Einflusses des
Itacismus an Gewicht verliert, ist um so schwieriger, weil das
geistreich symbolisierende und etymologisierende Spiel es mit den
Begriffen und Wortbedeutungen offenbar etwas leicht nimmt und
auch πιστικόν, wenn man sich für diese Schreibung entscheidet,
in ungewöhnlicher Bedeutung genommen werden muss. Man
kann also die vielfach wiederkehrende Frage wohl mit Lobeck[1])
als eine zur Zeit noch offene, gewissermaassen als ein lexikologisches
Problem, das seiner Lösung noch harrt, betrachten. Ein
Bedenken erhebt Heindorf bezüglich der Worte τὸ ἀκόλαστον
αὐτοῦ καὶ οὐ στεγανόν, die, wie sie lauten, nur als Epexegese zu
den vorhergehenden Worten 'τοῦτο τῆς ψυχῆς, οὗ αἱ ἐπιθυμίαι
εἰσί' genommen werden könnten; dagegen spreche aber
αὐτοῦ, das, wenn auch im allgemeinen die Beziehung auf ein
Nomen anderen Geschlechts durch den Sprachgebrauch nicht ausgeschlossen
sei, doch hier der Deutlichkeit halber nicht wohl
auf ψυχῆς bezogen werden könne; und doch sei auch die Beziehung
auf τοῦτο τῆς ψυχῆς κτἑ. unzulässig, wenn τὸ ἀκόλαστον
κτἑ. als Epexegese davon gefasst wird, da τὸ ἀκόλαστον
nicht als ein Theil des ἐπιθυμητικόν, sondern als dieses selbst
erscheint. Um dieser Schwierigkeit zu entgehen, schlägt Heindorf
vor διὰ τὸ ἀκόλαστον zu schreiben, wodurch auch noch
eine bessere Satzfügung gewonnen werde. Stallbaum versagt
diesem Vorschlag zwar nicht seinen Beifall, doch aber seine Aner-

---

1) S. Comm. ad Al. v. 151 p. 189 sq. ed. 2. Die von Lobeck für
πιστικός offengelassene Möglichkeit dürfte besonders bei der Stelle
455 A (a. m. Bem. s. d. Stelle, in der die Verbesserung des leider vorhandenen
Druckfehlers sich von selbst aufdrängt) zu berücksichtigen
sein. Hermann schreibt auch dort πιστικός, was schon Heindorf empfahl.

kennung, und zwar nur in Rücksicht auf die ganz übereinstimmende Ueberlieferung, indem er sich mit einer Erklärung behilft, die von dem Bedenken Heindorfs, statt es zu beseitigen, einfach Umgang nimmt. Daher denn auch Keck auf Heindorfs Bedenken zurückkommend, demselben nur leichter dadurch abhelfen zu können meint, dass er aus dem unmittelbar vorangehenden εἰσί εἰς macht und dieses in der Bedeutung 'im Hinblick auf' mit τὸ ἀκόλαστον verbindet. Ob dieser, wie Keck bemerkt, bei Platon sehr gewöhnliche Gebrauch der Präposition εἰς hier annehmbar ist, kann insofern zunächst unerörtert bleiben, als Schmidt (a. a. O. S. 6) mit Recht darauf hinweist, dass Kecks wie Heindorfs Aenderung eine unerträgliche Wiederholung des Grundes der Vergleichung mit einem durchlöcherten Fasse in den Ausdruck brächte. Also nicht einer Aenderung der überlieferten Lesart, sondern nur einer richtigen Auffassung des Genetivs αὐτοῦ bedürfe es, der mit Vögeln als g. qualitatis, nicht als partitivus, zu nehmen sei. Der Ausdruck bedeute 'die diesem Seelentheil eigenthümliche Zügellosigkeit' oder 'das zügellose Wesen desselben'. Mag man mit der gewählten grammatischen Bezeichnung des Genetivs einverstanden sein oder nicht, die Auffassung des Ausdrucks ist wohl unbestreitbar richtig. Indessen ist auch damit die Construction des Satzes noch nicht in allen Punkten klar; es handelt sich noch um die richtige Auffassung des Gliedes ὡς τετρημένος εἴη πίθος. Heindorfs Erklärung, dass dieses von dem aus ἀνόμασι zu entnehmenden Begriff eines ἐλέγχειν abhänge, welche bisher allgemeine Beistimmung fand, verwirft Schmidt, indem er behauptet, ὡς entspreche nicht unserm 'dass', sondern vielmehr dem vergleichenden 'wie'[1]). Das Satzglied sei also als

---

1) Mit der Verweisung auf die bald darauf (C) folgenden Worte 'τὴν δὲ ψυχήν κοσμίῳ ἀπείκασε τὴν τῶν ἀνοήτων ὡς τετρημένην' will Schmidt offenbar nicht die Nothwendigkeit der Beifügung des ὡς an vorliegender Stelle beweisen, sondern nur auf ein Beispiel dieses Gebrauches hinweisen. Denn sonst würde es natürlich hinreichen, zum Gegenbeweis die wenigen Zeilen weiter oben (B) zu lesenden Worte καὶ φορεῖν εἰς τὸν τετρημένον πίθον ὕδωρ ἑτέρῳ τοιούτῳ τετρημένῳ κοσκίνῳ. Ja man könnte aus der Vergleichung dieser beiden Stellen aber einen Grund gegen als für diese Auffassung entnehmen, obwohl ich nicht so weit gehen möchte. Nur so viel sieht man, warum in dem einen Fall, wo τετρημένην Prädicat von ψυχήν ist, die Bezeichnung der Vergleichung nicht wohl fehlen konnte, während dieselbe bei Ausdrücken wie πίθος, κόσκινον entbehrlich ist.

Hauptsatz zu fassen, so dass der Optativ eben nur das Verhältniss
der indirecten Rede bezeichne. Schmidt, der auf Matthiä § 529,
3 verweist, hat also den Sprachgebrauch im Auge, über welchen
Krüger 54, 6, 4 handelt. Der hier vorliegende Fall wäre wenigstens
insofern eigentümlich, als kein Satz mit ὅτι oder ὡς oder
dem Infinitiv vorhergeht, sondern ein substantivisches Object mit
seinem Prädicat. Ob für diesen besonderen Fall ein zweites Beispiel
aufzubringen ist, weiss ich nicht; doch mag die Möglichkeit
auch ohne thatsächlichen Beweis zugegeben werden. Entschieden
gegen diese Annahme scheint mir aber der Beisatz διὰ τὴν ἀπληστίαν
ἀκμάσας zu sprechen; dieser kann sich unmöglich an
das Subject von εἴη anschliessen, sondern nur an das von ὀνόμασε,
dessen Begriff in irgend einer Weise bei dem mit τῶν δ'
ἀμνήτων beginnenden Satzglied, vor dem man besser statt des
Kolons ein blosses Komma setzte, wiederholt gedacht werden
muss; dies führt dann doch mit Nothwendigkeit wieder auf ein
gedachtes ἔλεγε, von dem das ὡς .. εἴη abhängig wäre. In der
That beruht die immerhin, auch nach diesen Feststellungen noch
vorhandene Schwierigkeit des Satzbaues weit weniger in der
äusseren Verbindung des eben erwähnten Gliedes, als in der
inneren Beziehung des darin enthaltenen Prädicates auf sein
Subject. Dieses ist zunächst die schon besprochene explicative
Apposition, welche sich zu ihrem Subjecte wie die Eigenschaft
zu dem Gegenstande, dem sie anhaftet, verhält; das Prädicat
des mit ὡς beginnenden Satzes aber, nämlich τετρημένος πίθος,
hat dem Sinne nach doch nicht in der Eigenschaft, sondern in
dem mit der Eigenschaft behafteten Gegenstand, also in τοῦτο
τῆς ψυχῆς οὗ αἱ ἐπιθυμίαι εἰσί, sein Subject. Dies ist es
wohl, was Vögelin mit der Bemerkung sagen wollte, in welcher
Schmidt einen ihm mit Heindorf und Stallbaum u. a. gemeinschaftlichen
Irrtum erkennt. Die eben angedeutete syntaktische
Verschiebung — wenn man sich dieses Ausdrucks bedienen darf —
wird natürlich auch durch Schmidts Auffassung des fraglichen
Satzgliedes nicht gehoben; sie liegt eben in dem Charakter der
hier von Sokrates gewählten Gleichnisrede, die wohl öfter noch
stärkere Verschiebungen erleidet. Was nun die übrigen Bemerkungen
Schmidts betrifft, so ist die gegen H. Müllers Uebersetzung
der folgenden Worte τοὐναντίον δὴ οὗτος σοὶ ἐνδείκνυται,
über- deren richtige Auffassung auch in meiner Ausgabe die
nöthige Andeutung gegeben ist, erhobene Einsprache gewiss wohl

begründet; etwas weniger möchte ich dies gelten lassen von dem gegen Deuschles Bemerkung zu ἐν Ἅιδου gesagten. Denn mag das auch richtig sein, was Schmidt bezüglich des erläuternden Uebsatzes τὸ ἀειδὲς δὴ λέγων bemerkt, so liegt doch in dem ganzen Zusammenhang und Zweck der Stelle weit weniger Anlass zu einer so ausschliesslichen Hinweisung auf das künftige Leben nach dem Tode, als vielmehr zur Veranschaulichung des Gedankens, dass in der unbegrenzten Befriedigung der Begierden kein wahres Glück weder in diesem noch in jenem Leben gefunden werden könne. Jedenfalls ist es zu viel, was Schmidt aus dem Optativ mit ἄν schliesst; denn dieser modus potentialis oder „dubitativum dicendi genus" kann doch unzweifelhaft auch in anderen Urtheilssätzen, als in solchen, deren Inhalt sich auf die Unterwelt bezieht, angewendet werden, und passt gewiss ganz ausgezeichnet auf solche Ansichten über das Wesen der Seele, wie die vorliegenden sind. Was die richtige Uebertragung des δή nach τοὐναντίον betrifft, so ist hier nicht der Ort die vielerörterte Frage über die Bedeutung dieser Partikel, und ob sie consecutiver Natur ist, oder nicht, hier aufzunehmen; nur so viel sei bemerkt, dass die Wirkung derselben an vorliegender Stelle nach meiner Meinung am besten in unserer Muttersprache durch das nachgesetzte „denn" ausgedrückt werden könnte, das, wenn auch nicht bezüglich seiner Herleitung, so doch für die Feststellung seiner Bedeutung wohl eben so viel Stoff zu Erörterungen bieten möchte, wie das griechische δή.

493 C: ταῦτ' ἐπιεικῶς μέν ἐστιν ὑπό τι ἄτοπα, δηλοῖ μήν κτλ. Dass ἐπιεικῶς in der Bedeutung 'ziemlich' mit dem folgenden ὑπό τι gar zu viel Aehnlichkeit hat oder beide einander gewissermassen Concurrenz machen, ist nicht zu verkennen, also die Annahme eines Glossems nahe liegend; daher es denn auch nicht an dieser Vermuthung gefehlt hat; nur müsste man um des μέν willen eher ὑπό τι als ἐπιεικῶς ausscheiden, wozu man sich indessen auch nicht wird entschliessen wollen. Es ist also jedenfalls angezeigt, wo möglich, beide Ausdrücke zu erhalten. Dass solche Adverbia, die durch den Gebrauch man könnte sagen zu Modalpartikeln sich abschwächen, in der ganzen Stufenleiter ihrer Verwendung nicht durch ein einzelnes Wort einer andern Sprache ausgedrückt werden können, ist selbstverständlich. So hat man denn hier die Bedeutung 'freilich' angenommen, die freilich selbst etwas mit dem folgenden μέν zu-

zusammentrifft. Man könnte vielleicht in noch genauerem Anschluss an die Grundbedeutung des Wortes das ebenfalls so vieldeutige 'wohl' annehmen. An der Häufung verwandter Begriffe, wie 'wohl freilich, freilich zwar' u. dgl. wird man im Griechischen, wo αὖθις αὖ πάλιν nicht gar zu selten ist, kaum Anstoss nehmen. So möchte denn auch Badhams scharfsinnig ausgedachte Conjectur, 'ἐπιεικῶς μέν in ἂν εἰς κασμίν' zu verwandeln mindestens als unnöthig erscheinen, wenn auch nicht die Verbindung mit ἄτοπα Anstoss erregte. Glücklicher ist jedenfalls in der gleich folgenden Stelle 493 D die auf die Lesart der besten Handschriften begründete Emendation Sauppes, vermittelst deren jetzt nach Hermanns Vorgang gelesen wird: ἢ οὐδ' ἂν ἄλλα πολλὰ τοιαῦτα μυθολογῶ κτἑ. statt der früheren Vulgata: ἢ οὐδέν, ἀλλ' ἂν καὶ πολλὰ τοιαῦτα κτἑ.

493 E schrieb man vor Hermann: τῷ δ' ἑτέρῳ τὰ μὲν νάματα ὥσπερ καὶ ἐκείνῳ, δυνατὰ μὲν πορίζεσθαι, χαλεπὰ δέ, τὰ δ' ἀγγεῖα τετρημένα καὶ σαθρά, καὶ ἀναγκάζοιτο ἀεὶ καὶ νύκτα καὶ ἡμέραν πιμπλάναι αὐτά, ἢ τὰς ἐσχάτας λυποῖτο λύπας κτἑ. Da aber καί vor ἀναγκάζοιτο in den meisten und besten Handschriften fehlt, so schaltete Hermann statt dieser Conjunction δέ ein, das von einer Handschrift und Jamblichus dargeboten wird. Kratz a. a. O. S. 129 erklärt sich für καί, weil es in der Bedeutung 'und so, und daher' nach seiner Ansicht besser dem Sinn entspreche, als δέ; denn es handle sich nicht um einen Gegensatz, sondern um eine Folge. Diese Begründung halte ich aber für unrichtig, und zwar in doppelter Beziehung, einmal in der Voraussetzung, dass δέ nothwendig einen Gegensatz ausdrücke, während es doch so oft nur ein weiteres Moment, das sich von dem vorhergehenden natürlich unterscheidet, hinzufügt; und dann, dass der Begriff der Folge hier betont wird, während in der That das mit ἀναγκάζοιτο beginnende Glied genau eben so zu dem vorhergehenden sich verhält, wie dieses zu dem ihm vorangehenden, d. h. auch noch ein neues Moment, das in Betracht kommt, hinzufügt; dies ergibt sich, wenn man, wie nothwendig, die Worte ἢ . . λύπας als integrierenden Bestandtheil dieses Gliedes betrachtet. Aus diesem Grunde scheint mir die Zulässigkeit und Angemessenheit des δέ nicht zu bestreiten, das auch in diplomatischer Hinsicht ungefähr gleich gute Ansprüche hat, wie καί.

494 A wollte Deuschle die Worte ἐπειδὰν πληρώσῃ als

Glossem ausgeschieden wissen, mit der Bemerkung, dass der Urheber desselben offenbar erläutern wollte, wann der geschilderte Zustand eintrete. Warum sollte dies aber nicht der Schriftsteller selbst im Sinne der sprechenden Person haben ausdrücken wollen? Unangemessen in künstlerischer Beziehung ist diese pointierte Ausdrucksweise gewiss nicht. Keck geht einen Schritt weiter; er beweist die Unentbehrlichkeit des angeblichen Glossems: in den Worten μήτε χαίροντα ἔτι μήτε λυπούμενον könnte, meint Keck, das ἔτι nicht mehr stehen, wenn man diese Worte mit ὥσπερ λίθον ζῆν verbinde; denn „von einem Stein kann man nicht sagen, dass er Freude und Leid nicht mehr fühlt, er hat sie eben nie gehabt". Sicherlich! aber ebenso sicher ist es Deuschle nicht von fern in den Sinn gekommen, die oben angeführten Worte als Apposition zu λίθον zu fassen, etwa im Sinn eines Relativsatzes (wie ein Stein, der weder Freud noch Leid hat); sondern er bezog sie eben, wie jeder, der die Stelle liest, auf das Subject von ζῆν und dachte sich dabei dieselbe unbestimmte Person, die bei τῷ πληρωσαμένῳ ἐκείνῳ, wodurch auf 493 E ὁ ἕτερος πληρωσάμενος zurückgewiesen wird, zu denken ist: 'das ist, was ich jetzt eben sagte, wie ein Stein leben, dass man weder Freud mehr hat noch Leid'. Dass Deuschle so construiert zeigen deutlich seine Worte, indem er sagt, dass τοῦτο auf οὐκέτ' ἔστιν ἡδονὴ οὐδεμία zurückgeht und durch μήτε χαίροντα ἔτι μήτε λυπούμενον eine nähere Erklärung erhält. Anders construiert auch Keck nicht, wie aus seiner Erörterung erhellt, in der nur noch darauf hingewiesen wird, dass τοῦτο Subject und τὸ ὥσπερ λίθον ζῆν Prädicat ist. Auch Stallbaum behält die von Deuschle ausgeschiedenen Worte bei, glaubt aber πληρώσῃ in πληρωθῇ verwandeln zu müssen, gewiss nicht bloss ohne Grund, sondern auch in Widerspruch mit der zu Grunde liegenden Vorstellung. Auch der alten Vulgata πληρώσηται, die sich auf wenige Handschriften stützt, wird wohl jetzt niemand mehr den Vorzug geben vor der Lesart der meisten und besten Handschriften, welche πληρώσῃ bieten, da dieser Wechsel der Feinheit der griechischen Sprache im Gebrauch der Genera recht wohl entspricht. Nicht unerwähnt mag bleiben, dass mir die von Kratz gewählte Accentuation τοῦτ' ἐστί richtiger scheint als τοῦτ' ἔστι das die herrschende grammatische Tradition fordert, freilich nicht ohne ein merkwürdiges Schwanken der Angaben zwischen τοῦτο und ταῦτα z. D. bei Buttmann, Däumlein.

Curtius, Akeu; man wird die Hegel wohl entweder bei beiden, oder mit Krüger bei keinem von beiden gelten lassen müssen.

Die Stelle, welche die beiden Gleichnisse enthält, gab auch zu einer methodologischen Bemerkung Anlass, indem Bonitz mit ausdrücklicher Beistimmung Deuschles betont, dass Platon diesen allegorischen Darstellungen keinerlei Beweiskraft zuschreibt, sondern nur den bildlich anschaulichen Ausdruck für eine Ueberzeugung in ihnen sieht, die auf anderem Wege bereits sicher gestellt sein muss, und dass insbesondere hier der fragliche Abschnitt Anlass gibt, dass Kallikles das $\dot{\eta}\delta\acute{v}$ geradezu in die Befriedigung des Begehrens setzt. Die Bedeutung, welche der Schriftsteller selbst dieser Darstellung einräumt, erhellt besonders daraus, dass nach der Frage, welche mit $\dot{\alpha}\lambda\lambda\dot{\alpha}$ $\pi \acute{o}\tau \epsilon \varrho o \nu$ $\pi \iota \vartheta \omega$ τi $\sigma \epsilon$ beginnt, und der Antwort, welche Kallikles darauf gibt, doch Sokrates noch das zweite Bild zum besten gibt und dieses unmittelbar in seine gewöhnliche Art der Begriffserörterung hinüberleitet[1]). Zu dieser Stelle gibt Schmidt (a. a. O. S. 7) eine Bemerkung, welche dazu dient, die Auffassung Stallbaums und Deuschles zu berichtigen. Ersterer scheint zwar in der dritten Auflage seine Erklärung in dieser Beziehung selbst berichtigt zu haben, doch aber insofern nicht vollständig, dass er $\tau\dot{o}$ $\dot{\eta}\delta\acute{\epsilon}\omega\varsigma$ $\zeta\tilde{\eta}\nu$ als Subject von $\tau\dot{o}$ $\tau o\iota\acute{o}\nu\delta\epsilon$ denkt, während eigentlich die Vorstellung, welche Kallikles im vorhergehenden selbst auch bildlich bezeichnet hat, vorschwebt.

495 D. Der Forderung, welche Schmidt in seinem dritten Programm[2]) über Gorgias stellt, dass in den überlieferten Worten '$\dot{\epsilon}\pi\iota\sigma\tau\acute{\eta}\mu\eta\nu$ $\delta\dot{\epsilon}$ $\kappa\alpha\dot{\iota}$ $\dot{\alpha}\nu\delta\varrho\epsilon\acute{\iota}\alpha\nu$ $\kappa\alpha\dot{\iota}$ $\dot{\alpha}\lambda\lambda\acute{\eta}\lambda\omega\nu$ $\kappa\alpha\dot{\iota}$ $\tau o\tilde{v}$ $\dot{\alpha}\gamma\alpha\vartheta o\tilde{v}$ $\ddot{\epsilon}\tau\epsilon\varrho o\nu$' statt $\tau o\tilde{v}$ $\dot{\alpha}\gamma\alpha\vartheta o\tilde{v}$ zu lesen sei $\tau o\tilde{v}$ $\dot{\eta}\delta\acute{\epsilon}o\varsigma$, wird man sich nicht entziehen können, so auffallend auch die Uebereinstimmung sämmtlicher Handschriften und ältesten Ausgaben erscheint, die offenbar auf einen sehr alten Fehler hinweist. Die von dem Scholiasten empfohlene Vertheilung der Reden unter die

---

1) 494 B: *Παραδείου τινὰ αὖ σὺ βίον λέγεις, ἀλλ' οὐ νεκροῦ οὐδὲ λίθου. καί μοι λέγε· τὸ τοιόνδε λέγεις οἷον πεινῆν καὶ πεινῶντα ἐσθίειν*;

2) Ich ersehe dies aus dem Eingang des vierten Programms — das dritte ist mir leider nicht zur Hand — *Gorgias Platonici explicati particula quarta, qua .. D. Roberto Unger ... gratulatur .. H. Schmidt*. Halle 1867. Schmidt richtet hier sein Augenmerk besonders auf den Gang der Beweisführung von 495 E bis 499 B.

Personen, die merkwürdiger Weise Heindorf entschieden verwirft, ist seit der Zürcher Ausgabe zu allgemeiner Anerkennung gekommen; nur bemerkt Wohlraab (a. a. O. S. 15) mit Hecht, dass die Interpunction noch einer Berichtigung bedarf durch Setzung eines Kommas statt eines Kolons nach οὐχ ὁμολογεῖ ταῦτα*.

496 C stellte Bekker die Lesart der meisten und besten Handschriften her: Καὶ ἐγὼ μανθάνω· ἀλλ' οὖν τό γε κεινὴν αὐτὸ ἀνιαρόν. Hermann, der, wie Stallbaum und Ast, an der Verbindung καὶ ἐγώ μ. mit Recht Anstoss nahm, glaubte am besten durch ein Kolon nach ἐγώ helfen zu können. Dadurch erhält καὶ ἐγώ seine Ergänzung aus den vorhergehenden Worten des Kallikles: τὸ μέντοι πεινῶντα ἐσθίειν ἡδύ nämlich λέγω, und μανθάνω erscheint, wie gewöhnlich, ohne weitere Begleitung. Ganz unbegründet freilich ist Stallbaums Widerstreben gegen diese Herstellung nicht; denn wenn auch jeder von beiden Ausdrücken angemessen ist, so kann doch die Häufung missfällig erscheinen. Es bleibt daher wohl noch ein Bedenken gegen die handschriftliche Ueberlieferung bestehen, das Stallbaum durch Ausscheidung der Worte καὶ ἐγώ zu beseitigen sucht. Jedenfalls wird niemand zu der alten Vulgata, die Heindorf für unzweifelhaft richtig hält, zurückkehren wollen.

498 B. ἀμφότεροι ἔσαγε μᾶλλον κτέ. Dass Hermann in der Ausschliessung von μᾶλλον keine Nachfolger gefunden hat, ist nicht zu wundern, da diese Maassregel das auffallende der Aeusserung nicht beseitigt, sondern fast noch erschwert. Hier ist wohl überhaupt weniger der Kritik als der Exegese eine Aufgabe gestellt. Die von Heindorf gebilligte Auffassung des Engländers Routh, welche neuerdings Stallbaum in Uebereinstimmung mit Koraes[1]) vertritt, bekämpft nach Ast's Vorgang Schmidt (a. a. O. S. 6) und bekennt sich in der Hauptsache zu derselben Ansicht, welche auch in meiner Ausgabe, theilweise schon bei Deuschle, ihren Ausdruck gefunden hat, dass nämlich diese Antwort fast einer Antwortsverweigerung gleichbedeutend wäre, wenn der beigefügte Zusatz nicht einlenkte. Ich möchte indessen diesen Ausdruck nun lieber etwas mildern. Denn wenn die Aeusserung des Kallikles auch auffalend in der Form ist, so besagt sie doch eigentlich nicht mehr als: „keiner von beiden mehr, sondern der eine ziemlich ebenso sehr, wie der andere,"

---

1) Παίζων τοῦτο λέγει.

also fast dasselbe, was Kallikles schon oben gesagt hat: οἶμαι
ἔγωγε οὐ πολύ τι διαφέρειν. Auch dort zeigt die Antwort des
Sokrates, wie hier, dass dieser eigentlich etwas anderes erwartete,
oder doch wollte, aber sich auch damit begnügen kann. Das von
Schleiermacher beanstandete und von Schmidt in dem Sinn von
„*quod si tibi non placet*" gefasste εἰ δὲ μή zeigt doch genau genommen keine wesentlich verschiedene Anwendung von der nach
μάλιστα μέν u. dergl.; denn das folgende ist auch im Sinn einer
Herabminderung gegenüber dem vorhergehenden zu verstehen:
es ist kein Unterschied zwischen beiden, zum wenigsten kein
grosser.

498 B. Σ. *Καὶ οἱ ἄφρονες, ὥς ἔοικεν*. Κ. *Ναί*. Diese
Worte erklärt Kratz nach dem Vorgang Hirschigs als ein un-
zweifelhaftes Einschiebsel, durch das der zu führende Beweis
mitten in seinem Gang in der allertäppischsten Weise unterbrochen
und gestört werde. Unter solchen Umständen wundert man sich
nur, dass der Verfasser dem Eindringling nicht schon früher die
Thür gewiesen hat, sondern ihn ruhig im Besitz des angemassten
Platzes in seiner Ausgabe beliess. Was mich betrifft, an dessen
Adresse die Zurechtweisung gerichtet ist, so hat mich der
Wechselbalg eben auch getäuscht, wie meinen Vorgänger. Ich
dachte mir nämlich, Sokrates wolle nach dem neugewonnenen Resultate nur das schon vorher gewonnene in Erinnerung bringen,
um dadurch die Schlusszusammenfassung vorzubereiten. Dass dies
nun nicht nothwendig, ja in der vorliegenden Weise etwas störend
ist, ist zuzugeben, weniger, dass nach diesem Zusatz das folgende
προσιόντων ohne ausdrücklich beigefügtes Subject „völlig unge-
rechtfertigt" wäre, da derselbe ja doch fast nur die Geltung einer
Parenthese hätte. Zu erwähnen ist noch, dass auch Schmidt
(s. i. O. S. 6) die beanstandeten Worte nicht geradezu verwirft,
obwohl ich freilich seiner Auffassung[1]) nicht eben beipflichten
kann.

498 C: Ἆρ' οὖν παραπλησίως εἰσὶν ἀγαθοὶ καὶ κακοὶ
οἱ ἀγαθοὶ τε καὶ οἱ κακοί; ἢ καὶ ἔτι μᾶλλον ἀγαθοὶ καὶ κακοί
εἰσιν οἱ κακοί; Dieser bedenkliche Schluss ergibt sich mit
strengster Folgerichtigkeit aus den Behauptungen des Kallikles:

---

1) „*Hinc car hic inseruntur, non video etiam causam, quam si, quod
modo omnino dictum erat, stultos non minus laetari quam prudentes, id hic
occasione data certo quodam laetitiae exemplo declaretur*".

allein er wird nur dadurch gewonnen, dass das im zweiten Glied nach ἀγαθοί von den Handschriften beigefügte οἱ ἀγαθοί aus dem Texte verwiesen wird. Die Nothwendigkeit dieses Verfahrens erkannte bereits Routh und nach ihm Heindorf, wie es scheint, selbständig. Ihrem Vorgang folgten, wie billig, mit wenigen Ausnahmen alle späteren Herausgeber. Neuerdings glaubt Schmidt (a. a. O. S. 6 ff.) noch einen Schritt weiter gehen und auch noch die Worte καὶ κακοί mit dem vorhergehenden οἱ ἀγαθοί ausscheiden zu müssen glaubt und zwar in Rücksicht auf den später (499 A) wiederholten Schluss, in welchem dieses Prädicat fehlt. Wohl begründet ist nun die Bemerkung Schmidts, dass die Tendenz der ganzen Beweisführung des Sokrates hauptsächlich und hinlänglich in dem Zugeständnisse des Kallikles sich befriedigt, dass die feigen sich mehr freuen als die tapferen; gleichwohl aber möchte Schmidts weitere Folgerung unbegründet sein. Denn fragen wir nach dem Zweck der Wiederholung des ganzen Schlussverfahrens, so wird man ihn wohl am richtigsten darin finden, dass einerseits die Richtigkeit desselben noch einmal klar ans Licht gestellt[1], andererseits der Schluss selbst in seiner zweckmässigsten Form erscheint, während die erste Fassung mehr das vollständigste Ergebniss der vorhergehenden Erörterung ausdrückt[2]. Dies zeigt sich darin, dass in dem späteren Ausdruck nur ὁ κακός, in dem früheren dagegen οἱ ἀγαθοί τε καὶ οἱ κακοί Subject ist. Auch den Rath, den Schmidt denen gibt, die die Worte καὶ κακοί „tanquam tabulam ex naufragio" retten zu müssen glauben, wenigstens ἀγαθοί τε καὶ κακοί zu schreiben, kann ich mir

---

1) Ausser diesem Zweck gibt Schmidt in der folgenden Erörterung über den Abschnitt 497 E—499 D noch folgenden Nebenzweck an: „ut si Callicles ipse et qui adsunt reliqui intelligant, quam non liceat huic, utpote in rebus clarissimis caeco et insipienti, magistri instar castigare (ipsius in disputando veritatem atque prudentiam".

2) Nicht zu übersehen ist, dass es 499 B heisst: οὐ ταῦτα συμβαίνει καὶ τὰ πρότερα ἐκεῖνα, ἐάν τις ταὐτὰ φῇ ἡδέα τε καὶ ἀγαθὰ εἶναι. Dieses τὰ πρότερα ἐκεῖνα kann nun wohl nicht auf den vollständigeren Ausdruck 498 C zurückweisen, noch viel weniger aber auf 497 A, wie Jahn, oder 497 D, wie Kratz will, da dort nicht von solchen absurden Consequenzen die Rede ist, sondern vielmehr giltige Schlüsse gezogen werden. Die richtige Beziehung hat schon Ast nachgewiesen mit den Worten: referuntur ad eiusedorum istam p. 494 E"—und, muss man beifügen, auf das dieser Stelle vorhergehende, wie C ὑπόμενον διατελοῦντα τὸν βίον εὐδαιμόνως ἐστὶ ζῆν.

nicht aneignen; denn nicht die Worte οἱ ἀγαθοί τε καὶ οἱ κακοί im vorhergehenden Glied, sondern nur εἰσὶν ἀγαθοὶ καὶ κακοί können zur Richtschnur dienen; jene können vielmehr zeigen, dass der Sinn der Verbindung durch τί — καί nicht in der gleichzeitigen Beilegung entgegengesetzter Prädicate erblickt werden kann, da sie hier vielmehr gesondert zu denkendes verbindet; überhaupt darf man den Unterschied beider Verbindungsarten nicht gar zu unwandelbar streng und gleichsam materiell fixiert denken; der Sprachgebrauch ist vielmehr in vielen Fällen, wie z. B. in der Verbindung von πολύς mit einem andern Adjectiv, ein herüber und hinüber gleitender und vielfach von anderen Rücksichten als dem logischen Verhältniss bestimmter. Hier scheint mir nun das Moment, dem Schmidt allein einige Geltung einräumt, nicht zunächst und hauptsächlich als Ergebniss der vorhergehenden Erörterung hervorzutreten, sondern vielmehr nur, dass das eine und das andere Prädicat den beiden Subjecten gleichermassen oder dem einen sogar in höherem Grade zukommt.

499 D: Ἆρ᾽ οὖν τὰς τοιάσδε λέγεις οἶον κατὰ τὸ σῶμα ἃς νῦν δὴ ἐλέγομεν ἐν τῷ ἐσθίειν καὶ πίνειν ἡδονάς, εἰ ἄρα τούτων αἱ μὲν ὑγίειαν ποιοῦσαι ἐν τῷ σώματι ἢ ἰσχὺν ἢ ἄλλην τινὰ ἀρετὴν τοῦ σώματος, αὗται μὲν ἀγαθαί, αἱ δὲ τἀναντία τούτων, κακαί. So lautet die überlieferte Lesart, die unter den neueren Ausgaben nur Stallbaum auch in der dritten Auflage beibehält, während Hermann u. a. die von Heindorf auf Grund der Uebersetzung des Ficinus, die freilich jetzt gegenüber dem vorliegenden handschriftlichen Apparat etwas an diplomatischem Werth verliert, empfohlene Aenderung, mit ἄρα, das nach Ausscheidung des εἰ an die Stelle des ἄρα treten musste. eine neue Frage zu beginnen. Die Entscheidung ist in der That heikel, wie es schon merkwürdig ist, dass hier gerade Stallbaum, der sonst gern von codicum mancipia u. dgl. spricht, als Verfechter der handschriftlichen Ueberlieferung auftritt. Auch Kratz bespricht die Stelle a. d. a. O. S. 130, kommt aber zu dem entgegengesetzten Ergebniss als Stallbaum, indem er weder mit εἰ eine befriedigende Gestaltung der Periode, noch für ἄρα in Verbindung mit εἰ eine annehmbare Bedeutung finden zu können meint[1]).

---

[1] Kratzens Worte: „Dazu kommt, dass ἄρα in seiner Verbindung mit εἰ keine irgend annehmbare Erklärung zulässt" können natürlich

Indessen erscheint doch vielleicht dieses Urtheil zu streng, wenn man den Zusammenhang der Stelle auch in Rücksicht auf die künstlerische Anlage in Betrachtung zieht. An sich wäre freilich die einfache Form der Frage, wie die folgende über die λύπαι gestaltet ist, am Platze. Da aber diese neue Untersuchung dadurch motivirt wird, dass Kallikles, durch die vorhergehende Untersuchung gedrängt, seine frühere Behauptung als nicht ernst gemeint zurücknimmt und nun auch einen Unterschied zwischen guten und schlechten Lüsten anerkennt, so ist eine vorläufige Orientierung über die wahre Meinung des Kallikles und gleichsam Feststellung des Bodens auf dem Sokrates fussen kann, wohl angezeigt, die nun in den Worten ἆρ' οὖν ... ἡδονάς enthalten ist, wodurch es aber wohl geschehen könnte, dass die Frage, auf die es zunächst eigentlich abgesehen ist, zu jener in ein sprachlich untergeordnetes Verhältniss tritt. Nun fragt es sich, ob εἰ bedingend oder fragend zu nehmen ist. Die Entscheidung darüber ist in der That manchmal schwierig; der Grund liegt zum Theil in der Identität des Wortes, welche gewissermassen eine Indifferenz des Begriffes mit einschliesst. Für das griechische Sprachgefühl

---

nicht den Sinn haben, dass diese Verbindung überhaupt unzulässig sei, wofür sich ebensowenig ein innerer Grund denken als der Sprachgebrauch geltend machen liesse. Also nicht um für letzteren ein Beispiel beizubringen, sondern nur, weil sich etwas anderes daran erläutern lässt, sei auf 500 E hingewiesen, wo wir lesen: Ἴθι δή, ὦ καὶ πρὸς τοιάδε ἐγώ πλεγον, διομολόγησαί μοι, εἰ ἄρα σοι ἔδοξα τότε ἀληθῆ λέγειν. Die Stelle gehört gewiss zu den einfachsten und unverfänglichsten, zeigt aber doch zweierlei, was auch der vorliegenden schwierigen zu gute kommen könnte: erstens, dass man zweifeln kann, ob εἰ in hypothetischer oder fragender Bedeutung zu nehmen ist; zweitens, dass die hypothetische Bedeutung sich leichter der Construction fügt, die fragende dagegen dem Sinn entsprechender ist, zugleich aber eine etwas losere Verbindung ergibt, wodurch das neue Satzglied einigermassen den Charakter einer Epexegese, wie sie so häufig bei Homer vorkommt, annimmt. Man kann nun freilich sagen, dass der Satz ὦ . . πλεγον nur proleptisch das Object von λέγειν ausdrücke; diese Bemerkung würde aber doch nur das logische Verhältniss, nicht die grammatische Structur treffen, um die es sich doch zunächst handelt; in dieser tritt offenbar das mit εἰ ἄρα beginnende Glied ergänzend zu der vorhergehenden Aufforderung hinzu. Aehnlich ist in der fraglichen Stelle das Verhältniss, nur dass dort auch das erste Glied die Form der Frage angenommen hat, wodurch eben die Schwierigkeit entsteht. Bemerkenswerth ist auch dies, dass das indirecte Fragewort häufig nach einer Frage mit directem Fragewort eintritt.

ist daher wohl auch der Unterschied beider Satzarten minder scharf und schroff, gleichsam flüssiger als für das deutsche, obwohl die innere Verwandtschaft sich auch uns zu erkennen gibt: Ich möchte wohl wissen, ob er gekommen ist? Ich möchte es wohl wissen, wenn er etwa gekommen ist; wenn er gekommen ist, möchte ich es wissen. Gebt man nun in dem vorliegenden Falle von der überlieferten Lesart aus, so müsste man die Interpunction Stallbaums beibehalten, d. h. das Fragezeichen erst am Schluss nach ζακαί setzen. Die Frage des Sokrates gienge also dahin, ob die Unterscheidung guter und schlimmer Lüste oder Genüsse auf die sinnlichen Genüsse des essens und trinkens Anwendung fludet, was natürlich nur zulässig ist, wenn Kallikles, wie man aus seiner jetzigen Behauptung folgern muss oder wie es selbstverständlich erscheint, annimmt, dass diejenigen Genüsse, die eine gute Wirkung auf den Körper haben, gut, und diejenigen, die eine schlimme haben, schlimm sind; die Frage schliesst also die Erwägung ein, ob füglich die einen gut und die andern schlimm sind. Bei dieser Auffassung würde nicht bloss das εἰ sondern auch das ἄρα, selbst wenn man die Bedeutung dieses vielerörterten Wörtchens mit Döderlein auf den Begriff der Folge und Folgerung, was, wenn ich nicht irre, auch von Kratz in der angeführten Abhandlung behauptet wird, beschränkt, genügend erklärt sein. Es ist nicht zu leugnen, dass der Satz in dieser Form etwas ungefüges hat; der Anschluss mit εἰ ἄρα müsste als ein möglichst loser und lockerer gedacht werden, so dass er sich der völligen Ablösung, die durch die andere Schreibung mit Ausscheidung des εἰ bewerkstelligt wird, etwas nähert. Freilich an Leichtigkeit der Auffassung und Uebereinstimmung mit der sonst gebräuchlichen Ausdrucksweise Platons gewinnt der Satz durch die Zerlegung. In dem anderen Fall würde ich freilich weder mit Kratz ποιοῦσαι in ποιοῦσι verwandeln noch zu dem Participium εἰσίν ergänzen, noch nach ἡδονάς ein Fragezeichen setzen, noch auch die minder gut beglaubigte Lesart αἵ . . ποιοῦσιν annehmen, sondern vielmehr αἵ . . ποιοῦσαι in diesem Sinne fassen und demnach auch das αὗται wie nach einem relativen Satz gebraucht denken.

502 B: πότερόν ἐστιν αὐτῆς τὸ ἐπιχείρημα καὶ ἡ σπουδή, ὡς σοὶ δοκεῖ, χαρίζεσθαι τοῖς θεαταῖς μόνον, ἢ καὶ διαμάχεσθαι, ἐάν τι αὐτοῖς ἡδὺ μὲν ᾖ καὶ κεχαρισμένον, πονηρὸν δέ, ὅπως τοῦτο μὲν μὴ ἐρεῖ, εἰ δέ τι τυγχάνει ἀηδὲς καὶ

ώφέλιμον, τοῦτο δὲ καὶ λέξαι καὶ ᾄσαται, ἐάν τι χαίρωσιν ἐάν τε μή; Dass der Zwischensatz ὡς σοὶ δοκεῖ etwas auffallendes hat und von dem gewöhnlichen Gebrauch abweicht, hat bereits Heindorf erkannt. Ast findet diese Abweichung so unerträglich, dass er das Sätzchen, welches auch Ficinus in seiner Uebersetzung nicht hat, streichen zu müssen glaubt. Neuerdings sprechen sich Schmidt (a. a. O. S. 19) und Kratz (a. a. O. S. 130) in ähnlichem Sinne aus, eröffnen aber beide noch einen Ausweg die fraglichen Worte zu halten, ersterer durch Interpretation, letzterer durch Emendation. Kratz schlägt nämlich vor zu lesen ὡς σοὶ δοκεῖν (insoweit es sich um deine Meinung handelt): eine Ausdrucksweise, die zwar nach Analogie von dem ziemlich gebräuchlichen [1]) ὡς ἐμοὶ δοκεῖν oder ἐμοὶ δοκεῖν ohne ὡς dem Sinne wohl entspräche, vielleicht aber mit der zweiten Person kein zweites Beispiel aufzuweisen hat. Schmidt denkt an die Möglichkeit, die fraglichen Worte auf die Ansicht des Kallikles über die Lust überhaupt zu beziehen [2]). Dies halte ich für unmöglich, sowohl weil diese Beziehung nicht klar genug hervorträte, als auch, weil sie doch eigentlich nicht in den Zusammenhang passt. Ob Bekker, Stallbaum (auch in der 3. Aufl.), die Zürcher, Hermann, die alle die Worte unangefochten in dem Texte belassen, sie in diesem Sinne verstanden, möchte ich bezweifeln; wahrscheinlich beruhigten sie sich alle bei Heindorfs Auffassung, vielleicht in der Meinung, dass die Ungewöhnlichkeit des Ausdrucks, der doch nicht geradezu unverträglich ist mit der geforderten Bedeutung, dadurch veranlasst wurde, dass der Schriftsteller aus irgend einem Grund lieber πότερόν ἐστιν als πότερον δοκεῖ σοι εἶναι sagen wollte. Vollständig sowohl dem Sinn als dem Sprachgebrauch zu genügen würde also wohl nur Asts Radicalmittel vermögen [3]).

[1]) Besonders bei Herodot. Auch fehlt es hier nicht an Schwankungen der Lesart, welche für die vorgeschlagene Aenderung sprechen könnten. So bietet I 181 der cod. Romanus mit Cels. δοκέει, wo δοκέειν durch die anderen Handschriften empfohlen wird, und IV 87 schreibt jetzt Stein in der neuen kritischen Ausgabe δοκέει, während er früher mit andern auf die Autorität desselben cod. R. hin δοκέειν geschrieben hatte".

2) „Ast igitur cum Astio delenda ea aut de voluptate Calliclis illa, quae omnia ab eo ad voluptatem referri solebant, sententia intelligenda erunt."

3) Dass Deuschle 502 A βλέπων und Hermann 509 D die Worte αὐτῆς τὸ ἐπιχείρημα καὶ ἡ σπουδή in Klammern setzt, habe ich nicht

Die oben ausgeschriebene Stelle gab auch Deuschle Veranlassung zu einem Verbesserungsversuch, der zunächst wenig Beifall fand, doch aber der Berücksichtigung nicht unwerth ist. Er betrifft die Worte ἀηδὲς καὶ ὠφέλιμον, indem Deuschle ἀηθές statt ἀηδές schrieb. Was Stallbaum darüber bemerkt und zur Erklärung der hurkömmlichen Lesart beibringt, ist ohne Belang, da es nur den Sinn der Stelle wiedergibt, über den niemand in Zweifel ist. Eingehend dagegen spricht sich Keck aus, der in der That alles erschöpft, was man zur Rechtfertigung der überlieferten Lesart sagen kann. Doch werden auch dadurch nicht alle Bedenken gehoben. Ob chiastische oder anaphorische[1]) Stellung, ist natürlich ganz gleichgültig; diese rein äusserlich rhetorischen Gesichtspunkte können in keinem Fall massgebend sein. Wichtiger für den Inhalt ist dies, dass in dem ersten Haupttheil des Gegensatzes zuerst das, was für die Erwähnung, und dann das, was dagegen spricht, angeführt wird; dieses Verhältniss würde auch im zweiten Hauptglied durch Deuschles Aenderung herbeigeführt, während in der überlieferten Lesart das für und gegen, aber in umgekehrter Ordnung, durch καί verbunden erscheint, gewiss ungewöhnlich, da man doch wenigstens ἀηδές μέν, ὠφέλιμον δέ erwarten möchte. Dazu kommt der von Deuschle erwähnte Widerspruch zwischen ἀηδές und ἐάν τε χαίρωσιν κτέ. Man sieht, um „holländische"[2]) Sauberkeit und Cor-

---

weiter berücksichtigt, da erstere Athetese von Deuschle selbst in seiner nachträglichen Besprechung übergangen, also vielleicht aufgegeben worden ist, letztere dagegen von Keck in seiner Beurtheilung der Ausgabe Deuschles eine so gründliche Behandlung erfahren hat, dass eine wiederholte Erörterung nicht nothwendig scheint.

1) Die von Keck beigefügte Parenthese giebt zu erkennen, dass auch er mit dieser von Nägelsbach eingeführten Veränderung oder Erweiterung der Bedeutung des Wortes Anaphora nicht ganz einverstanden ist. Es mag hier verstattet sein daran zu erinnern, dass L. von Jan in den Blättern für das bayerische Gymnasialschulwesen III 9 den Ausdruck Parallelismus vorgeschlagen hat, der wohl auf günstige Aufnahme rechnen darf, da der mehr im Scherz als im Ernst von mir vorgeschlagene, seinem Bruder, dem Chiasmus, freilich noch besser entsprechende Plasmus doch wohl keine Aussicht auf diese Ehre hat.

2) Keck traut den Holländern doch wohl zu viel Fanatismus und zu wenig Kenntniss zu, wenn er meint, sie würden statt εἰ δέ wegen des vorhergehenden ἐάν . . μέν auch ἐάν δέ verlangen. Dazu sind sie wohl im Durchschnitt zu gut belesen, als dass sie sich nicht des häufigen Vorkommens von εἰ δέ μή nach vorhergehendem ἐάν μέν erinnern-

rechnet" handelte es sich auch für Deuschle nicht, sondern um tiefer gehende Forderungen; der Sokratischen Schönheit und Freiheit ist auch bei Deuschles Aenderung noch hinlänglicher Spielraum gelassen. Wenn ich nun gleichwohl in dem kritischen Anhang zu der überlieferten Lesart zurückgekehrt bin, so bestimmten mich dazu folgende Gründe. Zunächst ist es ein Umstand, der auch etwas gegen den durch Deuschles Aenderung gewonnenen Ausdruck spricht. So angemessen auch an sich und selbst in dem vorliegenden Falle die Verbindung von $\dot{\alpha}\lambda\eta\vartheta\acute{\eta}\varsigma$ und $\dot{\omega}\varphi\acute{\epsilon}\lambda\iota\mu\sigma\nu$ ist, so ist sie doch durch die vorhergehende Erörterung, die immer nur das $\dot{\alpha}\gamma\alpha\vartheta\acute{o}\nu$ ($\beta\acute{\epsilon}\lambda\tau\iota\sigma\nu$) als Gegensatz des $\dot{\eta}\delta\acute{v}$ im Auge hat, weniger motiviert. Was aber den erwähnten Widerspruch zwischen $\dot{\alpha}\eta\vartheta\acute{\epsilon}\varsigma$ und $\dot{\epsilon}\acute{\alpha}\nu$ $\tau\iota$ $\chi\alpha\acute{\iota}\rho\omega\sigma\iota\nu$ $\varkappa\tau\lambda$. betrifft, so möchte ich auch meinerseits kein zu grosses Gewicht auf denselben legen, da er sowohl durch die Stellung gemildert wird, als auch durch den fast formelhaften Gebrauch des $\dot{\epsilon}\acute{\alpha}\nu$ $\tau\varepsilon$ . . . $\dot{\epsilon}\acute{\alpha}\nu$ $\tau\iota$ (sive .. sive), der hier die Auffassung verstattet: 'unbekümmert darum, ob sie eine Freude daran haben oder nicht', somit also nur den oben weniger stark hervorgehobenen Begriff des $\dot{\alpha}\eta\vartheta\acute{\epsilon}\varsigma$ noch einmal in Erinnerung bringt. Es bleibt also noch die Verbindung der Worte $\dot{\alpha}\eta\vartheta\acute{\epsilon}\varsigma$ und $\dot{\omega}\varphi\acute{\epsilon}\lambda\iota\mu\sigma\nu$ durch $\varkappa\alpha\acute{\iota}$ übrig, für welche man weder Auskunft noch Beispiel in Bäumleins Untersuchungen über griechische Partikeln findet und auch Keck nichts zur Rechtfertigung beigebracht hat. Indessen tritt hier Schmidt ein, der, Kecks Ansicht entschieden beistimmend, eine Stelle aus Sophokles und eine aus Cicero anführt, die eine ähnliche Verbindung zeigen [1]). Dass ein Dichter und ein Schriftsteller einer anderen Sprache herhalten müssen, dient freilich auch dazu, die Seltenheit dieses Sprachgebrauchs darzuthun, obwohl namentlich das Beispiel aus Cicero viel Aehnlichkeit hat. Man mag daher annehmen, dass der Schriftsteller durch die Verbindung mit $\varkappa\alpha\acute{\iota}$ zunächst eine Gleichstellung beider Momente beabsichtigte.

---

ten und darum wohl auch in minder strikten Fällen zur Nachsicht gegen diesen Wechsel sich getrieben fühlten.

1) „Illud num addere lubet, dicendi generi $\dot{\alpha}\eta\vartheta\acute{\epsilon}\varsigma$ nal $\dot{\omega}\varphi\acute{\epsilon}\lambda\iota\mu\sigma\nu$ pro $\dot{\alpha}\eta\vartheta\acute{\epsilon}\varsigma$ $\mu\grave{\epsilon}\nu$ $\dot{\omega}\varphi\acute{\epsilon}\lambda\iota\mu\sigma\nu$ $\delta\acute{\epsilon}$ plane geminum esse et Sophoclem illud in Oed. Tyr. 60 $\nu o\sigma\epsilon\tilde{\iota}\tau\epsilon$ $\pi\acute{\alpha}\nu\tau\epsilon\varsigma$ $\varkappa\alpha\grave{\iota}$ $\nu o\sigma o\tilde{\nu}\nu\tau\epsilon\varsigma$ $\dot{\omega}\varsigma$ $\dot{\epsilon}\gamma\grave{\omega}$ $o\dot{\nu}\varkappa$ $\ddot{\epsilon}\sigma\tau\iota\nu$ $\dot{\nu}\mu\tilde{\omega}\nu$ $\ddot{o}\sigma\tau\iota\varsigma$ $\dot{\epsilon}\xi$ $\ddot{\iota}\sigma o\nu$ $\nu o\sigma\epsilon\tilde{\iota}$, et Ciceronianum in Off. II 20 „Quis est tandem, qui inopis et optimi viri causae non anteponat in opera danda gratiam fortunati et potentis?"

502 D: Οὐκοῦν ῥητορικὴ δημηγορία ἂν εἴη. Dass ἡ ποιητικὴ aus den vorhergehenden Worten auch hier als Subject zu versiehen und also die überlieferte Lesart ἡ ῥητορικὴ unrichtig ist, erkannte bereits Heindorf. Daher werden in den neueren Ausgaben nach dem Beispiel Stallbaums, der sich auf zwei Florentiner Handschriften stützte, die Worte so geschrieben, wie sie oben angeführt sind. Indessen glaubt Schmidt auch dabei sich nicht beruhigen zu dürfen, sondern kommt vielmehr zu dem Ergebniss, dass, wenn nicht ein grösseres Verderbniss anzunehmen sei, doch das Wort δημηγορία hier nicht mit Recht seinen Platz behaupte, also auszuscheiden sei. Diese Ansicht hat auf den ersten Blick etwas ansprechendes, gibt aber doch auch einigen Bedenken Raum. Sie stützt sich auf die Erwägung, dass ῥητορικὴ zu δημηγορία als Attribut gefügt entweder ganz nichtssagend wäre, oder, wenn es ja doch ein neues Moment hinzufügen sollte, dies wenigstens nicht in der Beweisführung des Sokrates begründet wäre[1]). Diese letztere Behauptung erweckte mir zuerst Bedenken bei näherer Erwägung des Wortlautes. Hier kommen zunächst die Worte 'ἢ οὐ ῥητορεύειν δοκοῦσί σοι οἱ ποιηταὶ ἐν τοῖς θεάτροις;' in Betracht. Diese begründen offenbar den Ausdruck ῥητορικὴ, könnten also auch in ähnlicher Weise diesem vorangehen, wie oben der Ausdruck δημηγορία begründet wird durch die Worte οὐκοῦν πρὸς πολὺν ὄχλον καὶ δῆμον οὗτοι λέγονται οἱ λόγοι; Da nun aber damit der schon vorher gewonnene Begriff der δημηγορία offenbar nicht aufgegeben werden soll, so kann wenigstens das adjectivische Wort zu δημηγορία als Attribut hinzutreten, ohne dem Gang der Erörterung zu widersprechen, vorausgesetzt dass dadurch wirklich ein neues Moment gewonnen wird. Dieses müsste natürlich in dem Begriff von ῥητορεύειν wurzeln. Schade, dass dieses Wort nur in dieser Stelle bei Platon vorkommt. Man muss sich also an den sonst vorkommenden Gebrauch halten, der am bequemsten aus dem von dem Verbum abgeleiteten Substantiv ῥητορεία ersehen werden kann, z. B. aus einer Stelle in dem Παναθηναικός des Isokrates[2]).

---

1) a. a. O. S. 19: „quam qui prorsus otiose addita tam foret „rhetorica", nulla enim concio non est rhetorica seu oratoria, aut, si vel maxime nova quaedam ita concioni accederet notio, haec ex Socratis certe argumentatione haudquaquam evanere esset".

2) § 2.. πάντας τούτους (τοὺς λόγους) ἐάσας περὶ ἐκείνους ἐπραγματευόμην τοὺς περὶ τῶν συμφερόντων τῇ τε πόλει καὶ τοῖς ἄλλοις

in welcher dieser Redekünstler als hochbejahrter Greis von seinem Streben und Treiben Rechenschaft gibt. Tritt hier nicht deutlich ein neues Moment zu dem hinzu, welches Platon oben für den Begriff der δημηγορία aufgestellt hat? Dieser ganze Apparat von Kunstmitteln, in denen die hauptsächlichste Stärke des Isokrates bestand, dessen aber die δημηγορία doch auch bis zu einem gewissen Grad entbehren kann und die etwas weiter unten genannten Staatsmänner, Miltiades, Themistokles, Kimon und viele andere, die Platon doch alle unbedenklich unter die δημηγόροι rechnete, wohl wirklich entbehrten. Um so geeigneter aber sind eben diese Kunstmittel, die Verwandtschaft der dramatischen Poesie, die ja auch die ἐπισημασία und den θόρυβος τῶν ἀκουόντων liebt, mit der Redekunst darzuthun. Wenn wir daher auch die Verbindung ῥητορικὴ δημηγορία als eine ungewöhnliche anerkennen müssen, so können wir doch das Attribut nicht einen nichtssagenden Uebsatz nennen, müssen vielmehr anerkennen, dass es gerade in dieser logischen Geltung wohl begründet ist, wenn auch gleich nicht zu leugnen ist, dass das Substantiv fehlen könnte, ohne den Gang der Erörterung zu stören. Dass auch die Stellung vor dem Substantiv angemessen ist, bedarf keiner Erwähnung. Eher könnte die modale Form des Verbums eine Rechtfertigung zu verlangen scheinen. Allerdings würde, wenn die gleiche Stellung der beiden Sätze angewendet wäre, wie in dem vorhergehenden Enthymem, auch ἐστίν statt ἂν εἴη gefordert sein; durch die Voranstellung des Schlusssatzes aber ist das Eintreten des *modus potentialis* sehr wohl motiviert, während, wie Schmidt richtig bemerkt, wenn man den andern Vorschlag Heindorfs, den Artikel vor δημηγορία zu setzen, annähme, dann dieser modus nicht mehr zulässig wäre.

503 C: Εἰ ἔστι γε, ὦ Καλλίκλεις, ἥν πρότερον σὺ ἔλεγες ἀρετήν, ἀληθής, τὸ τὰς ἐπιθυμίας ἀποπιμπλάναι καὶ τὰς αὐτοῦ καὶ τὰς τῶν ἄλλων· εἰ δὲ μή τοῦτο, ἀλλ' ὅπερ ἐν τῷ ὑστέρῳ λόγῳ ἠναγκάσθημεν ἡμεῖς ὁμολογεῖν, ὅτι αἱ μὲν τῶν ἐπιθυμιῶν πληρούμεναι βελτίω ποιοῦσι τὸν ἄνθρωπον, ταύτας μὲν ἀποτελεῖν, αἱ δὲ χείρω, μή· τοῦτο δὲ τέχνη τις εἶ-

---
Ἕλλησι συμβουλεύοντας, καὶ πολλῶν μὲν ἀνθρωπάτων γέροντας, οὐκ ὀλίγον δ' ἀντιθέτων καὶ παρισώσεων καὶ τῶν ἄλλων ἰδεῶν τῶν ἐν ταῖς ῥητορείαις διαλαμπουσῶν καὶ τοὺς ἀκούοντας ἐπισημαίνεσθαι καὶ θορυβεῖν ἀναγκαζουσῶν.

ναι· τοιοῦτον ἄνδρα τούτων τινὰ γεγονέναι ἔχεις εἰπεῖν; Dass die Stelle in dieser überlieferten Form einiges ungefüge hat, ist nicht zu leugnen. Zu den schon von Heindorf gemachten Verbesserungsvorschlägen kommt neuerdings einer von Richter (a. a. O. S. 234 f.), der, den Spuren Heindorfs nachgebend, sich allerdings durch eine gewisse Leichtigkeit vor andern empfiehlt, nämlich in den Worten 'τοῦτο δὲ τέχνη τις εἶναι' das δὲ in δοκεῖ zu verwandeln. Merkwürdig, dass in der von Richter beigefügten Uebersetzung dieses δοκεῖ gar nicht zum Ausdruck kommt, sondern übersetzt wird, als wollte er τέχνην τινὰ εἶναι — allerdings mit Auslassung des δὲ — gelesen wissen. Es ergibt sich daraus von selbst, dass δοκεῖ, welches Richter aus 490 E, worauf zurückgewiesen wird, zu entnehmen erklärt, nicht für den Sinn nothwendig ist, sondern nur dazu dient, den Nominativ und Infinitiv zu erklären, der aber auch wohl bei der Freiheit der Sokratischen Redeweise so erklärt werden kann, wie es geschieht, dass man aus dem vorhergehenden ἠναγκάσθημεν ὁμολογεῖν den Begriff ὁμολογῇθη entnimmt. Diese Auffassung erkennt auch Keck ausdrücklich als richtig an, und Schmidt, der die Stelle ebenfalls einer eingehenden Behandlung unterzieht, bestreitet sie nicht; nur dagegen erklärt er sich, dass Deuschle in dem Schlussatz eine Art Anakoluthie sieht[1]); was den Ausdruck betrifft, der ein grammatisches Verhältniss bezeichnet, das hier nicht hervortritt, gewiss mit Recht, obwohl Deuschles Gedanke nicht eben unrichtig ist. Er wollte offenbar sagen, dass der Anfang der Aeusserung des Sokrates die Verneinung des Prädicats ἀγαθός erwarten liess, wofür τοιοῦτον, das sich nicht auf ἄνδρα ἀγαθόν in der Aeusserung des Kallikles zurückbezieht, sondern vielmehr an die mit ὅπερ beginnende Zwischenbemerkung anschliesst, eingetreten ist*.

504 D spricht Kratz die Vermuthung aus, dass Platon statt νόμος wohl κόσμος oder κόσμιον werde geschrieben haben. Da Kratz in seinen späteren Bemerkungen auf diese Vermuthung nicht zurückkommt, so hat er sie vielleicht selbst wieder aufgegeben, und zwar wohl mit Recht, wie ich glaube; denn gegen eine

---

1) Warum Schmidt diese Auffassung auch von Kratz gebilligt erklärt, ist mir unerklärlich, da ich weder in dessen Anmerkungen noch in dem Nachtrag ein darauf bezügliches Wort zu entdecken vermag. Es scheint also hier ein Irrthum obzuwalten.

Aenderung erheben sich doch einige Bedenken. Wollte man die strengste Form herstellen, so müsste man offenbar zu κόσμιον greifen; denn eine gewisse Uebereinstimmung mit dem vorhergehenden νόμιμον scheint allerdings erforderlich, von der abzuweichen kein Grund wäre, da Platon auch sonst dies Neutrum substantivisch gebraucht[1]). Allein dadurch würde die Aenderung schon gewaltsamer und der angenommene Schreibfehler unwahrscheinlicher; und gegen κόσμος spricht vielleicht ausser der Rücksicht auf eine gewisse Uebereinstimmung des Ausdrucks auch der Umstand, dass, so oft es auch Platon hier und in anderen Dialogen in dem geforderten Sinne gebraucht, er doch meistens ein τὶς (quidam) oder eine andere Bestimmung, wodurch seine Beziehung ausgedrückt wird, beifügt, der Ausdruck also doch wohl so ganz für sich nicht eben so gebräuchlich war, wie νόμος. Dieses Wort und diesen Begriff wollte Platon vielleicht gerade in diesem Sinne zur Geltung bringen, wie auch im Kriton[2]) an einer Stelle, der ein ähnlicher Gedanke zu Grunde liegt, die gleiche Verbindung erscheint. Von dem strengen Parallelismus der rhetorischen Form weicht die vorliegende Stelle ohnedies mehrfach ab; dieser würde verlangen: ταῖς δὲ τῆς ψυχῆς τάξεσι νόμιμον, ἐξ οὗ ἐν αὐτῇ δικαιοσύνη γίγνεται καὶ σωφροσύνη κτί. Durch die Hinzufügung von κοσμήσεσι und νόμος und den vermittelten Uebergang zu der Benennung der beiden Tugenden soll offenbar der Gedanke, um den es sich hauptsächlich handelt, klarer und vollständiger hervortreten und wird zugleich jene natürliche Anmuth des Gesprächtones erreicht, durch welche sich die Sokratische Ausdrucksweise von der oft etwas einförmigen und steifen Künstlichkeit des Isokrates und anderer Redner unterscheidet. Hier ist namentlich auch die lose Form des Ueberganges mit ταῦτα δ' ἐστί bemerkenswerth.

504 E weist Stallbaum die Vermuthung Deuschles, dass αὐτῷ statt αὐτοῦ vor τοῖς πολίταις zu schreiben sei, nach

---

1) Gastmahl 189 A: εἰ τὸ κόσμιον τοῦ σώματος ἐπιθυμεῖ τοιούτων νόμων καὶ ἐπιτηδευμάτων.
2) 53 C: πότερον οὖν φεύξῃ τάς τε εὐνομουμένας πόλεις καὶ τῶν ἀνδρῶν τοὺς κοσμιωτάτους; καὶ τοῦτο ποιοῦντι ἄρα ἄξιόν σοι ζῆν ἔσται; ἢ πλησιάσεις τούτοις καὶ ἀναισχυντήσεις διαλεγόμενος — τίνας λόγους, ὦ Σώκρατες; ἢ οὕσπερ ἐνθάδε, ὡς ἡ ἀρετὴ καὶ ἡ δικαιοσύνη πλείστου ἄξιον τοῖς ἀνθρώποις καὶ τὰ νόμιμα καὶ οἱ νόμοι; die oben genannten κόσμιοι sind natürlich die σώφρονες.

seiner Art ab. Besser wäre es, er hätte in aller Kürze den
Grund der Beifügung und der Stellung des Pronomens erläutert.
Dass der dat. ethicus hier sehr angemessen ist, erkennt auch
Keck an. Indessen behält auch Kratz den Genetiv bei".

504 E: *Τί γάρ ὄφελος, ὦ Καλλίκλεις, σώματί γε ὑγι-
αίνοντι καὶ μοχθηρῶς διακειμένῳ σιτία πολλὰ διδόναι καὶ τὰ
ἥδιστα ἢ ποτὰ ἢ ἄλλ' ὁτιοῦν, ὃ μὴ ὀνήσει αὐτὸ ἔσθ' ὅτι
πλέον ἢ τοὐναντίον κατά γε τὸν δίκαιον λόγον καὶ ἔλαττον;*
Diese sowohl in der Lesart als in der Auffassung etwas unsichere
Stelle bespricht neuerdings Schmidt in eingehender Weise. Er
kommt zu dem Ergebniss, dass ἢ τοὐναντίον nicht 'oder im Gegentheil' sondern 'als das Gegentheil' bedeute und eine vollständige Enthaltung von Speise und Trank, eine solche, die den Tod
herbeiführe, bezeichne, was sowohl durch die Rücksicht auf das
vorhergehende ἄλλ' ὁτιοῦν als auch durch den ganzen Zusammenhang gefordert sei. Die adverbiale Deutung sei schon wegen der Zweideutigkeit des Ausdrucks, die durch ein beigefügtes
καί hätte vermieden werden können, unzulässig. Diesem Grund
möchte ich nun nicht zu viel Gewicht beilegen, da durch denselben eigentlich alle Zweideutigkeiten, deren es doch auch bei
guten Schriftstellern manche gibt, ausgeschlossen würden. Zweideutigkeiten entstehen eben dadurch, dass der sprechende und
schreibende, der eben das bestimmte im Sinne hat, an die Möglichkeit des Missverständnisses gar nicht denkt. Dazu kommt,
dass auch nach der anderen Auffassung der Ausdruck von diesem
Fehler nicht frei wäre; denn wie sollte die oben angegebene Bedeutung so unzweifelhaft darin liegen, da doch zunächst das Gegentheil von viel Speise nur wenig Speise ist und den auge-
nehmsten Getränken die unangenehmsten oder minder
angenehmen gegenüberstehen und auch 'alles andere' nicht in
'absolut nichts' seinen Gegensatz haben kann, sowohl weil das
ἄλλο ja auf etwas anderes als auf Speise und Trank hindeutet,
als auch weil selbst dieses andere in der gleichen Beziehung,
nämlich in reichlichem Masse und wie es am angenehm-
sten ist, gedacht werden muss. So wenig aber der von Schmidt
geforderte Begriff deutlich durch ἢ τοὐναντίον ausgedrückt erscheint, ebensowenig kann man ihn als unbedingt durch den Zusammenhang gefordert betrachten; denn wenn auch die nächste
Aeusserung des Sokrates wohl eine solche Deutung zulässe, so
zeigt doch die weiter folgende, dass hier ein anderer Gesichts-

punkt vorwaltet, nämlich der, dass kranken es nicht verstattet ist, jegliches Gelüste zu befriedigen. Damit ist freilich noch keineswegs die Möglichkeit, ἢ τοὐναντίον als zweites Vergleichungsglied zu fassen, ausgeschlossen, aber ob es dem Sprachgebrauch sehr gemäss ist, dies so auszudrücken, könnte man doch billig bezweifeln, eben weil dieser Begriff zu denjenigen gehört, welche als selbstverständliche Ergänzung des Ausdrucks leicht weggelassen werden, worüber es genügt auf Krüger § 49, 6 zu verweisen [1]). Ich glaube also, dass, wenn der Schriftsteller den zweiten Gegenstand der Vergleichung ausdrücklich zu bezeichnen für nöthig befunden hätte, ein bestimmterer Ausdruck gewählt worden wäre, als ein solcher selbstverständlicher, der auch in der blossen Verneinung des διδόναι κτέ. gefunden werden könnte. In der That liegt hier ein Fall vor, wo im deutschen einfach der Positiv zu setzen wäre, wie das besonders bei ἄμεινον, οὐ χεῖρόν ἐστιν [2]) u. dgl. bemerkt wird, wo wir sagen: es ist oder wäre gut. So ist hier doch eigentlich der Sinn: was ihm nichts hilft, sondern vielmehr schadet, oder ihn nicht stärkt, sondern vielmehr schwächt, so dass der negative Ausdruck nur mehr des Contrastes wegen und zur Hervorhebung des Gegentheils dasteht. Hier hat sich nun noch einer gewissen Neigung des griechischen Sprachgebrauchs zum comparativischen Ausdruck zu das ὀνήσει noch πλέον angeschlossen und dadurch die weitere Veränderung herbeigeführt. Dass aber der Uebergang von dem, was verneint wird, zu dem, was behauptet wird, sehr angemessen durch ἢ τοὐναντίον (oder im Gegentheil) bewirkt wird, ist kaum zu bestreiten; er findet sich ziemlich ähnlich unten 515 E [3]). Auch hier ist das zweite Vergleichungsglied zu βελτίους zu ergänzen, nämlich 'als sie vorher waren', und dann mit ἢ τοὐναντίον der Uebergang zu dem gemacht, was Sokrates eigentlich be-

---

1) So könnte es gleich unten 505 B statt οὔτε γὰρ πού αὐτῇ ἄμεινον τῇ ψυχῇ auch heissen: τοῦτο ... ἄμεινον .. ἢ τοὐναντίον. Dagegen gleich darauf: τὸ κολάζεσθαι ἄρα τῇ ψυχῇ ἄμεινόν ἐστιν ἢ ἡ ἀκολασία, auch nicht ἢ τοὐναντίον.

2) Z. B. Apol. 19 A: βουλοίμην μὲν οὖν ἂν τοῦτο οὕτω γενέσθαι, εἴ τι ἄμεινον καὶ ὑμῖν καὶ ἐμοί, καὶ πλέον τί με νομῆσαι ἀπολογούμενον. Phaed. 105 A: πάλιν δὲ ἀναμιμνήσκου· οὐ γὰρ χεῖρον πολλάκις ἀκούειν.

3) ἀλλὰ τόδε μοι εἰπὲ ἐπὶ τούτῳ, εἰ λέγονται Ἀθηναῖοι διὰ Περικλέα βελτίους γεγονέναι, ἢ πᾶν τοὐναντίον διαφθαρῆναι ὑπ' ἐκείνου.

hauptet. Dass das verstärkende πᾶν beigefügt ist, gehört zu der individuellen Färbung des Ausdrucks, die nicht überall gefordert sein kann; aber auch eine Beifügung von καί kann man nicht geradezu für nöthig erachten, da sie hier schon wegen des folgenden καί bei ἔλαττον sich weniger empfahl. Nur an der Häufung des Ausdrucks durch das beigefügte κατά γε τὸν δίκαιον λόγον könnte man etwa Anstoss nehmen; sie rechtfertigt sich aber vielleicht als Gegengewicht gegen die im übrigen hervortretende Abschwächung des Ausdrucks [1]). Uebrigens scheint Schmidt nicht mit Heindorf, dessen Auffassung er theilt, die Beifügung eines ἤ vor κατά γε τ. δ. λ. für nöthig zu halten, sondern mit Stallbaum, der sich freilich nicht näher darüber ausspricht, ein Asyndeton anzunehmen*.

506 D: βούλομαι γὰρ ἔγωγε καὶ αὐτός ἀκοῦσαί σου αὐτοῦ διιόντος τὰ ἐπίλοιπα. Was Schmidt gegen Ast und Wagners Uebersetzung bemerkt, ist wohlbegründet, freilich auch sonst in Uebersetzungen sowohl als Commentaren, sogar in dem von Ast selbst, zur Anerkennung gebracht. Bemerkenswerth möchte es etwa sein, dass Heindorf ἀκοῦσαι σοῦ schrieb, ohne sich über diese Veränderung, die wohl als Verbesserung gemeint war, mit Recht aber keine Nachfolge gefunden hat, näher auszusprechen. Nicht ganz vermag ich mit Schmidt in der Auffassung des καὶ αὐτός in der folgenden Antwort des Sokrates übereinzu-

---

1) Dann ist auch ἔσθ᾿ ὅτε ('manchmal' statt 'in der Regel') zu rechnen. Diese Lesart stammt freilich nur aus einer, sonst nicht eben massgebenden Handschrift, hat aber, nachdem es bereits von Cornarius hergestellt worden, allgemeine Aufnahme gefunden; nur Ast vertheidigt das überlieferte ἔσθ᾿ ὅτι und erklärt es durch Vergleichung von Staat VI 507 C und einigen Stellen aus Eryxias 'est qua i. v. alqua ratione, irgendwie'. Den Grund, dass der Genuss von vielen Speisen u. s. w. nicht bloss bisweilen, sondern immer einem kranken schade, kann man freilich nicht gelten lassen; dagegen würde jedenfalls die neuere Heilkunst, die so oft essen, trinken und schlafen als einziges Heilmittel empfiehlt, Einsprache erheben; aber auch unserem Philosophen kann man diese Ansicht nicht ohne weiteres zuschreiben, wenigstens sie nicht aus 505 A entnehmen, da dort erstens das ὡς ἔπος εἰπεῖν vor οὐδέποτε dieses auch mildert und das 'niemals' zu einem 'in der Regel nicht' umgestaltet, und zweitens nur davon die Rede ist, dass die Aerzte den kranken in der Regel nicht erlauben, sich mit dem, wornach sie gerade Verlangen tragen, anzufüllen.

stimmen[1]). Der Ausdruck scheint mir einfach darauf zu deuten, dass, wie Gorgias gewissermassen statt und im Namen des Kallikles die Fortführung durch Sokrates wünscht, so auch Sokrates die fortgesetzte Theilnahme des Kallikles wünschte. 506 D wird neuerdings auf Grund handschriftlicher Ueberlieferung, die jedoch nur getrübt in der besten Handschrift erscheint, gelesen: Ἀλλὰ μὲν δὴ ἥ γε ἀρετὴ ἑκάστου καὶ σκεύους καὶ σώματος καὶ ψυχῆς αὖ καὶ ζῴου παντός οὐ τῷ εἰκῇ κάλλιστα παραγίγνεται, ἀλλὰ τάξει καὶ ὀρθότητι καὶ τέχνῃ ἥτις ἑκάστῳ παραδίδοται αὐτῶν. Deuschle schloss mit Koraes und Hirschig κάλλιστα in Klammern. Darüber bemerkt Keck, es sei ihm unklar, warum Deuschle dies gethan habe. Das ist nun freilich verwunderlich, da Keck die Antwort auf seine Frage bei Platon selbst hätte finden können, indem Sokrates gleich darauf folgernd fragt: τάξει ἄρα τεταγμένον καὶ κεκοσμημένον ἐστὶν ἡ ἀρετὴ ἑκάστου, die Tüchtigkeit und Vortrefflichkeit eines Gegenstandes also einfach in die regelrechte Ordnung und Einrichtung setzt, nicht dieselbe nur am schönsten darin hervortreten lässt. Man kann nun etwa entgegnen, das sei doch kein so grosser Unterschied; man dürfe nicht alles ἀκριβεῖ λόγῳ nehmen; aber man kann es doch nicht geradezu unbegreiflich finden, wenn ein anderer dies thut, da dies doch wohl in der Regel das bessere ist. Auch Stallbaum erklärt sich gegen die Streichung des Wortes und findet, dass dasselbe dadurch gerechtfertigt ist, „*quod ἀρετή modo latissimo sensu dicta est, ut etiam rebus sit attributa*". Diese Rechtfertigung will offenbar auch nicht viel besagen, da ja ganz das gleiche auch von der folgenden Frage gilt. Man kann also nur etwa annehmen, dass die wiederholte Formulierung des Gedankens in weiterfolgenden Fragen, die offenbar dazu dient, demselben mehr und mehr die zweckentsprechende Fassung zu geben, ebendadurch in der ersten Fassung auch solche Elemente rechtfertigt, die später in dem concentrierteren Ausdruck als ungehörig beseitigt werden. Am

---

[1] Schmidts Worte lauten: „*Iam vero in Socratis, quod deinceps sequitur, responso pro καὶ αὐτός ἡδέως μὲν ἂν Καλλικλεῖ τούτῳ διαλεγοίμην expectare quidem possis αὐτὸς μὲν ἡδέως ἂν K.* ("Nun ich selbst würde freilich lieber mich noch mit dem K. unterreden"), *intelligenda autem quae leguntur videntur ita esse, ut uno enuntiato comprehendantur a Socrate sententiae duae: „Ego quoque velim ad finem perduci disputationem et libenter quidem colloquerer porro cum Callicle*"

meisten Gewicht mag indessen zur Beibehaltung des Wortes die Thatsache der Ueberlieferung haben, der auch schliesslich Deuschle Rechnung getragen zu haben scheint, da er in der kritischen Erörterung in den Jahrbüchern die Stelle ganz übergeht.

508 C will Hirschig τοῦ ἐθέλοντος als Glossem von ἐπὶ τῷ βουλομένῳ getilgt wissen, und Kratz stimmt ihm bei, weil er den Wechsel des Ausdrucks für unmotiviert und beirrend hält. Ob letzteres wirklich der Fall ist, möchte doch zu bezweifeln sein. Beachtenswerth ist, was schon Heindorf über diesen Wechsel bemerkt. Der zweite Grund, den Kratz geltend macht, dass „in dem erklärenden Satze (ἂν — βούληται) dasselbe Verbum erwartet wird, wie in dem zu erklärenden", scheint auf einem Missverständniss zu beruhen; denn der erwähnte Nebensatz darf eben nicht als Erläuterung zu ὥσπερ . . ἐθέλοντος betrachtet werden, sondern gehört zu εἰμὶ δὲ ἐπὶ τῷ βουλομένῳ.

508 E: ταῦτα ἡμῖν ἄνω ἐκεῖ ἐν τοῖς πρόσθε λόγοις οὕτω φανέντα κτἑ. Dass hier durch die drei gleichbedeutenden Ausdrücke des guten fast zu viel gethan scheint, ist nicht zu verkennen. Daher strich Deuschle das ἄνω. Ich würde ihm gerne beigestimmt haben, wenn nicht die sonst vorkommenden Fälle von Häufung sinnverwandter Ausdrücke — s. oben zu 493 C — Vorsicht geboten hätte. Doch erregt der vorliegende Fall vielleicht mehr als ein anderer gerechte Bedenken, die übrigens von Keck nicht anerkannt werden.

Im unmittelbaren Anschluss an die eben besprochenen Worte heisst es: (ταῦτα) . . . ὡς ἐγὼ λέγω, κατέχεται καὶ δέδεται, καὶ εἰ ἀγροικότερόν τι εἰπεῖν ἐστι, σιδηροῖς καὶ ἀδαμαντίνοις λόγοις κτἑ. Ich möchte die Gelegenheit ergreifen, die in meiner Ausgabe ohne wesentliche Veränderung belassene Bemerkung Deuschles zu diesen Worten in etwas zu berichtigen. Der Wortlaut derselben entspricht nämlich nicht ganz meiner längst gehegten Auffassung, die zu Apol. 32 D richtiger dargelegt ist. Der Ausdruck scheint mir also nur zu besagen, dass eine solche Entschiedenheit der Behauptung, wie sie in diesen und den folgenden Worten ausgesprochen ist, eigentlich nicht der attischen Urbanität, die mildernde Ausdrücke (Opt. m. ἂν u. dgl.) liebt, entspricht, aber hier, wo es gilt, eine fest gegründete Ueberzeugung zu vertreten, um der Sache willen wohl am Platze ist. Damit habe ich schon zu erkennen gegeben, dass mir auch

Kratzens Erklärung¹) nicht richtig zu sein, sondern etwas gesuchtes in die Worte hineinzutragen scheint. Eher könnte man 462 E, wo zuerst eine ähnliche Redensart²) angewendet wird, eine Beziehung auf eine vorhergehende Aeusserung des Gegners ausgedrückt finden. Zu dieser Ansicht bekennt sich auch wirklich Deuschle, dessen Bemerkung zu jener Stelle ich unverändert beibehielt, jetzt aber gerne geändert sähe. Denn die Aeusserung des Sokrates zeigt doch deutlich in ihrem weiteren Verlauf, dass er mit dieser vorbauenden Wendung doch eigentlich nur den für Gorgias keineswegs schmeichelhaften Begriff der κολακεία einleiten will. Stallbaums Bemerkung zu der vorliegenden Stelle bezieht sich hauptsächlich auf den heiklen Unterschied von καὶ εἰ und εἰ καί, welch letztere Form 486 C zur Anwendung kommt. Es ist hier nicht meine Absicht, die zwischen Doultz und Deuschle über diese beiden Formen geführte Erörterung wieder aufzunehmen, wozu keine Veranlassung gegeben ist, da der Widerspruch weniger materieller, als formeller Natur war. Stallbaum hält den von G. Hermann aufgestellten Unterschied fest, der sich in den beiden hier vorliegenden Fällen allerdings mit einiger Plausibilität anwenden lässt. Indessen ist nicht zu übersehen, dass bei den Beispielen, von welchen Hermanns Erörterung ausgeht, auch die modalen Verhältnisse in Betracht kommen, und dass auch bei εἰ καί der Modus der Unwirklichkeit vorkommt. Wie schwer es übrigens ist, gerade von so geläufigen Ausdrücken die Bedeutung sich klar zum Bewusstsein und zum Ausdruck zu bringen, dies zeigt eine Vergleichung der in den gebräuchlichsten Grammatiken gegebenen Bestimmungen. Eine Uebereinstimmung mit der Hermannschen Unterscheidung könnte man bei Bäumlein und Aken annehmen, insofern beide, wie jener, den Unterschied von *etiamsi* und *quamquam* (*etsi*) zur Vergleichung heranziehen; in dem Partikelwerk drückt sich ersterer übrigens ganz übereinstimmend mit Curtius aus, welcher den Unterschied darein setzt, dass bei εἰ καί der Vordersatz, bei καὶ εἰ der Nachsatz ein steigerndes auch enthält, eine Bestimmung, die natürlich

---

1) Sie lautet: „mit Ironie (denn das Bild ist ja nicht bloss treffend sondern edel): „meine Gleichnisse haben bis jetzt vor dir keine Gnade gefunden, und so wird dir vielleicht auch das folgende wieder unpassend erscheinen"".

2) Μὴ ἀγροικότερον ᾖ τὸ ἀληθὲς εἰπεῖν. Polos hatte 461 C gesagt: ἀλλ' εἰς τὰ τοιαῦτα ἄγειν πολλὴ ἀγροικία ἐστὶ τοὺς λόγους.

so zu verstehen ist, dass, da der Nebensatz ja doch nur ein Bestandtheil des Hauptsatzes ist, das steigernde καί sich auf diesen zu einer Einheit des Gedankens zusammengefassten Bestandtheil beziehl. Beide, Curtius und Bäumlein, fügen die Bemerkung bei, dass die Verschiedenheit der Bedeutung in manchen Fällen sehr gering sei. Diese Ansicht billigt wohl auch Bonitz, wie sie sich denn wirklich auch dadurch empfiehlt, dass sie sich streng an die Form des Ausdrucks hält. Etwas anders, wenn auch nicht mit wesentlicher Abweichung drücken sich Kühner, Krüger, Madvig aus. Ich habe mich in meiner Ausgabe mit einer Verweisung auf Krüger, d. h. eben auf die betreffende Grammatik, die dem Schüler zu Handen ist, begnügt, obwohl anzuerkennen ist, dass unter den von Krüger angeführten Beispielen eigentlich keines dem vorliegenden Fall, in welchem der Nebensatz doch nur formell, nicht materiell, einen Bestandtheil des im Hauptsatz ausgedrückten Gedankens bildet, ganz entspricht.

509 B that Kratz wohl, die überlieferte Lesart τὸν ἀδικοῦντα herzustellen statt der Vulgata τὸ ἀδικοῦντα. Denn obwohl die Entstehung eines Verderbnisses nahe lag, so spricht doch kein triftiger Grund gegen die Ueberlieferung der Handschriften.

509 C möchte es wohl gerathen sein, der Interpunction Stallbaums, welcher nach καὶ τἄλλα οὕτως ein Kolon setzt, zu folgen, um dadurch die selbständigere Fassung des folgenden mit ὡς beginnenden Satzgliedes zu motivieren. Die ganze Periode ist überhaupt ein merkwürdiges Beispiel für die Kühnheit, mit welcher die Schriftsprache der Griechen, insbesondere Platons, die logischen Verschiebungen der mündlichen Rede nachzuahmen wagt.

510 A bieten die Handschriften ὅπως μὴ ἀδικήσωμεν, wofür nach Heindorfs Vorgang, der einen Soloecismus darin erkennt, von den meisten Herausgebern ἀδικήσομεν hergestellt wurde. Stallbaum macht eine Ausnahme von dieser Praxis; gewiss mit Recht; denn der canon Dawesianus ist von der Theorie längst aufgegeben, obwohl noch Madvig (Synt. § 123) ὅπως cum fut. als die gewöhnliche Form, den Conjunctiv des Präsens und des zweiten Aorists als minder gewöhnlich, den Conj. des ersten Aorists im Activ und Medium sogar als sehr selten bezeichnet. Die Beobachtung des Thatbestandes, wie er in den Ausgaben der Schriftsteller vorliegt, ist gewiss richtig: dieser Thatbestand

ist aber kein reiner, sondern durch willkürliche Aeuderungen, wie an der vorliegenden Stelle, in der das Futur aller diplomatischen Grundlage entbehrt, vielfach gefälschter. Um so nothwendiger ist es, in allen solchen Stellen, in welchen die Dawesische Regel die handschriftliche Ueberlieferung verdrängt hat, diese wieder herzustellen. Dies gilt auch 480 A B.

511 A: Οὐκοῦν τὸ μέγιστον αὐτῷ κακὸν ὑπάρξει μοχθηρῷ ὄντι τὴν ψυχὴν καὶ λελωβημένῳ διὰ τὴν μίμησιν τοῦ δεσπότου καὶ δύναμιν. Deuschle hat die beiden letzten Worte als ungehörigen Zusatz durch Klammern ausgeschieden, übergeht aber die Stelle in der späteren Begründung seines kritischen Verfahrens[1]); ob, weil er eine weitere Erörterung nicht für nöthig hielt, oder weil er auf dieser Aenderung nicht mehr bestehen zu müssen glaubte, ist auch aus dem Handexemplar des Verstorbenen nicht zu ersehen. Stallbaum weist dieselbe zurück mit der Uebersetzung: *eo quod dominum suum imitatur ejusque potentia nititur*. Er versteht somit unter δύναμιν die Macht des Herrschers und nimmt somit eine verschiedene Beziehung desselben Genetivs zu den beiden Substantiven an; andere, wie Schleiermacher, denken an den Einfluss des Freundes auf den Herrscher, wobei sie wohl die kurz vorhergehenden Worte καὶ παρὰ τούτῳ μέγα δυνήσεται im Auge hatten, oder, wie Jahn, an „seine eigene durch μίμ. τοῦ δ. erlangte Macht". Keck (a. a. O. S. 426) lässt diese Auffassung nicht gelten, will aber auch von einem Glossem nichts wissen, da vielmehr das Wort δύναμιν an einen zur Vollständigkeit nothwendigen Begriff erinnere, der aber nur dann in vollkommner Klarheit hervortrete, wenn man den als verstümmelt zu betrachtenden Ausdruck ergänze und etwa schreibe καὶ δύναμιν τοῦ ἀδικεῖν κεκτῆσθαι. Den Artikel zu dem Infinitiv vermisst Keck also nicht und stimmt somit wohl der Bemerkung Hermanns zu Kriton 44 B bei; sonst würde er κεκτῆσθαι weggelassen haben. Ich will auf diese Frage hier nicht näher eingehen, da ich doch auch der Behauptung nicht ganz beistimmen kann, dass dieser Zusatz für den Sinn nothwendig sei. Was Sokrates beweisen will, ist doch nur dies, dass das Streben nach Macht und Sicherheit im Staate zur Uebereinstimmung mit dem Charakter des Machthabers führt und aus dieser die eigene Schlechtigkeit der Seele erwächst, welche für ihn das grösste

---

3) Fleckeisens Jahrbb. 81, 7 R. 480 ff.

Uebel ist. Dies geht deutlich aus der weiteren Erörterung, besonders 513 D C, hervor. Das Bedenken bleibt also doch bestehen und die von Keck bestrittene Möglichkeit der Entstehung eines Glossems wäre eben durch die Rücksicht auf die oben angeführten Worte gegeben. Ueberdies befriedigt der von Keck empfohlene Zusatz nicht einmal hinsichtlich des Gedankens vollständig: denn $δύναμιν\ τοῦ\ ἀδικεῖν$ besitzt am Ende jeder; bei dem Freunde des Gewaltherrschers handelt es sich darum, eingerichtet zu sein: $ἐπὶ\ τὸ\ οἵῳ\ τε\ εἶναι\ ὡς\ πλεῖστα\ ἀδικεῖν$ $καὶ\ ἀδικοῦντα\ μὴ\ διδόναι\ δίκην$. Der Vorschlag statt $καὶ\ κατά$ zu lesen, würde zwar für den Sinn nichts ungehöriges bringen, möchte aber doch vielleicht nicht allen Ansprüchen der Form genügen. So schien es das gerathenste, die Worte, wie sie überliefert sind, zu belassen.

511 D stellte ich die seit Dekker verdrängte, von Buttmann und Ast vertheidigte Lesart $διαπραττομένη$ statt der urkundlich schlechter beglaubigten $διαπραξαμένη$ in dem kritischen Anhang meiner Ausgabe wieder her. Auch Kratz, der $διαπραξαμένη$ im Text belassen hatte, erklärt sich jetzt a. a. O. S. 131 für die andere Lesart mit der schon von Buttmann und Ast gegebenen und sich von selbst anbietenden Erklärung. Eigentümlich ist ihm die Behauptung, dass die in so vielen Ausgaben, auch in der seinigen, beibehaltene Lesart „geradezu unmöglich" sei, da sie mit Nothwendigkeit zu dem lächerlichen Satz führen würde, dass auch die Beredsamkeit von Aegina nach Athen sich rettet. Dies scheint mir nun eine Ueberspannung des Beweises zu sein; denn in Bezug auf die folgende Specialisierung wird durch die eine oder andere Lesart nichts geändert; das vorhergehende $ταὐτά$ bleibt immer dasselbe, mag es $διαπραττομένη$ oder $διαπραξαμένη$ heissen, und bezieht sich eben nur auf das allgemeine der Lebensrettung; der Unterschied ist eben nur der, ob ein einzelner Fall oder die ganze berufsmässige Praxis ins Auge gefasst wird. Ja der Umstand, dass im folgenden durch $ἐπράξατο\ κτλ$. der einzelne Fall zur Veranschaulichung der Praxis bezeichnet wird, könnte sogar für den Aorist geltend gemacht werden, wie dies von Stallbaum wirklich geschieht.

In den folgenden Worten nimmt Kratz an der allzugrossen Billigkeit des Fahrpreises für eine ganze Familie mit ihrer Habe von Aegypten nach Athen Anstoss und will $καὶ\ παῖδας\ καὶ\ γυναῖκας$ — letzteres auch wegen des unpassenden Pluralis, den

Naber mit Iteistimmung Hirschigs in den Singular verwandelt, und der auffallenden Stellung — ausgeschieden. Man wird, wenn auch mit einiger Zurückhaltung, welche die Schwierigkeit des Urtheils in solchen Dingen auferlegt, gern bestimmen. Fast zu noch grösserem Bedenken könnten kurz vorher die Worte: ἢ οὐ μόνον τὰς ψυχὰς σῴζει, ἀλλὰ καὶ τὰ σώματα καὶ τὰ χρήματα ἐκ τῶν ἐσχάτων κινδύνων, Anlass geben, da man nicht recht sieht, was τὰ σώματα nach τὰς ψυχάς eigentlich bedeuten soll. Man könnte daher wohl geneigt sein, ersteres für ein Glossem oder eine vermeintliche Verbesserung mit Rücksicht auf 512 A, wo beide Ausdrücke ihre volle Berechtigung haben, anzusehen, wenn man nicht die in der Bemerkung zu d. St. (vgl. auch die Anm. v. Kratz) gegebene Erklärung gelten lassen will. Denn σώματα in Verbindung mit χρήματα in der sonst wohl zulässigen Bedeutung von δοῦλα σώματα zu verstehen, will sich doch nicht recht schicken, eher könnte man es noch allgemeiner von den Angehörigen, die unten durch καὶ παῖδας καὶ γυναῖκας specialisiert werden, gesagt denken.

512 A erklärt sich Kratz jetzt auch für das von Deuschle in den Text gesetzte ὀνήσει statt ὀνήσειεν, nachdem er früher das von Heindorf vorgeschlagene ὀνήσειεν ἄν, das sich durch noch grössere Leichtigkeit der Aenderung empfiehlt, aber an Angemessenheit etwas nachsteht, vorgezogen hatte.

512 D. Ueber diese vielbesprochene und behandelte Stelle, die nach Kecks eingehender und umsichtiger Erörterung (s. a. O. S. 427 f.) zu einer im wesentlichen übereinstimmenden Gestaltung und Auffassung gelangt ist[1]), bedarf es eben darum keiner

---

[1]) Ich habe hier zunächst die Ausgabe von Kratz im Auge, die 1864 erschien und, wie Keck, an der von Hermann verlassenen Lesart Bekkers zurückkehrt. Zu bemerken ist, dass in demselben Jahre, in welchem Kecks Recension erschien (1861), auch Akens Schrift 'Grundzüge der Lehre von T. u. M.' ans Licht trat, in welcher auch die vorliegende Stelle berücksichtigt wird. Aken hält ebenfalls die Lesart Dekkers fest, unterscheidet sich aber dadurch von Kecks Auffassung, dass er die Erklärung als Frage fern hält. Später bekämpft derselbe noch in einem besonderen Aufsatz der Zeitschrift für das Gymnasialwesen (21, 4) die Einmischung der Ironie in die Erklärung des Ausdrucks durch μή mit Conjunctiv. In der That wird man das Ethos der Stelle ohne diese Beigabe richtiger erfassen. Keck scheint in dem Bestreben einer lebendigen und geistreichen Auffassung des Ausdrucks in der That bisweilen des guten zu viel zu thun: Einen solchen Fall

weitläufigen Auseinandersetzung mehr. Nur über den einen Punkt, in Bezug auf den Keck meine Ansicht berichtigen zu müssen glaubt, möchte ich mich mit einem Worte aussprechen. Er betrifft die Fragesätze mit μή. Ich nehme eine ursprüngliche Verwandtschaft mit den Ausdrücken der Befürchtung an; Keck lässt dies nicht gelten, scheint mir aber durch seine Exemplification dies gerade zu bestätigen. Apol. 28 D erklärt Keck: „Du meinst am Ende, Anytos habe sich um Tod und Gefahr bekümmert," kommt also gerade zu der Wendung im Deutschen, die ich zu 25 A angewendet habe. Allein diese Wendungen sind doch nur verschiedene Abstufungen des gleichen Grundgedankens; hast du es etwa gethan? du hast es doch wohl nicht gethan? am Ende hast du es gethan — hier ist schon die Form der Frage etwas zurücktretend — ich fürchte, du hast es gethan. Dasselbe gilt für alle von Keck berührten Stellen, auch für die aus Menon 89 C, der Keck eine besonders zwingende Kraft zuschreibt. Er erklärt sie: „aber ob wir nicht mit Unrecht dies eingeräumt haben? gleichbedeutend mit: wir haben doch wohl mit Unrecht dies eingeräumt". Dass dies nicht weit entfernt ist von 'ich

---

sehe ich in seiner Schlussbemerkung zu dieser Stelle, die folgendermaassen lautet: „Nachdem S. ironisch gedroht hat: 'nimm dich in Acht, dass nicht das Edle und Gute etwas ganz anderes sei als Retten und Gerettetwerden', führt er mit jener Litotes, die zugleich das Zeichen der Feinheit und Ueberlegenheit ist, fort: 'denn ob nicht der wahre Mann diese Frage, wie lange er leben werde, auf sich beruhen lassen und fern davon sein muss am Leben zu hangen, statt dessen vielmehr — nur forschen muss, wie er die ihm gesetzte Lebensfrist am besten verlebe?' und nun rührt sich in S. wieder der Schalk, indem er an den letzten Satz die ironische Frage knüpft: 'vielleicht indem er sich dem Regiment, unter welchem er lebt, ähnlich macht?'" Dass in dieser Fassung das τοῦτο μέν, τὸ ζῆν ὁποσονδή χρόνον nicht in ganz entsprechender Weise wiedergegeben wird, kommt nicht in Betracht, da dies auf Rechnung des freieren Ausdrucks zu setzen ist; wichtiger dagegen ist, dass in dieser Darstellung der ernst eindringliche, fast warme Ton, der gerade mit den Worten ἀλλ' ὦ μακάριε ἐτί, angeschlagen wird, fast verkannt zu sein scheint. A. k. o. (a. a. O. § 170) scheint übrigens τόν γε ὡς ἀληθῶς ἄνδρα zu ζῆν zu beziehen, da er zu ἰητέον ἐστίν ergänzt τῷ ἀνδρί. Dasselbe, so viel ich sehe, in der Grammatik auf die Construction der Verbaladjective nicht näher eingeht, so weiss ich nicht, ob er die allerdings merkwürdige Construction des unpersönlichen Ausdrucks mit dem Accusativ statt des Dativs nicht anerkennt, die doch wohl hinlänglich durch Beispiele gesichert ist.

fürchte, wir haben dies mit Unrecht eingeräumt', wenn natürlich der Ausdruck nicht in seiner ganzen Strenge, sondern als Redewendung gefasst wird, ist doch wohl einleuchtend. Die modalen Verhältnisse brauchen nicht näher erörtert zu werden, da darüber schon an den betreffenden Stellen das nöthige gesagt ist und die Grammatiken auch hinreichende Auskunft geben. Uebrigens ist zu bemerken, dass Stallbaum in der dritten Auflage, die ebenfalls 1861, also nach Hermanns und Deuschles Ausgabe und gleichzeitig mit Kecks Recension herauskam, die von diesem empfohlene Lesart und warm belobte Auffassung verliess und sich sehr bedeutend der von Keck bekämpften Constituierung und Erklärung Deuschles näherte. Er schreibt nämlich: μὴ γὰρ τοῦτο μέν, τὸ ζῆν· ὁπόσον δὴ χρόνην, τὸν κτί. Offenbar ergriff auch ihn das Bestreben, die Lesart des Clark. und Vat. Δ ὁπόσον δέ aufzunehmen, wozu er sich um so mehr getrieben fühlte, als er auch in der zweiten Auflage ὁποσονδή doch ganz ebenso wie ὁπόσον aufgefasst hatte. Ob er übrigens, wenn er sich einmal auf diesen Weg begab, nicht auch in der Aufnahme von αὐτό statt τοῦτο hätte Deuschle folgen sollen, mag billig gefragt werden*.

513 A ist Stallbaum geneigt, wegen der Unsicherheit der Lesart τῷ oder τῶν Ἀθηναίων, diesen Zusatz ganz fallen zu lassen, was wohl in Rücksicht auf die vorhergehende Erörterung und das folgende Wortspiel nicht zu empfehlen sein möchte. Ob aber nicht am Ende die bestbeglaubigte Lesart τῷ δήμῳ τῶν Ἀθηναίων hier, wo doch vor allem der Gegensatz mit dem oben erwähnten δεσπότης in Betracht kommt, zulässig erscheint, kann nach Krügers Erörterung in den hist. phil. Studien gefragt werden*.

514 A: Εἰ οὖν παρεκαλοῦμεν ἀλλήλους, ὦ Καλλίκλεις, δημοσίᾳ πράξαντες τῶν πολιτικῶν πραγμάτων ἐπὶ τὰ οἰκοδομικά κτέ. So schrieb ich mit Stallbaum die Stelle auf Grund der bestbeglaubigten Lesart und erklärte den Aorist πράξαντες in Uebereinstimmung mit dem später folgenden ἐπιχειρήσαντες δημοσιεύειν durch die Bemerkung, dass durch demselben der Schritt ins öffentliche Leben als ein bereits unternommener bezeichnet werde, während die gewöhnliche Lesart πράξοντες ihn als einen erst beabsichtigten erscheinen lasse. Dagegen erklärt sich Kratz (n. a. O. S. 135) mit der grössten Entschiedenheit, indem er behauptet, der Aorist habe die ihm von mir zugeschriebene Bedeutung in verhältnissmässig wenigen Fällen, und

auch in diesen liege sie schwerlich im Tempus, sondern zunächst im Verbum selbst und seiner Bedeutung. Dies kann ich nun hinwiederum meinerseits nicht zugeben. Irre ich nicht, so meint Kratz solche Verba, deren Präsens einen Zustand bezeichnet, wie ἄρχειν, βασιλεύειν, ἰσχύειν u. dgl., deren Aorist das Eintreten in diesen Zustand bezeichnet; vgl. unter 519 D σχόντας δὲ δικαιοσύνην. Wie soll aber die Bedeutung des Verbums bewirken, dass der Aorist das Eintreten bezeichnet, da doch eben diese Bedeutung an die Aoristform geknüpft ist? Ich weiss wohl, dass Bäumlein in seiner Grammatik sich ähnlich ausdrückt; das ist wohl eine Folge seiner Begriffsbestimmung des Aorists, bei der die Uebereinstimmung der Formation mit dem Futurum nicht in Betracht kommt; durch diese bilden aber Futur und Aorist neben Präsens und Imperfect einer- und Perfect und Plusquamperfect andererseits eine zusammengehörige Gruppe, für welche kaum ein anderer gemeinsamer Begriff kann aufgefunden werden, als der des Eintretens der Handlung, des Zustandes. Dieser Bildungscharakter kommt in der Tabelle bei Curtius zu ihrem Rechte, mehr als bei Aken, obwohl die Verbindung von Zeitstufen und Zeitarten mir einiges Bedenken erweckt. Doch ist hier nicht der Ort, eine Theorie der Tempora zu entwickeln; hier genügt es vielmehr, durch Hinweisung auf verbreitete Grammatiken, wie Krüger, Curtius u. s. darzuthun, dass diese Auffassung des Aorists nicht so unbedingt abgewiesen werden kann, als dies von Kratz geschieht. Andrerseits ist nun freilich nicht zu leugnen, dass damit noch nicht über den Sprachgebrauch entschieden ist. Es mag daher immerhin als ein problematischer Versuch, die beibeglaubigte besart zu rechtfertigen, angesehen werden, zu übersetzen¹): Wenn wir nun, nachdem wir in die öffentliche Thätigkeit eingetreten, unter den bürgerlichen Geschäften einander zum Bauwesen ermunterten u. s. w., wobei nicht zu übersehen ist, dass das Particip im Anschluss an das hypothetische Verhältniss aufzufassen ist, und es mag daher auch bei der nun einmal bestehenden Unsicherheit der Ueberlieferung jedem unbenommen bleiben, mit Hermann an

---

1) Ich sehe eben zu meiner eigenen Ueberraschung, dass ich nur Schleiermachers Uebersetzung auszuschreiben brauchte, die mit engstem Anschluss ans Original so lautet: Wenn wir nun in die öffentlichen Geschäfte eingetreten einander zuredeten u. s. w.

der älteren Vulgata (πράξοντες) festzuhalten, die unzweifelhaft einen bequemen und dem Zusammenhang wohl entsprechenden Sinn bietet *.

514 E: *καὶ εἰ μὴ ηὑρίσκομεν δι' ἡμᾶς μηδένα βελτίω γεγονότα τὰ σῶμα . . . πρὸς Διός, ὦ Καλλίκλεις, οὐ καταγέλαστον ἂν ἦν τῇ ἀληθείᾳ εἰς τοσοῦτον ἀνοίας ἐλθεῖν ἀνθρώπους, ὥστε πρὶν ἰδιωτεύοντας πολλὰ μὲν ὅπως ἐτύχομεν ποιῆσαι, πολλὰ δὲ κατορθῶσαι καὶ γυμνάσασθαι [ἱκανῶς τὴν τέχνην, τὸ λεγόμενον δὴ τοῦτο ἐν τῷ πίθῳ τὴν κεραμείαν ἐπιχειρεῖν μανθάνειν, καὶ αὐτούς τε δημοσιεύειν ἐπιχειρεῖν καὶ ἄλλους τοιούτους παρακαλεῖν; οὐκ ἀνόητόν σοι δοκεῖ ἂν εἶναι οὕτω πράττειν*; Ich habe die Klammern, durch welche Deuschle die Worte *εἰς τοσοῦτον ἀνοίας ἐλθεῖν ἀνθρώπους ὥστε* als Glossem ausschloss, entfernt, nicht als ob ich unbedingt dem Urtheil Kecks beitreten wollte, der, wie gewöhnlich, nicht den geringsten Grund zu einem Bedenken entdecken kann; vielmehr glaube ich, dass das schon von Heindorf beanstandete *ἀνθρώπους*, welches freilich Deuschle selbst nach dem Vorgange Buttmanns zu rechtfertigen sucht, nicht bloss nach *ηὑρίσκομεν δι' ἡμᾶς*, sondern auch vor *ἐτύχομεν* doch etwas auffallend erscheint und auch die von Deuschle hervorgehobene Weitschweifigkeit des Ausdrucks nicht wohl verkannt werden kann; denn lächerlich ist doch wohl das Verfahren eben deswegen, weil es thöricht ist; das lächerliche besteht eben im thörichten, und es könnte darum immerhin genügen, dass dieser Begriff in der Schlussfrage ausdrücklich zur Geltung kommt, so dass die oben eingefügte Erwähnung allerdings nicht bloss überflüssig, sondern wegen der Abhängigkeit mehrerer Infinitive von einander auch etwas schleppend erscheint. Dass freilich auch dieser Umstand nicht unbedingt die Ausscheidung der fraglichen Worte fordert, ist zuzugeben, da die griechische Rede und besonders eine solche Kunstform, welche auf der Nachbildung der mündlichen Rede beruht, in dieser Hinsicht schon etwas wagen kann, weswegen ich denn auch den Satz in seiner ganzen schleppenden Breite unbemängelt in den Text nahm.

So stimme ich also wohl in dem Schlussresultat dieser kritischen Frage mit Keck überein, nicht aber in der exegetischen Erörterung über die Worte *ἐν τῷ πίθῳ τὴν κεραμείαν ἐπιχειρεῖν μανθάνειν*, welche Keck daran knüpft. Diese sollen nicht bedeuten, mit dem grossen oder schweren anfangen statt mit dem kleinen und leichten, sondern die Thorheit soll vielmehr sowohl hier als in der entsprechenden Stelle des Laches darin bestehen, dass manche Politik und Pädagogik betreiben „wie das edle Töpferhandwerk, zu dem man keine Vorstudien nöthig hat." Indessen sieht man in diesem Falle nicht recht ein, warum denn $ἐν\ πίθῳ$ beigefügt ist, weil ja der Thon bei jeder Art von Gefässen, die die Ungeschicklichkeit des Lehrlings verdirbt, wieder verwendet werden kann; und sollte wirklich bei der Töpferkunst, deren Gehilfe aus der Blüthezeit Athens, was die geschmackvolle Schönheit der Form betrifft, sich gewiss den vorzüglichsten Industrieerzeugnissen unserer Zeit an die Seite stellen dürfen und noch heut zu Tage geschätzt und bewundert werden, keine Stufenfolge der Leistung beobachtet worden sein, so dass es ganz gleichgültig gewesen wäre, an welcher Art von Gefässen sich der Lehrling zuerst versuchte? Kaum glaublich! und auch die Beziehung der Vergleichung spricht so sehr für einen Unterschied der Technik, dass man fast glauben möchte, der Herr Recensent habe seine abweichende Erklärung hauptsächlich deswegen ersonnen, um zu dem Hieb auf die „Probelehrer" und „Kammermitglieder" Gelegenheit zu finden.

515 C folgt Stallbaum merkwürdiger Weise Hirschig in der ganz unbegründeten Vermuthung, dass οἱ zwischen $βέλτιστος$ und $πολῖται$, durch welches letzteres als Apposition zum Subject bezeichnet wird, zu tilgen sei. Dass auch zur Umwandlung des überlieferten $ἤ$ an der Spitze des Satzes in $ᾗ$ kein Grund vorliegt, bedarf kaum einer Erwähnung.

516 A bewährt Keck abermals die conservative Richtung seiner Kritik gegen Deuschle, der mit Hirschig, Ast, Stallbaum $ἑαυτόν$ nach $λακτίζοντας$ ausscheidet, mit gleichem Recht und gleicher Uebertreibung, wie oben 514 E. Die Verweisung auf C reicht mit nichten aus, die Beifügung des Pronomens sicher zu stellen; denn gerade die Worte $καὶ\ ταῦτ'\ εἰς\ αὑτόν$ sind darnach angethan, dieses Moment als ein solches erkennen zu lassen, welches erst hier zur Verstärkung hinzutritt. Die inneren Gründe sprechen also eher gegen den Zusatz, die Ueberlieferung dagegen spricht für denselben, und die Kritik hat sich, wie in vielen Fällen, ihrer Grenzen bewusst zu bleiben.

Da sich übrigens diese Stelle auf die Würdigung des Perikles und anderer Staatsmänner bezieht, so ergreife ich die Gelegenheit zu bemerken, dass neuerdings Platon einen subscriptor für die ungünstige Beurtheilung des gepriesenen Staatsmannes, insbesondere für die unten 519 A ausgesprochene Ansicht, gefunden hat an Büchsenschütz in seinem Werke 'Besitz und Erwerb im griechischen Alterthume', wie ich aus einer Anzeige dieses Buches von Hertzberg in den Jahrbüchern für Ph. u. P. II. Abthell. hrsggb. von Maius (100, 5 S. 275 f.) ersehe. Hertzberg bestreitet die Berechtigung dieses Urtheils und meint, Büchsenschütz hätte noch mehr auf die physische Umbildung der Athener durch den peloponnesischen Krieg Rücksicht nehmen und bei Perikles einigermassen die Gründe für sein Verfahren geltend machen, endlich die Politik eines Eubulos und die Genusslust seiner Zeitgenossen, die den Demosthenes zur Verzweiflung brachte, nicht so direct schon aus den Zuständen des Perikleischen Zeitalters ableiten resp. damit in Beziehung setzen sollen. Es mag genügen, hiemit den neuesten Stand der vielbesprochenen Frage in Kürze bemerklich gemacht zu haben.

517 D führt Stallbaum unter den Handschriften, welche mit zwei der alten kritischen Ausgaben ἄλλων statt ἀλλ' ὧν schreiben, nach Bekkers Angabe auch den Clarkianus an, mit Unrecht, da dieser nach Gaisford ἄλλων ὧν bietet. Es gehört dieser Fall zu den mehreren Irrtümern, die von Bekker auf Stallbaum übergegangen sind, um deren willen man doch keineswegs die mühsame und umfassende Arbeit jenes hochverdienten Gelehrten gering ansehen darf. Hier fragt es sich noch überdies, ob der Irrtum nicht auf Bekkers allerdings bisweilen übertriebene Kürze des Ausdrucks, statt auf ein Versehen desselben zurückzuführen ist, und ob nicht auch die andern fünf mit 𝔄 verbundenen Handschriften ἄλλων ὧν, wie der Clarkianus, lesen, so dass der vir doctus Stallbaums, der eine attractio inversa annimmt, damit auf dem Boden einer gutbeglaubigten Ueberlieferung stünde, die freilich damit noch nicht hier gerechtfertigt ist.

520 B: μόνοις δ' ἔγωγε καὶ ᾤμην τοῖς δημηγόροις τε καὶ σοφισταῖς οὐκ ἐγχωρεῖν μέμφεσθαι τούτῳ τῷ πράγματι, ᾧ αὐτοὶ παιδεύουσιν. ὡς πονηρόν ἐστιν εἰς σφᾶς, ἢ τῷ αὐτῷ λόγῳ τούτῳ ἅμα καὶ ἑαυτῶν κατηγορεῖν, ὅτι οὐδὲν ὠφελήκασιν οὕς φασιν ὠφελεῖν. Hier tritt der bemerkenswerthe Fall ein, dass ein armes Wörtchen in diesem Satze gegen den conservativen Kritiker, der so oft die beiden Herausgeber der von ihm recensierten Ausgabe der Hinneigung zur Holländerei zeiht, in Schutz genommen werden muss. Keck will nämlich καί vor

ᾤμην nach zwei nicht massgebenden Handschriften getilgt wissen, weil ihm eine Erklärung der überlieferten Lesart unmöglich zu sein scheint. Kratz hat nun das unmögliche geleistet und eine Erklärung gegeben, die wohl auch Keck nicht verwerfen wird. In der Hauptsache stimme ich derselben ebenfalls bei, wie dies aus der Bemerkung in meiner Ausgabe erhellt, die ich indessen etwas anders formulirt, beziehungsweise vervollständigt wünschte. Es ist nämlich weder bei Kratz noch bei mir auf das Imperfect ᾤμην Rücksicht genommen. Dieses zeigt deutlich die Zurückbeziehung auf 519 D f., so dass die fragliche Stelle nur die Reproduction der nunmehr gerechtfertigten Behauptung ist, wornach erstens kein wesentlicher Unterschied zwischen Redner und Sophist besteht, zweitens keiner von beiden das Recht hat sich über Undank der Pflegbefohlenen zu beklagen. Dieses zweite Moment nun wird in dem mit μόνοις δέ beginnenden Satz ausgedrückt, in welchem die Wortstellung ganz nach stilistischen Gründen geordnet, logisch aber καί ᾤμην im genauesten Zusammenhang mit οὐκ ἐγχωρεῖν zu fassen ist, so dass wenn ᾤμην weggedacht wird, etwa οὐδ' ἐγχωρεῖν stehen könnte, wie in der dem Gedanken nach nicht unähnlichen Stelle bei Demosthenes ὑπέρ Μεγαλοπολιτῶν § 11: ἐγώ δέ τό μέν κομίσασθαι Ὠρωπόν πειρᾶσθαί φημι δεῖν καί αὐτός· τό δ' ἐχθρούς ἡμῖν ἔσεσθαι Λακεδαιμονίους, νῦν ἐάν ποιώμεθα συμμάχους Ἀρκάδων τούς βουλομένους ἡμῖν εἶναι φίλους, μόνοις οὐδ' εἰπεῖν ἐξεῖναι νομίζω τοῖς πείσασιν ὑμᾶς, ὅτ' ἐκινδύνευον Λακεδαιμόνιοι, βοηθεῖν αὐτοῖς. Man sieht, wie in den durch den Druck hervorgehobenen Worten ganz dieselben Begriffe, wie in der Platonischen Stelle, nur in etwas anderer Ordnung und Fassung erscheinen, indem das dort angefochtene καί hier in dem οὐδέ enthalten ist. Es ist daher in der Hinzufügung des zweiten Momentes auch eine Art Steigerung, nicht bloss Erweiterung des Gedankens, wie sie in dem weiter folgenden καί πρσίσθαι γε δήπου τήν εὐεργεσίαν ἄνευ μισθοῦ . . μόνοις τούτοις ἐνεχώρει (oben ᾤμην ἐγχωρεῖν), εἴπερ ἀληθῆ ἔλεγον ebenfalls hervortritt.

Bezüglich der Worte ἤ . . . κατηγορεῖν konnte ich zwar Deuschles Erklärung nicht beibehalten, glaubte aber doch auch nicht Kecks Ansicht, der Kratz beipflichtet, folgen zu dürfen; denn die Ergänzung eines entsprechenden — entgegengesetzten, allgemeinen, nach negativem positivem — Begriffs scheint mir so sehr in der Natur der griechischen Satzfügung begründet und in der vorliegenden Form des Satzes so von selbst sich zu ergeben, dass sie kaum abzuweisen ist, wenn auch schon das Gedankenverhältniss die unmittelbare Verbindung von κατηγορεῖν mit ᾤμην verstattet.

521 D Εἰ σοι Μυσόν γε ἥδιον καλεῖν, ὦ Σώκρατες. Diese immerhin schwierigen Worte unterzieht Richter a. a. O. S. 235 f. einer eingehenden Erörterung, die ich insofern mit Stillschweigen übergehen könnte, als er eigentlich nur gegen Stallbaum polemisiert, dagegen Deuschles und meine Erklärung unberücksichtigt lässt. Mit dieser stimmt die seinige aber in der Hauptsache überein. Denn während Stallbaum den Sinn der Worte und Ellipse folgendermassen ausdrückt: *Si tibi volupe est Mysum adeo te vocare* d. h. *hominem, quem impune liceat omnis generis contumelia et injuria lacessere, . . per me licet* — lautet die Erklärung in meiner Ausgabe: „Meinetwegen gib ihm einen Namen, welchen du willst, auch den allerverächtlichsten; aber du musst doch so handeln; denn sonst u. s. w." und bei Richter: *licet per me quovis nomine utare, tamen nisi haec feceris, nisi urbi servies, non effugies mortem.* Man sieht, Richter nimmt nur den Zusatz 'auch den allerverächtlichsten' nicht an und weist diesen Begriff ausdrücklich zurück als einen in den Zusammenhang nicht passenden. Ob mit Recht? Ist Kallikles denn nicht zu dieser Aeusserung veranlasst durch den Umstand, dass Sokrates an die Stelle des Wortes διακονήσοντα das Wort κολακεύσοντα setzt, also ein Wort, das die niedrige, gemeine und verächtliche Seite dieses Thuns kennzeichnen soll? Wer erinnert sich dabei nicht des Gespräches mit Polos und der ärgerlichen Zurechtweisung, die ihm Sokrates wegen seines Ungeschicks ertheilt mit den Worten (463 D): αἰσχρὸν ἔγωγε κτέ. Dagegen scheint mir Richter mit der weiteren Erklärung: „*inest igitur in verbis varie vexatis hacc sententia, nihil valere nomen quoddam ad calamitates averruncandas*" eine entschiedene Abirrung von dem rechten Wege, zu welchem auch nicht die Hinweisungen auf 483 A. 489 B und am allerwenigsten auf 490 E — Richter sagt inprimisque — führen.

521 A Ist es wohl nur als ein zufälliges Uebersehen, nicht als ein Zeichen der Zustimmung zu der von Deuschle vorgenommenen Streichung des Artikels vor θεραπείαν anzusehen, dass Beck in seiner Beurtheilung nichts dagegen bemerkt, so

dass ich es wohl unterlassen kann, die Wiederherstellung des Artikels Keck gegenüber zu rechtfertigen. Um so energischer nimmt sich derselbe 521 C der ebenfalls von Deuschle ausgeschiedenen Worte ὑπὸ πάνυ ἴσως μοχθηροῦ ἀνθρώπου καὶ φαύλου an. Dass an dem Wortlaut selbst nichts auszusetzen ist, dass dieser vielmehr ganz das Gepräge der Echtheit an sich trägt, ist unverkennbar; dagegen meint Deuschle, dass Kallikles durch diese Charakterisierung des zukünftigen Anklägers die Kraft seines Vorwurfes in ganz unnöthiger Weise abschwächen würde und dass Sokrates dann nicht mit so viel Ruhe entgegnen könnte: τόδε μέντοι εὖ οἶδ᾽ ὅτι, ἐάνπερ εἰσίω εἰς δικαστήριον . . πονηρός τίς με ἔσται ὁ εἰσάγων. Den ersten Grund entwaffnet Keck mit der Bemerkung, dass Kallikles mit den Worten ὥς μοι δοκεῖς κτέ. überhaupt keinen Vorwurf gegen Sokrates erhebt; ich möchte lieber sagen, dass der doch darin liegende Vorwurf des Unverstandes durch den Beisatz nicht abgeschwächt, sondern vielmehr verstärkt wird im Sinne des Kallikles, der es unzweifelhaft als eine Erschwerung ansieht, von einem ganz gemeinen und nichtswürdigen Menschen — alle Worte in seinem Sinne gefasst — vor Gericht gezogen zu werden. Den zweiten Grund weist Keck zurück mit der Behauptung, dass die angefochtenen Worte, statt störend zu wirken, vielmehr im Zusammenhang nothwendig sind. Dass sie nichts unpassendes enthalten sucht Keck darzuthun durch die Bemerkung: „auch wenn Kallikles von einem schlechten Menschen als möglichem Ankläger des Sokrates gesprochen hätte, so könnte dieser doch in seiner Erwiderung bekräftigen: 'das freilich stelle ich nicht bloss wie du als möglich, sondern als gewiss hin, dass, wenn jemand mich anklagt, dies ein schlechter Mensch sein muss.' Dass hiemit Keck ganz richtig den Sinn und das stilistische Gepräge des Satzes wiedergegeben, möchte ich bezweifeln. Er nimmt offenbar an, dass die Worte τόδε μέντοι εὖ οἶδ᾽ ὅτι in directer Beziehung zu dem ἴσως in den fraglichen Worten des Kallikles stehen. Das ist aber doch wohl nicht der Fall, da sie ihre nächste Beziehung offenbar auf die unmittelbar vorhergehenden Worte ἀνόητος ἄρα εἰμί κτέ. haben, deren Sinn offenbar ist: diese Meinung, die du mir unterschiebst, hege ich gar nicht; darauf kommt es aber auch gar nicht an; dies jedoch weiss ich gewiss u. s. w. Die folgenden Worte sind also keine Bekräftigung der Aeusserung des Kallikles, sondern vielmehr der dieser vorhergehenden des Sokrates ἵνα μὴ αὖ καὶ ἐγὼ εἴπω, ὅτι πονηρός γε ὢν ἀγαθὸν ὄντα (ἀποκτείνει). Dies zeigt schon die Gleichheit des Wortes πονηρός gegenüber der Verschiedenheit der von Kallikles angewendeten, was nicht gleichgültig ist für die Folge und den Zusammenhang der Gedanken. Diesen gibt nun Keck, um die Unentbehrlichkeit der angefochtenen Worte darzuthun, durch folgende Paraphrase wieder: 'du sprichst so kühn von Anklagen, weil du sie offenbar als unmöglich voraussetzest; du magst dazu auch ein gewisses Recht haben, da du ausserhalb alles Verkehrs lebst und die Gesetze beobachtest; aber weisst du denn nicht, dass es auch Schurken gibt, vor denen der beste nicht in Frieden lebt? Willst du also in Athen wohlbehalten durchkommen, so gibt es kein anderes Mittel, als dass du dem Volke schmeichelst.' Darauf erwidert Sokrates ruhig: 'gewiss betrachte ich solche Anklage nicht als unmöglich, sondern gerade hier als wahrscheinlich.' Schade, dass Keck in der ziemlich weitläufigen Paraphrase nicht auch noch die paar Worte dazufügt, um deren willen Deuschle die fraglichen beanstandet; sie kommen freilich in der ersten kürzeren Paraphrase vor, aber hier wieder ohne die, mit welchen sie im engsten Zusammenhang stehen. Eine Entscheidung über die beregte Frage kann aber nur bei Berücksichtigung aller Momente, so zu sagen des ganzen stilistischen Ethos der Wechselreden von 521 A an, gewonnen werden; und da wird man denn doch Deuschles Bedenken, welches aus der Stellung der besagten Worte — und zwar sowohl nach ἵνα ... ὄντα als auch vor τόδε ... εἰσάγων — entnommen ist, nicht so ganz aus der Luft gegriffen nennen dürfen. Keck hat es aus dem angegebenen Grunde durch seine Erörterung nicht gehoben, weil er es kaum recht berücksichtigt hat. Er hätte sich jedenfalls damit begnügen können, die Angemessenheit des fraglichen Detsatzes darzuthun; den Beweis der Nothwendigkeit hätte man ihm gern geschenkt. Denn dieser wird doch nur, durch gewaltthätige Mittel zu Stande gebracht. Man könnte in der That die grössere Paraphrase Kecks recht als erläuterndes Beispiel brauchen für Goethes bekannten lustigen Rath an die Ausleger; denn weder die Worte 'du magst dazu auch ein gewisses Recht haben' noch die 'und die Gesetze beobachtest' stehen im griechischen Urtext oder liegen unausgesprochen darin; und wenn wir auch die 'vor denen der beste nicht in Frieden lebt' geduldig mit in den Kauf nehmen, so können wir uns doch nicht dabei beruhigen, den im Text wirklich vorhandenen Worten ὡς οἰκῶν ἐκποδών eine ganz andere Bedeutung gegeben zu sehen, als sie in Wahrheit besitzen. Denn nicht was Kallikles dem Sokrates als **wirklich** zugibt, weswegen er glauben könnte, von Anklägern billiger Weise unbehelligt zu bleiben, nämlich seine Schuldlosigkeit soll damit ausgedrückt werden, sondern vielmehr wird dem Sokrates eine thörichte Annahme, als lebte er nicht in der Welt, zugeschoben. In der mitgetheilten Ausführung des Verfassers scheint fast der Politiker mit dem Exegeten durchgegangen und es ihm hauptsächlich auf die oben durch den Druck ausgezeichneten Worte abgesehen gewesen zu sein als eine Art Herzenserleichterung. Auch der oben von mir selbst zu Gunsten der angefochtenen Worte geltend gemachte Grund verliert etwas an Gewicht durch Deuschles Hinweisung auf die Quelle, aus der sie geschöpft sein könnten. Wenn ich sie nun gleichwohl wieder von dem Zeichen der Verwerfung, in das sie Deuschle bannte, befreit habe, so geschah es aus folgenden Gründen. Erstens hat sich der eine der von Deuschle geltend gemachten Gegengründe in der That nicht als stichhaltig bewährt, und der andere, dem eine gewisse Berechtigung nicht abzusprechen ist, verliert diese Bedeutung, wenn man die bezogenen Worte als solche betrachtet, die nach der künstlerischen Absicht des Schriftstellers weniger zu dem Gedankeninhalt, auf welchem der dialektische Fortschritt des Gespräches beruht, kurz zur διάνοια gehören, als zum ἦθος und πάθος d. h. zur Charakterisierung der an dem Gespräch betheiligten Personen; sie zeigen, was in dem Gesichtskreis des Kallikles liegt, was sein Herz bewegt, was ihm unversehens über die Lippen springt; für das, was Sokrates durchzuführen hat, sind sie bei der ganz differenten Denkweise des Kallikles, welche ihnen einen ganz anderen Sinn verleiht, als Sokrates mit dem entsprechenden Worte verbindet, ohne Bedeutung; endlich aber fand ich es bei dieser Sachlage für räthlicher, dem Urtheile des Lehrers, der Deuschles Erörterung in den Jahrbüchern nicht unbeachtet lassen wird, nicht zu präjudicieren. Stallbaum fertigt Deuschles Vermuthung in seiner Weise ab, die mehr bequem als belehrend ist.

522 B ist eine Angabe Stallbaums in der kritischen Bemerkung zu berichtigen. ℜ Δ lassen nicht das ἅς vor οὕτω, sondern das nach ἡδονάς weg, wie aus Galsford und Bekker zu ersehen ist.

522 D will Deuschle statt αὕτη τις geschrieben haben τοιαύτη τις, und Keck stimmt ihm so ziemlich bei. Einen dringenden Grund zu der Aenderung vermag ich nicht zu sehen, da αὕτη durch die Beziehung auf das vorhergehende μήτε . . . εἰργασμένος hinlänglich gerechtfertigt und, weil entschiedener und nachdrücklicher, sogar angemessener ist als τοιαύτη (vgl. unten ταύτην τὴν βοήθειαν) und das beigefügte τὶς keine Beziehung auf βοήθεια (Krüger 51, 10, 1) hat, wie sich leicht aus folgender Uebertragung ergibt: 'dies ist eine Selbsthülfe, welche nach unserem wiederholten Zugeständnisse die beste ist.' Die Verkürzung des Ausdrucks im Griechischen ist bekanntlich eine sehr gewöhnliche.

523 D ist eine Stelle, die bei aller Einfachheit doch den Kritiker in Verlegenheit setzt. Die Handschriften bieten: ὅ τε οὖν Πλούτων καὶ οἱ ἐπιμεληταὶ ἐκ μακάρων νήσων ἰόντες ἔλεγον πρὸς τὸν Δία, ὅτι φοιτῷέν σφιν ἄνθρωποι ἑκατέρωσε ἀνάξιοι. Heindorf fügt aus Plutarch οἱ nach ἐπιμελητρία bei. Man möchte ihm um so mehr beipflichten, als kurz vorher ebenso der Artikel vor ἡμέρᾳ, den ausser zwei weniger massgebenden Handschriften alle andern weglassen, beigefügt werden musste. Indessen erweckt der Wortlaut selbst einiges Bedenken. Die vor Zeus abgegebene Erklärung scheint nämlich darauf hinzudeuten, dass die genannten Pfleger nicht bloss über die Inseln der Seligen, sondern auch über den Ort der Strafe gesetzt sind und mit Pluton und als dessen Organe im Jenseits walten. Darnach müsste man ἐκ μακάρων νήσων mit ἰόντες verbinden und den Ausdruck streng genommen auch auf Pluton beziehen, wogegen zwar kein ausdrücklicher Grund spricht, da eine genauere Bestimmung über den Ort, wo Pluton waltet, überhaupt nicht gegeben scheint, doch aber das natürliche Gefühl sich sträubt, welches ihm doch wohl einen besonderen, gegen beide Theile mehr indifferenten Aufenthalt ohne Wandel im Bereiche seiner Herrschaft anweist. Auch gestehe ich, dass mir der Ausdruck οἱ ἐπιμεληταὶ ohne Beisatz etwas kahl und dem vorherrschenden Sprachgebrauch weniger entsprechend scheint. So möchte ich mich denn mehr zu der Belfügung des Artikels hinneigen und über das dadurch entstehende Bedenken mich mit der Erwägung hinwegsetzen, dass es dem Philosophen bei dieser Lehrdichtung mehr auf den religiös-philosophischen Gehalt als auf den dichterischen Apparat ankam und dass man es mit allem, was zu letzterem gehört,

gar nicht zu streng zu nehmen braucht. Indessen schien es mir bei dieser Sachlage auch hier das gerathenste, bei der handschriftlichen Ueberlieferung, auf welche der Text begründet ist, stehen zu bleiben, ohne der Entscheidung des Lehrers vorzugreifen, der ich auch mit der vorstehenden Erörterung gedient zu haben wünsche.

524 E will Naber statt ἐκείνους ἐκιστήσας lesen ἐκεῖνος ἐκιστάς mit der weiteren Folgerung, dass Rhadamanthys und Aeakos nicht sitzen, wie Minos. Da jedoch gegen die überlieferte Lesart kein eigentliches Bedenken besteht, ja die Verbindung von ἐκείνος mit ὁ 'Ραδάμανθυς eher Anstoss erregen könnte, so ist doch wohl zu einer Aenderung kein hinreichender Grund vorhanden. Hirschig, der gegen Naber Einwendungen erhebt, hält übrigens die ganze Stelle für arg corrumpiert, wovon man so viel zugeben mag, dass die Darstellung manches anakoluthische, überhaupt viel Freiheit der Fügung zeigt.

525 A stimme ich mit Keck überein in Wahrung der bestbeglaubigten Lesart ἐκάστη statt ἐκάστῳ, wie die vulgata lautet, die auf einer minder zuverlässigen handschriftlichen Grundlage beruht. Deuschle hat die irrige Ansicht, dass die Lesart des Clarkianus und einiger anderer Handschriften ἐκάστῃ sei, wahrscheinlich aus der zweiten Auflage Stallbaums geschöpft, der indessen seinen Irrthum in der dritten Auflage selbst berichtigt. Merkwürdiger Weise ist derselbe auch auf Keck übergegangen, der ἐκάστῃ als die Lesart des Clarkianus und mehrerer Florentiner ausgibt, während ersterer nach Galsford und Bekker, der ihm den Vulg. Δ und Vindob. Φ und fünf der von ihm Parisienses genannten Handschriften beifügt, ἐκάστη bietet, wozu uns noch ein Vindob. und neun Florentini Stallbaums kommen, so dass die diplomatische Autorität entschieden für ἐκάστη ist und der Dativ ganz auf einer früheren Fiction Stallbaums beruht. Bei dieser Sachlage fällt Deuschles weitere Vermuthung von selbst zusammen.

Ebendaselbst ἀκρατίας. Ich gestehe, dass ich mich bei der Aufnahme dieser Lesart, trotz der Beglaubigung durch die besten Handschriften, nicht aller Bedenken entschlagen konnte. Bei der in der Theorie noch herrschenden Unsicherheit war für mich ausser der Autorität der Handschriften die Rücksicht auf das unbestritten geltende ἀμαθία, neben welchem ἀμάθια kaum vorzukommen scheint, maassgebend.

525 D möchte ich nun doch das von Bekker auf Grund einiger sonst weniger massgebenden Handschriften hergestellte παραδείγματι der diplomatisch freilich ungleich besser beglaubigten Lesart παράδειγμά τι, welche auch Stephanus bietet, vorziehen, da die Abweichung so gering und die Beifügung des Pronomens doch nicht hinreichend motiviert ist. Unbegründet scheint mir Hirschigs Vermuthung, dass ὑπ' ἄλλου ὀρθῶς τιμωρουμένῳ als Glossem von τῷ ἐν τιμωρίᾳ ὄντι zu betrachten sei. Uebersehen ist dabei, dass zu dem passiven Begriff der Worte ἐν τ. ὄντι in dem anderen Ausdruck zwei Bestimmungen hinzutreten, die darum nicht ohne Wichtigkeit sind, weil sie sich auf die Pflicht des anderen Theiles, dessen, der bestraft, beziehen.

525 C schreibt Stallbaum nach dem Vorgange Heindorfs auf Grund einer seit Dekkers Arbeit weniger massgebenden Ueberlieferung διὰ τὰ τοιαῦτα ἀδικήματα, doch wohl ohne genügenden Grund. Unrichtig ist jedenfalls die Bemerkung „Articulum editiones omnes spreverunt", da zwei Ausgaben Heindorfs vom Jahre 1805 ihn darbieten.

525 D hat Stallbaum mit Recht die Lesart der besten Handschriften τοὺς πολλοὺς εἶναι τοὺς τούτων τῶν παραδειγμάτων ἐκ τυράννων . . . γεγονότας mit Bekker und Ast beibehalten, da dieselbe sich nicht bloss rechtfertigen lässt, sondern in Bezug auf die grammatische Structur sogar den Vorzug verdient vor der seit der Zürcher Ausgabe herrschend gewordenen Lesart des Augustanus τοὺς πολλοὺς εἶναι τούτων τῶν παραδειγμάτων mit Weglassung auch des in der älteren Vulgata vor ἐκ τυράννων gesetzten τούς. Ich möchte diese Bemerkung im Sinn einer Berichtigung der auch in meiner Ausgabe gegebenen Lesart angesehen wissen.*

525 E macht Kratz mit Recht auf einen Widerspruch aufmerksam, in den Platon mit einer früheren Aeusserung (473 D) geräth durch die Bemerkung, dass ein gemeiner Mann, der ein Bösewicht sei, doch insofern glücklicher sei, als ein ebensolcher Gewalthaber, weil jener weniger Macht zu Freveltbaten habe, als dieser. Natürlich meint Platon nur, dass er weniger unglücklich, weniger schlimm daran sei, bedient sich aber hier in der Lehrdichtung eines der gewöhnlichen Redeweise entsprechenden Ausdrucks, den er in dem dialektischen Theile des Gesprächs selber als unzulässig bezeichnet hat. Ueberhaupt zeigt

der Schriftsteller in diesem ganzen Abschnitte vielfach, dass es ihm hier vorzugsweise um die Wirkung auf Gemüth und Phantasie des Lesers zu thun ist und dass er auch das Recht des Dichters in vollem Maasse in Anspruch nimmt.

526 D wollte Deuschle ἀνθρώπων nach τῶν πολλῶν ausgeschieden wissen, da nur so der Ausdruck dem technischen Gebrauche entspreche. Aber gerade die Vergleichung mit der von Deuschle angeführten Stelle aus dem Gastmahl[1]) hätte ihn belehren können, dass dieser technische Gebrauch hier gar nicht am Platze ist; denn während dort von den Ehren die Rede ist, welche die Menge verleiht, so können hier nur die Ehren gemeint sein, auf welche das Streben der meisten Menschen gerichtet ist. Darum hat sich Keck mit Recht für die Beibehaltung des angefochtenen Wortes erklärt.

527 C lautet die bestbeglaubigte Ueberlieferung: ἐμοὶ οὖν πειθόμενος ἀκολούθησον ἐνταῦθα, οἷ ἀφικόμενος, εὐδαιμονήσεις καὶ ζῶν καὶ τελευτήσας, ὡς ὁ σὸς λόγος σημαίνει. Hermann nahm dieselbe in Uebereinstimmung mit Stallbaum in den Text, und ihm folgten Hirschig und Deuschle. Ich meinerseits verkannte das Gewicht der Gründe nicht, die gegen die Aufnahme dieser Lesart sprechen, und gab denselben auch entschiedenen Ausdruck in der Anmerkung[2]) zu der Stelle, glaubte aber eine so gut beglaubigte Lesart doch nicht geradezu aus dem Texte weisen zu dürfen, so lange noch eine Möglichkeit sie zu

---

1) 216 B: ἔννοια γὰρ ἐμαυτῷ ἀντιλέγειν μὲν οὐ δυναμένῳ, ὡς οὐ δεῖ ποιεῖν ἃ οὗτος κελεύει, ἐπειδὰν δὲ ἀπέλθω ἡττημένῳ τῆς τιμῆς τῆς ὑπὸ τῶν πολλῶν. Hier thut auch das beigefügte ὑπὸ seine Wirkung.

2) Sie lautet: „Vgl. 511 B. Hier ist nach den besten Handschriften σὸς beigefügt, allerdings auffallend, da diese Behauptung dem Kallikles fremd und widerstrebend ist. Stammt das Wort von Platons Hand, so wäre mit Nachdruck darauf hingewiesen, dass Kallikles sich dieses Ergebniss der Erörterung dadurch angeeignet habe, dass er es nicht widerlegen konnte, sondern seine Zustimmung dazu geben musste. Der Sinn wäre dann: folge mir und handle, wie du selbst als richtig erkannt hast. Vgl. 466 E: οὐχ ὥς γέ φησι Πῶλος." Diese Bemerkung tritt der unbedingten und unbeanstandeten Aufnahme durch Deuschle entgegen, gegen die auch Keck nichts einwendet. Ob es nun bei dieser Sachlage am Platze ist, von „maassloser Willkür zu reden, bei welcher nichts mehr unmöglich ist", „der Thür und Thor geöffnet werde", mögen andere entscheiden.

rechtfertigen besteht. Dafür genügte mir nun allerdings nicht, was Hermann bemerkt, dass die fragliche Lesart besser als die andere der Sokratischen Ironie entspreche, „*quae quod ipse argumentando effecit, ad alterum transferre solet*", mit Verweisung auf Menon 85 D. Mit dieser Stelle hat die vorliegende allerdings zu wenig Aehnlichkeit, als dass eine Vergleichung am Platz wäre; und auch der Begriff der Sokratischen Ironie findet keine passende Anwendung auf den ernsten Ton dieser Schlusserörterung. Auch Stallbaums Bemerkung[1]) genügt nicht, da sie zu allgemein gehalten ist, die von Kratz gegen diese Lesart geltend gemachten Gründe zu entwaffnen. Diese verdienen jedenfalls eine eingehende Würdigung. Zunächst behauptet Kratz, ὡς ὁ λ. σημαίνει sei eine stehende Redensart, in welcher ὁ λόγος „personificiert als die Vernünftigkeit der Sache, gewissermassen als die Wahrheit selbst auftritt", und beruft sich dafür auf die unten E zu lesenden Worte, welche lauten: ὥσπερ οὖν ἡγεμόνι τῷ λόγῳ χρησώμεθα τῷ νῦν παραφανέντι, ὃς ἡμῖν σημαίνει, ὅτι οὗτος ὁ τρόπος ἄριστος τοῦ βίου κτἑ. Diese Stelle beweist aber eher gegen als für die angenommene Personifikation; diese liegt eben nur in der beigefügten Vergleichung, die so wenig dienen kann, den Begriff λόγος zu einem persönlichen zu stempeln, als umgekehrt im Charmides 154 C durch die Worte πάντες ὥσπερ ἄγαλμα ἐθεῶντο αὐτόν der schöne Knabe seiner Persönlichkeit entkleidet wird. Für den Griechen ist eben ὁ λόγος in allen möglichen Variationen des Begriffs, welche wir durch das Medium der Muttersprache ausdrücken, „Rede, Begriff, Grundsatz, Untersuchung, Erörterung, Verstand, Vernunft" u. s. w. im Grund genommen doch immer der gleiche und ist in der fraglichen Stelle wesentlich kein anderer, als z. B. in der folgenden des Phädon (88 C): Τίνι οὖν ἔτι πιστεύσομεν λόγῳ; ὡς γὰρ σφόδρα πιθανὸς ὤν, ὃν ὁ Σω-

---

[1] „*Vulgo ὡς ὁ λόγος σημαίνει, idque critico cuidam unice verum videbatur. At enim vero primum quidem temerarium fuerit tam multis tamque bonis codicibus praeter justam caussam repugnare velle. Deinde caussa satis aperta est, cur Socrates nunc dicat ὡς ὁ σὸς λόγος σημαίνει. Admonet enim ita Calliclem gravissima eorum, quae ipse in disputatione superiore concesserat. Fictum quoque: quemadmodum tuus quoque sermo significat*". Dass der „*criticus quidam*" nicht Kratz ist, ergibt eine Vergleichung der Jahreszahlen. Es ist wohl Eduard Jahn gemeint, dessen Ausgabe 1859 erschien.

13*

πράτης ἔλεγε λόγον, νῦν εἰς ἀπιστίαν καταπίπτωσι· θαυμαστῶς γάρ μου οὗτος ἀντιλαμβάνεται καὶ νῦν καὶ ἀεί, τὸ ἁρμονίαν τινὰ ἡμῶν εἶναι τὴν ψυχήν, καὶ ὥσπερ ὑπέμνησί με ῥηθείς, ὅτι καὶ αὐτῷ μοι ταῦτα προυδέδοκτο. Hier könnte man aus ἀντιλαμβάνεται ähnliche Schlüsse ziehen, wie Kratz aus ὁ λόγος αἱρεῖ zieht, das ῥηθείς aber zeigt, dass auch οὗτος ὁ λόγος ebenso zu verstehen ist, wie der ὃν ὁ Σ ἔλεγε λόγον. Es ist nun wohl zuzugeben, dass gerade in dieser Verbindung ὡς ὁ λόγος σημαίνει ein Possessivum sich wohl schwerlich sonst dazugesetzt finden wird; dies hindert aber nicht anzunehmen, dass, wenn es dem individuellen Zweck der Stelle gerade entspäche, es wohl auch geschehen könnte. Eine solche individuelle Absicht glaubte man nun darin zu finden, dass Sokrates in der ernsten Schlussrede dem Kallikles zu erkennen gibt, dass die Untersuchung mit ihrem Ergebnisse ihm ebensogut angehört, wie dem Sokrates. Kallikles drückt zwar, als er sich nicht mehr zu helfen weiss, den Wunsch aus, Sokrates möchte diese Untersuchung oder dieses Gespräch ganz fallen lassen¹); er muss aber sich doch dazu hergeben, dass Sokrates ihn, wenn er nicht einer Behauptung widerspricht, als zustimmend betrachtet²). Ja im Laufe des hie und da wieder angeknüpften Gesprächs findet sich Kallikles sogar zu einer Art Zugeständniss getrieben³), dem er sich nur nicht vollständig ergeben will; und einigermassen in diesem Sinne dürften auch die letzten Worte des Kallikles⁴), die Kratz nur als Beweis des alten Widerwillens und der alten Gleichgültigkeit betrachtet, aufgefasst werden, nämlich mehr als eine Verweigerung entschiedener Zustimmung. Das freilich ist nicht bloss moralisch, sondern auch nach der künstlerischen Intention des Schriftstellers unmöglich, dass „Sokrates durch den wohlfeilen und unwürdigen Kunstgriff einer Unterschiebung den Kallikles habe überrumpeln wollen". So aber hat sich wohl auch keiner von den Vertheidi-

---

1) 505 D: Ὡς βίαιος εἶ, ὦ Σώκρατες. ἐὰν δὲ ἐμοὶ πείθῃ, ἐάσεις χαίρειν τοῦτον τὸν λόγον, ἢ καὶ ἄλλῳ τῳ διαλέξει.
2) 506 B C: ἐπειδὴ δὲ σὺ .. οὐκ ἐθέλεις συνδιαπεράναι τὸν λόγον. ἀλλ' οὖν ἐμοῦ γε ἀκούων ἐπιλαμβάνου, ἐάν τί σοι δοκῶ μὴ καλῶς λέγειν . . . Ἆρα τὸ ἡδὺ καὶ τὸ ἀγαθὸν τὸ αὐτό ἐστιν; Οὐ ταὐτόν, ὡς ἐγὼ καὶ Καλλικλῆς ὡμολογήσαμεν.
3) 513 C: Οὐκ οἶδ' ὅντινά μοι τρόπον δοκεῖς εὖ λέγειν ὦ Σώκρατες· πέπονθα.
4) Ἀλλ' ἐπείπερ γε καὶ τἆλλα ἐπέρανας, καὶ τοῦτο πέρανον.

gern der fraglichen Lesart die Sache gedacht, sondern vielmehr als eine ernste Mahnung an den widerwilligen Gegner, das Ergebniss der Untersuchung, dem er sich durch den hartnäckig geführten Redekampf nicht hatte entziehen können, auch durch die That zur Anerkennung zu bringen. Das sind etwa die Erwägungen, die mich bestimmten, die vor mir in den Text aufgenommene bestbeglaubigte Lesart beizubehalten, wobei ich nicht verhehlte und verhehle, dass, wenn ich zwischen zwei gleich gut bezeugten zu wählen gehabt hätte, ich der anderen den Vorzug gegeben hätte. Dass ich aber derjenigen Ueberlieferung, die für die Textgestaltung als Grundlage gilt, einiges Gewicht beizumessen mich getrieben fand, möchte um so weniger als Willkür zu bezeichnen sein, als die Vermuthung nahe liegt, dass die Wiederverdrängung des σός von anderer Seite mit dem gleichen Vorwurf würde geahndet worden sein. Vgl. oben zu 506 D.*

Nachträge.

Als der Druck vorliegender Schrift bereits begonnen hatte, kamen mir durch gütige Mittheilung von Seiten der Verlagsbuchhandlung F. W. Münschers Aufsatz „Zur Erklärung und Kritik von Platons Gorgias," welcher in den Jahrbüchern für class. Philol. 1870, Heft 3 abgedruckt ist, zu. Die von mir besorgte zweite Auflage von Deuschles Ausgabe, welche Ostern 1867 erschien, ist von dem Verfasser nur nachträglich in den Anmerkungen berücksichtigt worden, da sie ihm laut Erklärung S. 155 N. 2 erst nach Vollendung seines Aufsatzes bekannt ward. Zu gleicher Zeit erhielt ich auf dem Wege des Buchhandels die Schrift: „Platonische Studien von Moritz Vermehren." Leipzig 1870. Dieselbe beschäftigt sich allerdings vorzugsweise mit anderen Dialogen, zieht aber doch auch vier Stellen des Gorgias in den Kreis der Betrachtung. Ich wollte darum nicht unterlassen, beiden Schriften noch nachträglich einige Berücksichtigung zu widmen.

Zunächst knüpft Münscher an die Stelle 450 E eine Erörterung über die richtige Auffassung der Formel οὐχ ὅτι in der Bedeutung 'obgleich'. Kratz habe im Anhang seiner Ausgabe auf den richtigen Weg geleitet, diesen aber selbst nicht richtig beschritten. Der Fehler liege darin, dass er nicht den formelhaften Gebrauch von οὐχ ὅτι, wonach es eben einfach 'ungeachtet, obgleich' heisst, von dem ursprünglichen Sinne des Ausdrucks unterschieden habe. Letzteren könne man nicht in jedem Beispiele, wo jener vorliege, ohne weiteres zu Grunde legen, um den richtigen Sinn daraus abzuleiten. „Dieses, sagt Münscher, gelingt vielmehr nur bei solchen Sätzen, wo οὐχ ὅτι sich an einen negativen Gedanken anlehnt, dessen Negation οὐχ ὅτι noch einmal aufnimmt, um hervorzuheben, dass die jener negativen Aussage entsprechende Position auch aus der mit ὅτι eingeführten thatsächlichen Wahrheit nicht folge. Wenn nun die letztere der

Art ist, dass man danach allerdings auf den ersten Blick vielmehr die Position anstatt der Negation erwarten könnte, so nimmt das 'nicht ist dies so, weil' von selbst den Sinn an 'trotzdem ist dies nicht so, dass.' Dieser Sachverhalt lasse sich aus der vorliegenden Stelle des Gorgias deutlicher erkennen als aus der von Kratz zu Grunde gelegten des Protagoras (336 D), bei deren Erklärung man sehe, wie das Uebel, welches ausgetrieben werden sollte, die weitläufige Ellipse, durch eine Hinterthür, nur verdoppelt, wieder eingelassen werde. Die Stelle im Gorgias will nun Müncher so erklärt wissen: „aber doch glaube ich nicht, dass du irgend eine von diesen (vorhergenannten Künsten) Redekunst nennen willst; ich glaube das nicht etwa deshalb, weil (d. h. ich ziehe diese an sich berechtigte Folgerung nicht daraus, dass) du dem Wortlaute nach so gefragt hast u. s. w." Der ursprüngliche Sinn des οὐχ ὅτι soll nun in den anderen von Kratz berücksichtigten Stellen Lysis 220 A Theaet. 157 B Protag. 336 D gradweise mehr und mehr verdunkelt sein, so dass es schon bei der ersten der angeführten Stellen zweifelhaft scheine, ob Platon noch bestimmt an die empfohlene Auflösung der Formel gedacht, oder sie nicht vielmehr einfach in dem durch den Gebrauch bereits festgestellten Sinne angewendet habe. Bei der Stelle aus Gorgias hält dies Müncher also wohl nicht für zweifelhaft. Ein Bedenken erhebt sich indessen sofort gegen diese Erklärung Münchers, nämlich dasselbe, welches Müncher gegen die Kratzens erhebt, dass die auszutreibende Ellipse durch eine Hinterthür wieder zugelassen wird. Denn nicht blos die von Müncher eingeklammerten Worte, welche mit einem d. i. eingeleitet eine erweiternde Erklärung der vorhergehenden enthalten, die sich durch den Druck, wie eine Uebersetzung ausnehmen, sondern in diesen selbst auch noch alle Worte ausser 'nicht' und 'weil' müssten eigentlich eingeklammert werden, da sie im Original nicht stehen und also nur zur Erklärung des Ausdrucks ergänzt werden. Und in der That braucht man sich auch vor einer derartigen Ergänzung des Wortlautes nicht allzuängstlich zu hüten, sollte wenigstens nicht von dem einen Extrem der Ellipsenjägerei in das andere der Ellipsenscheu verfallen, da das Ueberspringen nach streng logischer Auffassung nothwendiger, aber sich leicht von selbst ergebender Begriffe oder Satztheile der lebendigen Rede überhaupt und besonders der lebhaften Ausdrucksweise der Griechen gar zu sehr in Fleisch und Blut sitzt, als dass man es ausser Betracht lassen durfte bei Erklärung gewisser Erscheinungen des Sprachgebrauchs. So wird es zu gewisser Weise denn auch bei Erklärung des Gebrauches von οὐχ ὅτι sowohl von Kratz als von Münscher mit in Anschlag gebracht, und der Unterschied [1]) von der Erklärung anderer concentrirt sich darauf, dass beide ὅτι gleich 'weil,' nicht gleich 'dass' gefasst wissen wollen. Da nun aber Münscher für den andern Gebrauch [2]) von οὐχ ὅτι, der dem Sinn nach auf unser, 'nicht nur' hinausläuft, die Ellipse von λέγω und somit für ὅτι die Bedeutung 'dass' gelten zu lassen scheint, so wird alle Gemeinsamkeit in dieser beide Male formelhaften Verbindung von οὐχ ὅτι aufgehoben; ob mit Recht, dürfte wohl zu bezweifeln sein. Fragt es sich doch, ob überhaupt dieser angenommene Unterschied der Bedeutung von ὅτι für das griechische Sprachgefühl namentlich in der noch schöpferischen Periode des Sprachlebens bestand, ob nicht noch so viel von der ursprünglichen Entstehung aus ὅστις im Sprachgefühl vorhanden war, dass die für unsere theoretische Starrheit so wichtige Unterscheidung noch weit weniger zur Geltung kam. Um den Sinn der fraglichen Spracherscheinung innerlich zu erfassen, wird man wohl auf die ursprüngliche Gleichheit des Wortes und Begriffes zurückgehen müssen, die ja auch in unserer älteren Sprache noch vorhanden war. [3]) Die betreffenden Worte in der vorliegenden Stelle bedeuten also eigentlich: 'nicht das du dem Wortlaut nach so sagtest', wobei es mindestens unentschieden bleibt, ob dies mehr zu 'dies dass' oder zu 'weil' nach unserem Sprachgebrauch hinneigt [4]). Es wird daher auch jetzt wohl noch nach Kratzens und Münschers Behandlung die andere Auffassung, welche am eingehend-

---

1) Münscher meint zwar, bei der üblichen Auffassung müsste man zu einer umfangreichen Ellipse seine Zuflucht nehmen, in der Stelle des Gorgias also etwa zu τοῦτο λέγω οὐ φροντίζων ὅτι. Allein das ist eben eine Uebertreibung des Begriffs der logischen Ergänzung. Sauppe a. d. St. des Protagoras sagt bloss: 'davon red' (ich nicht dass'.

2) Münscher selbst sagt geradezu 'das andere οὐχ ὅτι', natürlich nur in dem Sinn einer abgekürzten Redeweise.

3) Noch zu Lessings und Goethes Zeit war dieselbe dem natürlichen Sprachgefühl nicht erloschen und ist es wohl auch heut zu Tage nicht bei allen nicht grammatisch geschulten oder hauptsächlich durch Luthers Sprache genährten.

4) Ueber die Entstehung der causalen Bedeutung bei ὅτι und quod spricht sich Aken G Z. §. 223 aus. Eine beachtenswerthe Stelle hiefür ist 461 B, über welche oben S. 105—108 gesprochen wird.

sten von Aken in den Jahrbb. f. Ph. u. P. 82, 6 und in den Grundzügen der Lehre von T. u. M. §. 119—130, neuerdings auch in der Schulgrammatik §. 461 erörtert wird, Beachtung verdienen. Aken erklärt sich dahin, dass οὐχ ὅτι die Bedeutung von 'quamquam' oder 'licet' nur annimmt, wenn der vorhergehende Hauptsatz negativ ist, und dass der durch οὐχ vor ὅτι vertretene Satz einfach in appositiver Verbindung steht. Die zu Grunde liegende Bedeutung 'nicht zu reden davon dass' gestalte sich hier zu dem Sinn: 'nicht gebt mein leugnen auf das folgende'. Ob diese Umgestaltung nothwendig ist, kann zweifelhaft scheinen; vielleicht hält sie Aken selbst nicht fest, wie man daraus schliessen könnte, dass sie in der Schulgrammatik nicht wiederholt wird. Aken nimmt übrigens an, dass diese Art des Ausdrucks einzig der sokratischen Sprechweise angehöre und ihrer Entstehung gemäss mehr nur zur Correctur eines gebrauchten Ausdrucks, als um sachlich eine Ausnahme einzuräumen, diene.

Münscher nimmt mehrfach Veranlassung über die Bedeutung eines beigefügten καί zu sprechen. Es ist unzweifelhaft, dass die richtige Auffassung dieser Partikel zum feineren Verständniss der Rede gehört, ebenso aber auch, dass eine vollständig übereinstimmende Auffassung schwer herzustellen ist. Dies zeigt sich z. B. bei der Stelle 455 A. bezüglich der Worte ἴσμεν τί ποτε καὶ λέγομεν. Münscher bekämpft hier die von Kratz aufgestellte Erklärung, der seinerseits Krüger bekämpft. Es ist allerdings nicht leicht, eine allgemeine Formel für die Bestimmung eines solchen Begriffes zu finden, weswegen die Erklärung sich eben doch zu Distinctionen getrieben sieht. So möchte die Unterscheidung von wirklichen und bloss rhetorischen Fragen nicht ganz zu verwerfen sein. Eine solche liegt z. B. in der Stelle des Demosthenes (4, 16) vor, an welcher Kratz die Unzulässigkeit der Krüger'schen Auffassung darzuthun sucht. Der Sinn dieses τί καὶ χρὴ προσδοκᾶν ist offenbar, dass man in einem solchen Fall nicht einmal etwas erwarten darf. Häufig bleibt der Erfolg hinter der Erwartung zurück; hier aber ist auch die Erwartung eines guten Erfolges ausgeschlossen. In der vorliegenden Stelle des Gorgias ist nun eine wirkliche Frage enthalten, deren Sinn Münscher so deutsch ausdrückt, wie es nach Schleiermacher auch von mir geschehen ist. Wenn nun Münscher weiter bemerkt, dass der Gebrauch des Wörtchens in der Frage nicht wesentlich verschieden sei von dem in anderen Sätzen, so ist das wohl im grossen und ganzen ebenso richtig, wie zum Beispiel, dass jeder Casus eine Grundbedeutung hat, die sich aber doch in der Anwendung und namentlich bei der Uebertragung in ein fremdes Idiom mannichfach modificiert. So unterlässt es Münscher den Ausdruck, den er für den richtigsten erklärt, um den Sinn der Partikel wiederzugeben, in einem der anderen beigebrachten Sätze anzuwenden. Urgiert man aber die Identität des Begriffes, so wird man wohl noch einen Schritt weiter gehen und auch die beiden von Münscher unterschiedenen Bedeutungen, die hinsufügende und die steigernde, in einer Grundbedeutung zusammenfassen müssen. Dies möchte gerade hier am Platz sein, wie die Erwägung des Zusammenhangs zeigt. Gorgias hat sich zu einer Begriffsbestimmung der Redekunst herbeigelassen, bei der es nur fraglich ist, ob er dabei auch dasselbe denkt, wie Sokrates; Sokrates kann dies kaum glauben, da er aus der angenommenen Begriffsbestimmung Folgerungen zieht, zu welchen sich Gorgias wohl schwerlich bekennen wird.

Schwierigkeit macht καί für das Verständniss auch 458 B, wo Münscher sich in Widerspruch befindet mit Jahn und Kratz, die Krügers Erklärung annehmen. Mit dieser aber glaubt Münscher nichts erreicht, sondern findet den Schlüssel zum richtigen Verständniss in der Erkenntniss, dass die beiden anscheinend verschiedenen Folgerungen doch im Grunde sich auf eine und dieselbe zurückführen lassen, dass nämlich Sokrates sich in jedem Falle nach der Neigung des Gorgias richten wolle. Aber auch mit dieser Erkenntniss könnte man die Form des Ausdrucks noch nicht ganz befriedigend erklärt finden. Denn diese würde doch zunächst nur zu einem 'auch' im Folgesatz, nicht im Vordersatz führen, indem sich seine Bedeutung etwa so ausdrücken liesse: 'denkst du wie ich, so wollen wir weiter mit einander reden; doch ist es mir auch recht das Gespräch aufzugeben, wenn es dir beliebt'. Man müsste nun annehmen, dass in Folge der parallelen Stellung der Satzglieder, die einen stilistischen Vorzug enthält, das καί eine gewisse Verschiebung erlitten habe. Ob man diese etwa mit dem Gebrauch des καί in Relativsätzen mit ὅσπερ oder ὥσπερ, das freilich in der Regel sein Correlat im Hauptsatz hat, oder in εἰ (εἴπερ) καί τις ἄλλος, wo wir im Deutschen kein 'auch' setzen, vergleichen kann, ist allerdings die Frage. Vielleicht ist auch der Umstand mit in Anschlag zu bringen, dass die attische Urbanität auf die ganze Form des Ausdrucks Einfluss geübt hat, indem der Gedanke in seiner reinen, aber auch schroffen Form des Ausdrucks etwa so lauten würde: 'denkst du, wie ich, so wollen wir weiter mit einander reden; wo nicht, wollen wir's bleiben lassen'. Die Frage nach der Bedeutung eines beigefügten καί kommt auch oben S. 185 (520 D) zur Erörterung.

Weniger Schwierigkeit dürfte dem Verständniss 475 A das καί bieten, wenn man die Stelle so liest, wie sie Stephanus bietet und in Uebereinstimmung mit demselben, falls man dem Stillschweigen Galsfords Glauben schenken darf, der Clarklanns mit einigen wenigen Handschriften. S. oben S. 123 die Bemerkung über diese Stelle, die in kritischer Hinsicht auch wegen der ungenauen Angabe Stallbaums über die Lesart der Handschriften bemerkenswerth ist. Ob Stallbaum mit seinem 'male vulgo καί interponitur.' nur die in seinen Augen ungenügende äussere Beglaubigung, oder auch die inneren Gründe im Auge hatte, mag zweifelhaft erscheinen. Unpassend kann ich für meine Person die Beifügung des καί nicht finden. Denn wenn auf irgend eine Stelle, so passt auf diese die Bestimmung, die Bäumlein in in seiner Schrift über die Partikeln S. 145 über die Grundbedeutung von καί giebt, indem er sagt, es werde durch dieselbe „das Hinzukommen eines neuen, aber unter den gleichen Gesichtspunkt fallenden, oder doch nicht als verschieden aufgefassten Momentes bezeichnet." Polos hat seine Zustimmung ausgedrückt zu der Begriffsbestimmung, welche Sokrates über das καλόν giebt, ἡδονῇ τε καὶ ἀγαθῷ ὁριζόμενος τὸ καλόν. Mit dieser Begriffsbestimmung des καλόν ist nun offenbar ganz übereinstimmend die des αἰσχρόν, wenn man es bestimmt λύπῃ τε καὶ κακῷ. Es ist also ganz in der Ordnung, wenn Sokrates folgernd sagt: Οὐκοῦν καὶ τὸ αἰσχρὸν τῷ ἐναντίῳ, λύπῃ τε καὶ κακῷ, nämlich ὁριζόμενος καλῶς ὁρίζομαι. Es ist also zu verwundern, dass Hermann nicht auf Grund seiner kritischen Grundlage das καί wieder hergestellt hat.

456 D bestreitet Münscher die Richtigkeit der üblichen Interpunction und Construction, welche vor ὅτι Komma und nach ἐχθρῶν Kolon setzt und also das ὅτι mit dem vorhergehenden τούτου ἕνεκα correlativ nimmt und dagegen mit dem folgenden οὐ τούτου ἕνεκα einen erweiternden Erläuterungssatz beginnt. Münscher will nun das Kolon vor ὅτι gesetzt, dagegen ἐχθρῶν durch ein Komma ersetzt wissen. Das erste οὐ τούτου ἕνεκα

soll sich auf das vorhergehende τῇ ἄλλῃ ἀγωνίᾳ in dem Sinne einer διὰ τὸ ἔχειν oder εἰδέναι αὐτήν beziehen, dagegen mit ὅτι, das sein Correlat in dem zweiten οὐ τούτου ἕνεκα hätte, der Erläuterungssatz beginnen. Die Gründe indessen, welche Münscher für seine Ansicht geltend macht, scheinen mir nicht sehr triftig. Denn warum bei dem zweiten οὐ τούτου ἕνεκα das explicative Asyndeton unzulässig sein soll, ist schwer einzusehen, da die Worte in ihrer Specialisierung durch τύπτειν, παντείν, ἀποκτιννύναι sich wohl zu einer erläuternden Ausführung des allgemeinen und unbestimmten χρῆσθαι eignen, und die Beziehung des τούτου dadurch überhaupt nicht alteriert wird. Und auch die Aehnlichkeit der Satzbildung in der folgenden mit οὐδέ beginnenden Periode kann unmöglich als Bestätigung für die Richtigkeit der angenommenen Structur der vorhergehenden Periode dienen. Münscher behauptet, sich mit seiner Auffassung in Uebereinstimmung mit Schleiermacher zu befinden; kaum mit Recht. Die Uebersetzung desselben lautet in der zweiten Auflage folgendermassen: „denn auch anderer Streitkunst muss man sich deshalb nicht gegen alle Menschen gebrauchen, weil einer den Faustkampf und das Ringen und das Fechten in Waffen so gut gelernt hat, dass er stärker darin ist als Freunde und Feinde, und muss deswegen nicht seine Freunde schlagen und stossen und tödten". Hier ist 'deshalb' offenbar auf das folgende 'weil' zu beziehen, da das 'und' vor 'muss' deutlich zeigt, dass Schleiermacher hier das Asyndeton im Griechischen annahm, welches er nur nach seinem Sprachgefühl durch ein Bindewort ersetzte. Auch das ist unbegründet, dass Münscher die bestrittene Interpunction den neueren Ausgaben zuschreibt; sie findet sich vielmehr schon bei Stephanus.

465 B—D. Auch Münscher unterzieht diese Stelle einer eingehenden Erörterung, die mir darum zu keiner nachträglichen Bemerkung Anlass gibt, weil er auf seinem Wege, theilweise im Widerspruch gegen andere Ansichten, ganz zu denselben Ergebnissen gelangt, welche auch in meiner Ausgabe bei Gestaltung und Erklärung des Textes zum Ausdruck gekommen sind.

466 A bieten die so einfach lautenden Worte 'ἀλλ' οὐ μνημονεύεις τηλικοῦτος ὤν, ὦ Πῶλε; τί τάχα δράσεις;' erhebliche Schwierigkeit. Münscher billigt zwar auch die Weglassung der nicht sehr gut beglaubigten Worte πρεσβύτης γενόμενος, betrachtet sie aber doch als eine nicht eben weit fehl

gehende Erklärung des τάχα, das mit Krats als blossen Ausdruck der Möglichkeit oder Wahrscheinlichkeit zu nehmen, schon durch den doch nicht zu verkennenden Gegensatz zu τηλικοῦτος ὤν ausgeschlossen sei. Münscher stimmt somit der Erklärung Deuschles und in ihrer genaueren Fassung besonders Jahns bei; und es ist nicht zu leugnen, dass der geltend gemachte Grund nicht aus der Luft gegriffen ist. Doch verursacht das τάχα immerhin Bedenken. Denn wenn man ihm auch eine temporale Bedeutung für die attische Prosa zuschreibt, so ist es doch der Begriff 'bald, demnächst', der gerade für diesen Gegensatz nicht zu passen scheint. Das Auskunftsmittel, welches Münscher in Uebereinstimmung mit Jahn ergreift, τάχα mehr im Sinn von πρεσβύτερος als von πρεσβύτης γενόμενος zu denken sei, und dass das Gedächtniss nicht erst im Greisenalter, sondern überhaupt mit zunehmenden Jahren abnehme, will auch nicht recht verfangen, da doch bei einem so jungen Mann die Abnahme nicht als eine so rasch eintretende gedacht werden kann. Da nun aber in der That auch die Erklärung nicht befriedigt, welche τάχα auf die im Laufe des Gespräches bevorstehende Zeit bezieht, so ist man überhaupt über die Auffassung dieser Worte in einiger Verlegenheit. Man wird also wohl genöthigt sein anzunehmen, dass bei einer solchen zurechtweisenden Aeusserung die Worte nicht gar zu streng abgewogen werden dürfen. Auffallender noch ist der gleich darauf wiederholt erhobene Vorwurf, dass man immer nicht unterscheiden könne, ob Polos eine Frage stelle oder nur seine Ansicht darlegen wolle, da doch die Form der Frage deutlich hervortritt. Die Deutung, dass man nicht recht wissen könne, ob die Frage eine wirkliche, Antwort erwartende, oder eine in die Form einer rhetorischen Frage gekleidete Behauptung sei, „also Anfang und Einleitung zu einem (etwa epideiktischen) Vortrag", befriedigt nicht recht, obwohl sie durch Platons eigene Worte [1]) an die Hand gegeben ist, da man doch denken sollte, dass die Pause nach der Aeusserung des Polos dieselbe doch nicht als Anfang einer weiteren Rede betrachten liess. Man wird also auch diese Aeusserung nicht zu streng nehmen dürfen und in derselben nur die Andeutung zu erkennen haben, dass die Frage nicht auf einen dialektischen Fortgang zielt, daher in dieser Beziehung nichtig und gehaltlos ist. Oder sollte auch darin ein

---

1) Ἐρώτημα τοῦτ' ἐρωτᾷς ἢ λόγου τινὸς ἀρχὴν λέγεις;

Mittel der mimischen Darstellung liegen etwa in Bezug auf den Ton, in welchem Polos seine Fragen ausgesprochen hätte?

470 A erklärt sich Münscher gegen Schmidt, der nach dem Vorgang von Ficinus und Schleiermacher ἀγαθόν τι εἶναι nicht mit dem folgenden καὶ τοῦτο .. μέγα δύνασθαι, sondern mit dem vorhergehenden τὸ ὠφελίμως πράττειν coordiniert denke. Obwohl nun Münschers Auffassung im wesentlichen mit der auch in meiner Ausgabe vertretenen übereinstimmt, so möchte ich doch nicht so einfach von einer Coordinierung der oben erwähnten Satztheile reden. Diese könnte höchstens eine logische, nicht eine grammatische genannt werden, weil sich der mit καὶ τοῦτο beginnende Satztheil grammatisch selbständig zu einer Art Parenthese gestaltet. Das τί noch ἀγαθόν erachtete daher Heindorf für so unerträglich, dass er es auf eigene Hand in τί änderte. Die Wiederherstellung des überlieferten τί war nach kritischen Grundsätzen gewiss gerechtfertigt und geboten. Schwierig aber bleibt die Construction immerhin. Der Grund liegt darin, dass, wenn man das erste τὸ μέγα δύνασθαι als gemeinsames Subject zu zwei durch Differenzierung gewonnenen Prädicaten denkt, der Ausdruck dieser selbst zweigliedrigen Prädicate nicht ganz wohl entsprechend erscheint, indem, abgesehen von dem anakoluthischen der Verbindung, dadurch der Satz herauskäme: τὸ μέγα δύνασθαί ἐστιν ἀγαθόν τε καὶ (τὸ) μέγα δύνασθαι und τὸ μέγα δύνασθαί ἐστι κακὸν καὶ σμικρὸν δύνασθαι. Zu diesem absurdum will allerdings Sokrates den Gedanken zuspitzen, es tritt aber dasselbe doch gemildert auf durch den Ausdruck, indem der Satz mit ἐάν μὲν κτέ. dazwischentritt, wodurch im Anschluss an die frühere Erörterung die Vorstellung erweckt wird, dass das πράττειν ἃ ἂν δοκῇ, was Polos früher als ἀγαθόν und μέγα δύνασθαι gedacht hat, nunmehr als solches nur erscheint, wenn das ὠφελίμως πράττειν dazukommt, sonst aber im Gegentheil κακόν und σμικρὸν δύνασθαι ist. Durch die anakoluthische Wendung καὶ τοῦτο ὡς δοκεῖν ἔστι τὸ μέγα δύνασθαι wird dieser letztere Begriff selbst zu einem doppelten gestempelt, nämlich, wie ihn Polos früher gedacht hat und wie er ihn jetzt denkt.

473 A. Auch Münscher spricht sich über diese Stelle aus. Auch er erklärt sich, wie Kratz und vor ihm Schmidt gegen die Ansicht einer Zustimmung aus Freundschaft, will vielmehr die Freundschaft, die Sokrates gegen Polos hegt, als Grund des

Versuchs ihn zu seiner Ansicht zu bekehren betrachtet wissen. Ausser der Stelle 470 C, auf die sich Münscher beruft, wäre auf 458 A, wo diese Ansicht am ausführlichsten erörtert wird, zu verweisen. Dort handelt es sich immer um das ἐλέγχειν; dieses muss aber natürlich auch in diesem Fall, als der Weg zu dem ποιῆσαι ταῦτά λέγειν betrachtet werden, so dass wohl nichts gegen diese Auffassung einzuwenden ist. Nur ist nicht zu übersehen, dass der hier gewählte Ausdruck durch seine Beziehung auf die vorhergehende Aeusserung des Polos ἄτοπά γε.. ἐπιχειρεῖς λέγειν eine etwas andere Färbung bekommt, als jene beiden Aeusserungen, mit denen diese eine gewisse Verwandtschaft hat.

474 E bestreitet Münscher die Auffassung Heindorfs und Jahns in Bezug auf τά καλά und erklärt diese Worte so, wie es auch in meiner Ausgabe geschehen ist. Auch das über τά ἐπιτηδεύματα gegen Jahn bemerkte steht in Einklang mit der Note Deuschles.

481 D bestreitet Münscher Deuschles Bemerkung, die auch in der zweiten Auflage beibehalten worden ist, dass Sokrates mit den Worten εἰ δή καί ἔστι τις χρεία das eben gemachte Zugeständniss eines wenn auch geringen Nutzens der Redekunst für den, der kein Unrecht zu thun gesonnen ist, zurücknehme. Man kann allerdings nicht sagen, dass dies der gewöhnliche Sinn des Ausdruckes εἰ δή ist, dessen Bedeutung etwa durch 'wenn denn doch' ausgedrückt werden kann. Freilich, worin Platon diesen geringen Nutzen erkennt, ist, wie Sokrates' selbst sagt, nirgends angedeutet. Schwerlich aber wird man ihn nach Platons Sinn darein setzen können, worin ihn Münscher sieht, dass sie zur Verhütung von Unrecht gebraucht werden könnte, da in diesem Falle Sokrates ihn wohl nicht so als einen geringen bezeichnen würde.

482 B bemerkt Münscher, dass ὅπερ ἄρτι ἔλεγον nicht, wie ich mit Deuschle andeute, auf die Worte 480 E οὐκοῦν ἤ κἀκεῖνα ἀντέον κτέ. zurückweisen, sondern auf die viel näher stehenden ἀλλά τήν φιλοσοφίαν.. παύσαν ταῦτα λέγουσαν. Man wird dieser Ansicht wohl Raum geben müssen, da ἄρτι allerdings oft auf etwas unmittelbar vorhergehendes zurückweist. Nur den Grund, dass die angezeigte Stelle zu weit zurückliege, kann ich nicht gelten lassen. Münscher möge nur 454 D von ὥσπερ καί ἄρτι ἔλεγον bis zu den damit gemeinten Worten die Zeilen zurückzählen, um die Dehnbarkeit des Begriffes ἄρτι,

der einigermassen mit νεωστί verglichen werden kann, oder auch mit νῦν δή, wahrzunehmen.

483 A stimmt Münscher mit mir überein in der Rechtfertigung von Deuschles Bemerkung gegen Schmidts Tadel. Das so viel Anstoss erregende πᾶν hält auch er für verderbt und in παντί zu ändern. Ob er dem oben gemachten Versuch, die überlieferte Lesart zu schützen, eine Geltung zugestehen wird, muss ich dahingestellt sein lassen.

491 D macht Münscher einen beachtenswerthen Vorschlag, nämlich die fraglichen Worte so zu lesen: τί δέ; αὐτῶν, ὦ ἑταῖρε, ἤτοι ἄρχοντας ἢ ἀρχομένους; Durch ἤτοι soll der handschriftlichen Ueberlieferung, die vor ἄρχοντας mit einigen Variationen ἢ τί hat, ihr Recht werden. Ein ganz übereinstimmendes Beispiel für diesen Gebrauch von ἢ τοι.. η in einer Frage vermochte freilich auch Münscher nicht beizubringen. Er sagt zwar, dass er darin auch hier nicht die Form einer Doppelfrage sehe. Allein die Art, wie er die ganze Aeusserung des Sokrates nur als eine in fragendem Ton gesprochene Behauptung darstellt, verlangt doch eine Ergänzung von Begriffen, die sich auch im Griechischen nicht so von selbst ergibt. Denn aus der vorhergehenden Aeusserung des Kallikles kann doch nur der Begriff von λέγειν (was meinst du?) nicht auch der von δεῖ, der erst später, und natürlich mit ausdrücklicher Bezeichnung eintritt, entnommen werden. Am angemessensten für den Gedanken scheint mir doch auch jetzt noch die Form des Ausdrucks, die nach einer fragenden Einleitung eine Disjunction folgen lässt, in deren erstem Glied das Fragewort fehlt, wie z. B. Kratyl. 390 D: τίς οὖν ὁ γνωσόμενος...; ὁ ποιήσας.. ἢ ὁ χρησόμενος; Auch die Setzung des Fragezeichens nach ἑταῖρε scheint mir angemessener als vor αὐτῶν. Im wesentlichen aber stimmt Münschers Auffassung mit der meinigen überein.

391 E. Münschers Bemerkung zu dieser Stelle bietet gleich einen Beleg zu der von mir oben S. 148 gegenüber der Kritik Kecks ausgesprochenen Vermuthung. Münscher stimmt in der Textgestaltung vollständig mit mir überein. Eine Verschiedenheit besteht nur bezüglich der Auffassung der Antwort des Kallikles; Πάνυ γε σφόδρα, ὦ Σώκρατες. Münscher ergänzt ἔστιν ὅστις οὐκ ἂν γνοίη ὅτι οὕτω λέγεις und übersetzt es: Doch sehr wohl [kann es mancher verkennen] d. h. jeder vernünftige wird das unbegreiflich finden). Diese Deutung kann ich

nun in keiner Weise annehmen. Ich sage nichts davon, dass die behauptete Ergänzung dem Verfasser selbst gleich wieder einer Umgestaltung und Zurechtrückung bedürftig scheint, um sie im Munde des Kallikles angemessen erscheinen zu lassen; aber sie passt nicht in den ganzen Zusammenhang der Erörterung. Dies wäre nur dann der Fall, wenn Kallikles die Richtigkeit der Begriffsbestimmung des αὐτοῦ κρατῶν durch σώφρων bestritte; allein die lässt er eben gelten und besteht nur darauf, dass dies alberne Menschen sind. Es ist also nicht eine Taschenspielerei mit Begriffen, die dem unverschämten, aber doch ehrlichen Kallikles" nicht zuzutrauen sei, sondern eine sehr nachdrückliche Bekräftigung seines von Sokrates natürlich nicht getheilten Urtheils, dessen Nichtigkeit er nun zu beweisen sich anschickt.

495 D bestreitet Münscher die Nothwendigkeit der von Schmidt (s. oben S. 166) geforderten Vertauschung des Wortes ἀγαθοῦ mit ἡδέος vor ἕτερον. Er gibt zwar zu, dass dieser letztere Ausdruck allerdings dem eigentlichen Ergebniss der vorhergehenden Erörterung mehr entspreche, meint aber, ein solches selbstverständliches Mittelglied könne von Sokrates wohl übersprungen werden, da ja der Satz ἡδύ καὶ ἀγαθὸν ταὐτόν unmittelbar vorhergehe und jeder sich also selbst den weiteren Schluss ziehen könne. Die gewählte Fassung habe aber den Vorzug, dass dadurch der Widersinn von Kallikles Behauptung noch augenscheinlicher werde. Ob aher dies die Absicht des Sokrates ist und an dieser Stelle sein kann, ist wohl die Frage. Offenbar will Sokrates hier nur einen Beweis vorbereiten, nicht schon abschliessen; also soll der Widerspruch, in dem sich Kallikles mit sich selbst befindet, noch nicht augenscheinlich gemacht, sondern nur eine Grundlage gewonnen werden zur Widerlegung des Kallikles durch einen von ihm zugestandenen Satz, von dem Sokrates nachdrücklich Act nimmt. Dass aber der Widersinn der Behauptungen des Kallikles nicht so augenscheinlich hervortreten kann, wie Münscher will, geht aus der Antwort des Kallikles hervor, die deutlich zeigt, dass er diesen Widersinn noch nicht bemerkt, wie denn auch Sokrates in seiner weiteren Entgegnung auf die folgende Erörterung hinweist.

503 C. Auch Vermehren hält in dieser Stelle eine Aenderung für geboten, nämlich die, εἶναι in ἐστί zu verwandeln. Ich kann seiner Ansicht nicht beitreten, da der freilich etwas regelwidrige Anschluss der Worte τοῦτο δὲ κτλ an das unmittel-

bar vorhergehende doch natürlicher scheint. Was er gegen Deuschles Erklärung sonst bemerkt, hat in der zweiten Auflage bereits seine Erledigung gefunden.

504 E billigt Münscher nicht die Verwendung des Genetivs αὐτοῦ in αὐτῷ vor τοῖς πολίταις, indem er die Beifügung von αὐτοῦ gerade für passend hält, um den Begriff Mitbürger auszudrücken. Dass dieser Begriff aber auch ohne diese Beifügung gegeben sein kann, zeigen Stellen, wie 517 D βιαζόμενοι ἐπὶ τοῦτο, ὅθεν ἔμελλον ἀμείνους ἔσεσθαι οἱ πολῖται. Den Dienst leistet eben schon der Artikel durch seine determinierende Kraft. Was mich betrifft, so habe ich an αὐτοῦ nicht wegen der Beziehung auf das Subject, die nicht selten vorkommt, sondern hauptsächlich an der Stellung Anstoss genommen, da diese nachdrückliche Betonung des possessiven Begriffs mir unnatürlich und vielmehr die Nachstellung geboten schien, was auf den ethischen Dativ keine Anwendung findet. Dass aber die Nebeneinanderstellung beider Dative etwas missfälliges habe, scheint mir eine ganz unbegründete Annahme zu sein.

In den folgenden mit τί γὰρ ὄφελος beginnenden Worten nimmt Vermehren Anstoss an dem ἔλαττον am Schluss, da so die Steigerung einen äusserst matten und so zu sagen stumpfen Eindruck mache. Um diesen Uebelstand zu heben, schlägt er vor mit einer leichten Aenderung zu schreiben: ὃ μὴ δυήσει αὐτὸ ἔσθ' ὅτι πλέον ἢ τοὐναντίον, κατά γε τὸν δίκαιον λόγον καὶ βλάπτον. Ich gestehe, dass mir diese Aenderung nicht gerechtfertigt scheint, glaube vielmehr, dass die überlieferte Lesart recht wohl in den Zusammenhang der ganzen Ausdrucksweise passt, die etwas von Litotes hat. Zu bemerken ist noch, dass Vermehren die Worte ἢ τοὐναντίον als Vergleichungsglied fasst und mit Heindorf im Sinne von gänzlicher Enthaltung von Speise und Trank versteht.

512—513 A. Diese grossen Schwankungen der Lesart und Erklärung ausgesetzte Stelle unterzieht Münscher einer eingehenden Erörterung. Was nun die Lesart betrifft, so besteht zwischen mir und ihm kein Widerspruch. Ein solcher besteht aber rücksichtlich der Interpunction. Münscher verlangt vor καὶ νῦν δὴ ἄρα δεῖ σε ὁμοιότατον γίγνεσθαι τῷ δήμῳ τῷ (s. oben S. 181) Ἀθηναίων ein Punctum, um diesen Satz von der vorhergehenden Periode abzutrennen. Allein gerade diese Abtrennung ist nach meiner nicht erschütterten Ueberzeugung nicht nach dem Sinne des Schriftstellers, sondern nur die Forderung eines starren Grammaticismus, zu dem sich Münscher doch auch nicht bekennt, wie seine Bemerkung über die Sätze mit μή zeigt. Freilich so darf man das Komma vor den angeführten Worten nicht ansehen, dass damit die Abhängigkeit derselben von dem ἄρα mit verneinendem Sinn ausgedrückt würde; das hat gewiss keiner von denen, die diese Interpunction vorziehen, gedacht, sondern vielmehr nur, dass dies besondere Beispiel, welches mit καὶ νῦν δὲ angeknüpft wird, eine unmittelbare Consequenz der mit ἄρα ἐξομοιῶν κτἑ. ausgedrückten Vorstellung ist, deren Richtigkeit Kallikles oben zugestanden hat. Diese Consequenz besteht also darin, dass Kallikles, wenn er einen grossen Einfluss im athenischen Staat besitzen will, auch genöthigt ist, dem athenischen Volk möglichst ähnlich zu werden. Diese mit Nothwendigkeit aus dem bereits früher zugestandenen sich ergebende Consequenz wird nun, dünkt mich, ganz passend an die Frage, die jetzt Sokrates erhebt, wie man nämlich sein Leben einrichten soll, geknüpft, wodurch natürlich der Inhalt des Bedingungsnebensatzes ebenso, wie der des Hauptsatzes, in Frage gestellt wird. Dass man diesen Satz aber nicht gut von der vorhergehenden Periode abtrennen kann, zeigt deutlich der folgende Satz, der mit τοῦθ' ὅρα εἰ beginnend auf den Anfang dieses ganzen mit ἀλλ' ὁ μετέριε anfangenden Gedankencomplexes zurückgeht. Dieser Satz ist nun allerdings auch der Abschluss der vorhergehenden Erörterung, weswegen das Punctum nach σῴζεσθαι, wie Münscher im Gegensatz gegen Kratz anerkennt, wohl berechtigt ist; er leitet aber auch zu der mit μὴ γάρ beginnenden Periode über, die ihrer inneren Gedankeneinheit nach erst mit den Worten σὺν τοῖς φιλτάτοις ἡ αἵρεσις ἡμῖν ἔσται ταύτης τῆς δυνάμεως τῆς ἐν τῇ πόλει abschliesst. Dadurch aber eben bekommt der fragliche Satz den Charakter nicht eines selbständigen Satzes, sondern einer blossen Zwischenbemerkung, die man etwa auch zwischen zwei Gedankenstriche setzen könnte, mit welcher Bezeichnung Münscher vielleicht eher einverstanden wäre; der herrschende Usus in griechischen Texten ist aber in solchen Fällen sich mit einem blossen Komma zu begnügen. — Aufgefallen ist mir in der Uebersetzung, mit der Münscher seine Erörterung beschliesst, der Ausdruck „du verwegener" für ὦ δαιμόνιε, der weder wörtlich noch sinnentsprechend noch dem deutschen Sprachgefühl befriedigend ist. Dass man über den —

ich möchte sagen ästhetischen — Sinn dieser Anreden nicht sehr im reinen ist, dass also namentlich der Uebersetzer sein Kreuz damit hat, ist richtig, und Schleiermacher hat vielleicht nicht das schlechteste gewählt, wenn er auch nicht ganz pflichtgemäss gehandelt hat, indem er diese Anrede ganz übergangen hat. Jedenfalls aber scheint es mir nicht verstattet, einen so gewaltigen Unterschied zwischen dieser Anrede und dem oben erwähnten ὦ μακάριε zu machen, welches Münscher ebenso frei, aber unserem Sprachgefühl zusagender „mein bester" (Schleiermacher 'bester') übersetzt.

513 C ladet Vermehren die Herausgeber, welche zu der Vulgata λέγομεν, nach dem die Züricher λέγωμεν geschrieben, zurückgekehrt sind. Aber die Vulgata ist hier eben auch die Lesart der meisten und besten Handschriften deren Angemessenheit gerade Heindorf, auf den sich Vermehren auch beruft, anerkennt, indem er λέγομεν im Text behält und in der Note bemerkt: „Mallem λέγωμεν, ni similis esset ratio in pervulgata illa formula ἢ πῶς λέγομεν;" Heindorf erkennt also damit gerade die Sprachgemässheit dieser Lesart an. Dagegen können andere Stellen, in welchen der natürlich auch zu Recht bestehende Conjunctiv steht, keine Instanz bilden. Es sind dies eben Schattierungen des Ausdrucks: 'sagen wir etwas dagegen? haben wir etwas dagegen zu sagen? (ἔχομεν τι λέγειν;) wollen wir etwas dagegen sagen?' die man nicht gegen die Ueberlieferung nach eigenem Gutdünken verwischen darf.

514 C. Auch hier folgt Vermehren den Spuren Heindorfs, indem er an dem überlieferten πολλὰ καὶ μηδενὸς ἄξια Anstoss nehmend, statt 'πολλά' φαῦλα zu lesen vorschlägt. Man könnte sich mit dem Vorschlag befreunden, da der Sinn nicht schlecht dabei führe. Indessen ist es doch die Frage, ob die Aenderung nothwendig ist; ob es nicht doch dem ganzen bisherigen Gang der Erörterung wohl entsprechend ist zu sagen: wenn wir aber sowohl keinen Lehrer von uns aufzuweisen hätten, als auch Gebäude entweder keines oder nur viele schlechte u. s. w., obwohl es ganz richtig ist, dass auch ein einziges schlechtes Gebäude, wenn es nicht eines unter vielen guten, sondern das einzige, das man gebaut hat, ist, hinreicht, um die Wahl eines solchen Baumeisters als thöricht erscheinen zu lassen.

Nachträglich bemerke ich zu der oben S. 181 ff. (514 A) besprochenen Frage über die Bedeutung des Aorists, dass dieselbe eine gründlich eingehende Behandlung in den Erläuterungen zu seiner griechischen Schulgrammatik von G. Curtius, 2. Aufl., Prag 1870, gefunden hat.

525 E verwirft Münscher die Ergänzung zu 'οὐ γὰρ ἐξῆν αὐτῷ' durch Zurückweisung auf 'οὗτοι γὰρ διὰ τὴν ἐξουσίαν μέγιστα καὶ ἀνοσιώτατα ἁμαρτήματα ἁμαρτάνουσιν', weil sie zu weit zurückliege, und will also aus dem unmittelbar vorhergehenden 'μεγάλαις τιμωρίαις συνεχόμενον ὡς ἀνίατον' dieselbe entnommen wissen. Dass aber dazu der Begriff ἐξῆν nicht recht passt, dass also doch die empfohlene Ergänzung selbst wieder auf jenen Satz zurückführt, an den schon das ἐξῆν durch seine Verwandtschaft mit ἐξουσία erinnert, lässt auch Münscher durchblicken. Damit aber scheint er mir die gemachte Einwendung selbst wieder zurückzunehmen oder doch abzuschwächen.

527 C schlägt Münscher vor, um der Forderung des Sinnes und der Ueberlieferung gleich sehr gerecht zu werden, statt 'ὡς ὁ σὸς λόγος σημαίνει', wie die bestbeglaubigte Lesart lautet, zu lesen: ὡς ὁ σοφὸς λόγος σημαίνει. Damit soll nämlich nach seiner Meinung der vorhergehende μῦθος oder λόγος bezeichnet werden. Da nun die Richtigkeit dieser Vermuthung, wie mir scheint, ebenso wenig widerlegt wie bewiesen werden kann, so sei es erlaubt, mit einem unsokratischen ἐπιψηφίζειν zu schliessen.

BIBLIOTHECA GRAECA
VIRORUM DOCTORUM OPERA
RECOGNITA ET COMMENTARIIS INSTRUCTA
CURANTIBUS
FR. JACOBS ET VAL. CHR. FR. ROST.

LIPSIAE IN AEDIBUS B. G. TEUBNERI.

Bedeutend ermässigte Preise.

Erschienen sind bis jetzt:

	ℳ	₰
Aeschinis oratio in Ctesiphontem, notis instr. L. H. Bremi. 8. mai. 1826	—	7½
Aeschyli Choephorae, illustr. R. H. Klausen. 8. mai. 1835	—	22½
— Agamemno, illustr. R. H. Klausen. Ed. II. ed. R. Enger. 8. mai. 1843	1	7½
Anacreontis carmina, Sapphus et Erinnae fragmenta, annotati illustr. E. A. Moebius. 8. mai. 1826	—	6
Aristophanis Nubes. Ed. illustr. praef. est W. S. Teuffel. Ed. II. 8. mai. 1863	—	12
Delectus epigrammatum Graecorum, novo ordine conc. et comment. instr. Fr. Jacobs. 8. mai. 1826	—	18
Demosthenis conciones, rec. et explic. H. Souppe. Sect. I. (cont. Philipp. I. et Olynthiacae I—III.) Ed. II. 8. mai. 1845	—	10
Euripidis tragoediae, ed. Pflugk et Klotz. Vol. I, II et III. Sect. I—III.	4	27
Einzeln:		
—— Medea. Ed. III	—	15
—— Hecuba. Ed. II	—	12
—— Andromacha. Ed. II	—	12
—— Heraclidae. Ed. II	—	12
—— Helena. Ed. II	—	12
—— Alcestis. Ed. II	—	12
—— Hercules furens	—	18
—— Phoenissae	—	18
—— Orestes	—	12
—— Iphigenia Taurica	—	12
—— Iphigenia quae est Aulide	—	12
Hesiodi carmina, recens. et illustr. C. Goettling. Ed. II. 8. mai. 1843	1	—
Einzeln:		
—— Theogonia	—	7½
—— Scutum Herculis	—	6
—— Opera et dies	—	10
—— Homeri certamen, fragmenta et vita Hesiodi	—	15
Homeri Ilias, varietat. lect. adi. Spitzner. Sect. I—IV. 8. mai. 1832—30	1	15
Einzeln:		
—— Sect. I. lib. 1—6	—	9
—— Sect. II. lib. 7—12	—	9
—— Sect. III. lib. 13—18	—	13½
—— Sect. IV. lib. 19—24	—	17½
Die übrige Ausgabe der Ilias, welche den kritischen Apparat vollständig enthält.		
Lysiae et Aeschinis orationes selectae, ed. I. H. Bremi. 8. mai. 1826	—	15
Lysiae orationes selectae, ed. I. H. Bremi. 8. mai. 1826	—	9
Pindari carmina cum deperditarum fragm., variet. lect. adi. et comment. illustr. L. Dissen. Ed. II. cur. Schneidewin. Vol. I. 1843	1	9
—— Vol. II. Sect. I. II. (Comment. in Olymp. et Pyth.) 1844. 41. (à 15 Ngr.)	1	—
Platonis opera omnia, recensuit, prolegomenis et commentariis instruxit G. Stallbaum. X voll. (21 Sectiones). 8. mai. 1826—61. compl.	21	15
Einzeln:		
—— Apologia Socratis et Crito. Ed. IV. 1858	—	24

Platonis opera omnia ed. *G. Stallbaum.*
— Phaedo. Ed. III. cur. *Wohlrab.* 1860 . . . . — 27½
— Symposium c. ind. Ed. III. 1852 . . . . — 22
— Gorgias. Ed. III. 1861 . . . . — 24
— Protagoras c. ind. Ed. III. ed. *Kroschel.* 1865 . . . . — 18
— Politia sive de republica libri decem. 2 voll. Ed. II . . . 2 15
    Einzeln:
— — Vol. I. lib. I—V. 1858 . . . . 1 12
— — Vol. II. lib. VI—X. 1859 . . . . 1 3
— Phaedrus. Ed. II. 1857 . . . . — 24
— Menexenus, Lysis, Hippias uterque, Io. Ed. II. 1857 . . . — 27
— Laches, Charmides, Alcibiades I. II. Ed. II. 1857 . . . . — 27
— Cratylus cum. ind. 1835 . . . . — 27
— Euthydemus. 1836 . . . . — 21
— Meno et Euthyphro itemque incerti scriptoris Theages, Erastae,
  Hipparchus. 1836 . . . . 1 12
— Timaeus et Critias. 1838 . . . . 1 24
— Theaetetus. Ed. II. rec. *Wohlrab.* 1862 . . . . 1 —
— Sophista. 1840 . . . . — 27
— Politicus et incerti auctoris Minos. 1841 . . . . — 27
— Philebus. 1842 . . . . — 27
— Leges. Vol. I. lib. I—IV. 1858 . . . . 1 6
— — Vol. II. lib. V—VIII. 1859 . . . . 1 6
— — Vol. III. lib. IX—XII. et Epinomis. 1860 . . . 1 6
Sophoclis tragoediae, rec. et explan. *E. Wunderus.* 2 voll. 8. mai.
  1847—1857 . . . . 8 —
    Einzeln:
— Philoctetes. Ed. III . . . . — 12
— Oedipus tyrannus. Ed. IV . . . . — 12
— Oedipus Coloneus. Ed. III . . . . — 18
— Antigona. Ed. IV . . . . — 12
— Electra. Ed. III . . . . — 12
— Aiax. Ed. III . . . . — 12
— Trachiniae. Ed. II . . . . — 12
Thucydidis de bello Peloponnesiaco libri VIII, explan. *E. F. Poppo.*
  4 voll. 8. mai. 1843—1866 . . . . 4 —
    Einzeln:
— Lib. I. Ed. II . . . . 1 —
— Lib. II. Ed. II . . . . — 22½
— Lib. III . . . . — 16
— Lib. IV . . . . — 15
— Lib. V . . . . — 15
— Lib. VI . . . . — 16
— Lib. VII . . . . — 15
— Lib. VIII . . . . — 15
— Indices et de historia Thucydides commentatio . . . . . — 20
Xenophontis Cyropaedia, comment. instr. *F. A. Borneman.* 8. mai. 1838 — 15
— Memorabilia (Commentarii), illustr. *R. Kühner.* 8. mai. 1858.
  Ed. II . . . . — 27
— Anabasis (expeditio Cyri min.), illustr. *R. Kühner.* 1852 . . 1 6
    Einzeln à 15 *₰*:
  Sect. I. lib. I—IV.
  Sect. II. lib. V—VIII.
— Oeconomicus, rec. et explan. *L. Breitenbach.* 8. mai. 1841 — 15
— Agesilaus ex ead. recens. 8. mai. 1843 . . . . — 12
— Hiero ex ead. rec. 8. mai. 1844 . . . . — 7
— Hellenica, Sect. I. (lib. I. II.), ex ead. rec. 8. mai. 1853 . . — 19
— — Sect. II. (lib. III—VII.), ex ead. rec. 8. mai. 1863 1 18

    Unter der Presse befindet sich:
Pindari carmina edd. *L. Dissen* et *F. W. Schneidewin.* Sect. II. Fasc. III.:
  Commentarius in Carmina Nemea et Isthmia nec non in fragmenta ab
  F. de Leutsch confectus.